QICHE

WEIXIU

YEWU

JIEDAI

依据新专业教学标准

高等职业教育汽车技术服务与营销专业
新形态一体化教材

汽车维修
业务接待

主　编　薛明芳　娄　敏

副主编　徐菊红　国树文
　　　　殷配配

参　编　宋广辉　林丽霞

中国教育出版传媒集团

高等教育出版社·北京

内容简介

　　本书主要介绍汽车维修业务接待的基本流程，针对客户不同的车辆情况介绍进行业务接待的流程、要点和注意事项，涵盖首次保养、常规保养、一般维修和事故车维修的业务接待内容，同时涉及保险、保修及客户投诉处理，另外也加入了新能源汽车维护和客户接待流程。全书内容按学习情境下设任务进行编排，首先给出学习情境，通过学习情境的描述引出包含的任务，引导学生深入探讨和学习，解决工作中的具体问题。全书采用问题引导、工作手册式编排，辅以视频和微课等数字化资源，方便教学和学习。数字化资源可通过扫描书中二维码在线观看，学习者也可登录智慧职教（www.icve.com.cn）搜索课程"汽车维修业务接待"进行在线学习。

　　本书适合供汽车技术服务与营销、汽车制造与试验技术、汽车检测与维修技术等相关专业教学使用，同时也可以用作汽车维修企业的系统培训教材。

　　授课教师如需要本书配套的教学课件资源或是有其他需求，可发送邮件至邮箱 gzjx@pub.hep.cn 索取。

图书在版编目（ＣＩＰ）数据

　　汽车维修业务接待 / 薛明芳，娄敏主编 . -- 北京：高等教育出版社，2022.12
　　ISBN 978-7-04-057194-3

　　Ⅰ. ①汽⋯　Ⅱ. ①薛⋯　②娄⋯　Ⅲ. ①汽车维修业 - 商业服务 - 教材　Ⅳ. ①U472.31

　　中国版本图书馆 CIP 数据核字 (2021) 第 209314 号

| 策划编辑 | 姚　远 | 责任编辑 | 姚　远 | 封面设计 | 姜　磊 | 版式设计 | 杜微言 |
| 插图绘制 | 于　博 | 责任校对 | 刘　莉 | 责任印制 | 韩　刚 | | |

出版发行	高等教育出版社	网　　址	http://www.hep.edu.cn
社　　址	北京市西城区德外大街 4 号		http://www.hep.com.cn
邮政编码	100120	网上订购	http://www.hepmall.com.cn
印　　刷	涿州市星河印刷有限公司		http://www.hepmall.com
开　　本	787mm×1092mm　1/16		http://www.hepmall.cn
印　　张	20		
字　　数	440 千字	版　　次	2022 年 12 月第 1 版
购书热线	010-58581118	印　　次	2022 年 12 月第 1 次印刷
咨询电话	400-810-0598	定　　价	49.80 元

本书如有缺页、倒页、脱页等质量问题，请到所购图书销售部门联系调换

版权所有　侵权必究

物 料 号　57194-00

"智慧职教" 服务指南

　　"智慧职教"（www.icve.com.cn）是由高等教育出版社建设和运营的职业教育数字教学资源共建共享平台和在线课程教学服务平台，与教材配套课程相关的部分包括资源库平台、职教云平台和 App 等。用户通过平台注册，登录即可使用该平台。

　　● 资源库平台：为学习者提供本教材配套课程及资源的浏览服务。

　　登录"智慧职教"平台，在首页搜索框中搜索"汽车维修业务接待"，找到对应作者主持的课程，加入课程参加学习，即可浏览课程资源。

　　● 职教云平台：帮助任课教师对本教材配套课程进行引用、修改，再发布为个性化课程（SPOC）。

　　1. 登录职教云平台，在首页单击"新增课程"按钮，根据提示设置要构建的个性化课程的基本信息。

　　2. 进入课程编辑页面设置教学班级后，在"教学管理"的"教学设计"中"导入"教材配套课程，可根据教学需要进行修改，再发布为个性化课程。

　　● App：帮助任课教师和学生基于新构建的个性化课程开展线上线下混合式、智能化教与学。

　　1. 在应用市场搜索"智慧职教 icve" App，下载安装。

　　2. 登录 App，任课教师指导学生加入个性化课程，并利用 App 提供的各类功能，开展课前、课中、课后的教学互动，构建智慧课堂。

　　"智慧职教"使用帮助及常见问题解答请访问 help.icve.com.cn。

配套资源 索引

续表

序号	资源标题	页码	序号	资源标题	页码
49	在线测试　任务1保修车辆客户接待	224	52	微课视频　电动汽车结构	246
			53	在线测试　任务1常规保养接待	263
50	微课视频　客户抱怨及投诉处理	225	54	微课视频　高压安全下电基本流程	263
51	在线测试　任务2返修投诉车辆客户接待	239	55	在线测试　任务2一般维修客户接待	278

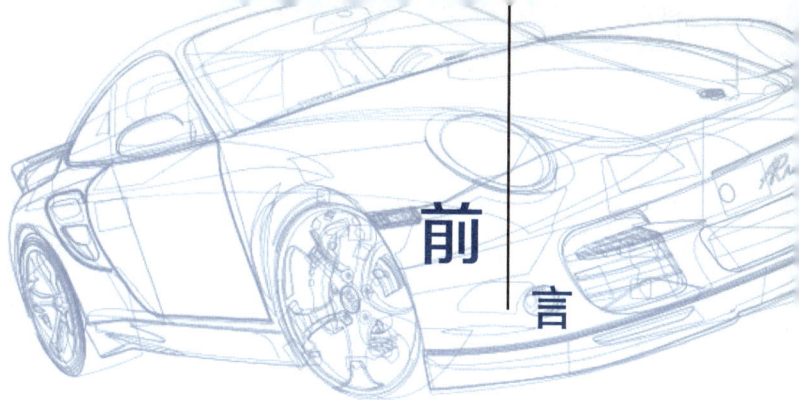

前言

　　汽车是个复杂的系统，需要定期维护和保养，而汽车售后是个庞大的市场，随着我国汽车保有量的快速提升，汽车售后愈发重要。汽车维修业务接待是汽车售后一个重要的环节。车主对车辆的认识越多越深入，对车辆服务的要求也会越高，这就需要汽车售后服务人员具备扎实的汽车技术知识和完备的服务意识。

　　本书根据汽车售后企业汽车服务顾问岗位的典型工作任务，设计由易到难、由浅入深的六个学习情境，包括首次保养客户接待、常规保养客户接待、一般维修业务接待、事故车维修客户接待、保修索赔客户接待和新能源汽车维护与客户接待。每个学习情境由案例或者工作任务导入，然后根据学习情境的难易程度分成若干任务，每个任务都是相对独立的工作任务，共计 18 个任务，另外还有 6 个综合任务。每个任务按照课前热身、任务描述、任务分析、任务分组、获取信息、工作计划、进行决策、工作实施、评价反馈等步骤引导学生剖析任务，制订工作计划，解决任务中的疑难问题，从而完成任务。每个任务都提供了评价标准，方便教师进行评价。每个学习情境最后都有一个综合任务，可以随堂综合演练，也可以单独实训。全书采用问题引导、工作手册式编排，同时配套技能视频、微课和在线测试习题等立体化资源，方便教师多元化地组织课堂教学，也方便学生自主学习。

　　本书在选取任务载体时，充分调研了汽车维修企业的真实工作场景和工作要求，结合企业对员工的考核要求明确学习目的和要求；根据学习要求组织完成任务所需的理论知识和实践技能；搜集与该学习内容相关的企业案例，并进行适合教学的加工。因此，学习情境中的任务能够充分实现企业的岗位职责和技能要求在教学中落地。

　　本书由济南职业学院薛明芳和湖北交通职业技术学院娄敏担任主编，广州市交通技师学院徐菊红、湖北黄冈应急管理职业技术学院国树文、上海中锐教育投资有限公司殷配配担任副主编，济南职业学院宋广辉、一汽大众汽车贸易有限公司林丽霞参与编写。具体编写分工如下：薛明芳、宋广辉编写学习情境一和学习情境三，徐菊红编写学习情境二，殷配配编写学习情境四，娄敏编写学习情境五，国树文编写学习情境六，林丽霞为本书提供案例素材。另外，广州市交通技师学院王颖雯、赖松茂为本书提供了微课视频素材，在此表示衷心感谢。

　　本书在编写过程中，参考了大量国内知名汽车售后企业的流程和要求，也参考了大量文献，同时得到了许多同行的大力支持，在此谨向所参考资料的作者及关心、支持本书编写的同行们表示衷心的感谢。

　　由于编者水平有限，书中难免有不妥之处，竭诚欢迎读者和业内专家批评指正。

编　者

2022 年 4 月

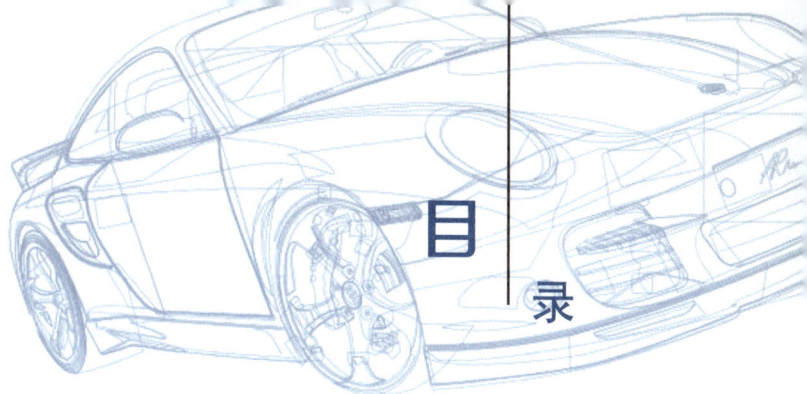

目 录

学习情境一
首次保养客户接待

情境描述

　　李想在一汽大众汽车 4S 店的服务顾问助理岗位实习了一段时间。这天，师傅让他独立接待客户。李想很兴奋，开始了解客户的信息。他要接待的客户王毅先生三个月前在店里购买了一辆途观 L，按时间该车要到店做首次保养了，一汽大众品牌汽车首次保养免费。

　　李想需要按照厂家的标准流程和考核标准来接待客户，并做到让客户满意。整个接待过程用录音笔全程记录，以方便后期检查。一汽大众标准服务流程如图 1-1 所示。

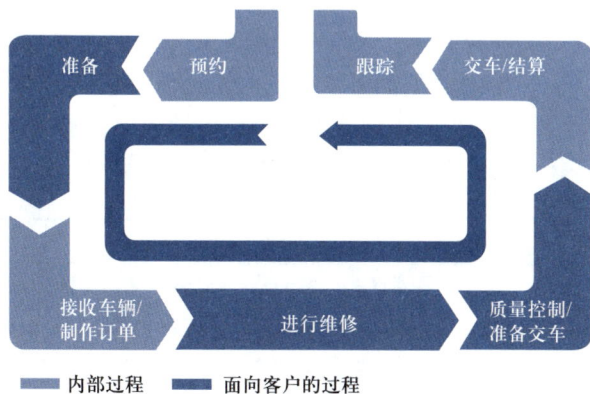

图 1-1　一汽大众标准服务流程

素养园地

敬业篇

　　汽车首次保养是汽车企业向客户开启售后服务的第一站，服务顾问作为客户与企业间的纽带，代表了整个企业的形象，其服务水平和素质决定着客户是否信任这家企业，决定着客户在汽车 4S 店完成厂家规定的首次保养后能否成为回头客。汽车首次保养究竟该如何做呢？金牌服务顾问给出了三大秘诀：敬业的态度、高效的服务以及严谨的品质。

学习目标

知识目标	能力目标	素质目标
1.掌握汽车首次保养的主要内容； 2.掌握预约的流程及方法； 3.掌握接车流程及要点； 4.了解汽车保养流程及质量控制；	1.独立完成首保客户的预约和预约后的准备工作； 2.合作完成首保客户接车及车辆预检；	1.具有以客户为中心的主动服务意识； 2.具有遵从规范的礼仪和标准流程意识；

续表

知识目标	能力目标	素质目标
5. 掌握交车及结算的工作要点； 6. 熟悉客户回访的时间节点及主要内容	3. 独立完成客户建档及维修委托书的签订； 4. 合作完成交车与结算； 5. 独立完成客户的回访与跟踪； 6. 按照标准服务流程完成首保客户的接待	3. 具有较强的质量意识； 4. 具有较强的责任意识； 5. 具有较强的团队合作意识； 6. 具有较好的语言表达和沟通能力

任务 1　主动预约

微课视频
主动预约
流程及要点

课前热身

请观看"主动预约流程及要点"微课，开启本次的课前热身之旅！（可扫描二维码观看）

任务描述

　　王先生在本店购买新车时间是三个月之前，按照首次保养的时间计算，最近需要给客户预约做第一次免费保养。请打电话给王先生，为王先生做预约登记。经过与王先生沟通确认，王先生的车辆将于本周六 15 点（具体日期视情况而定）来店做保养。提前一天发送预约提醒短信或电话再次提醒客户，确保客户准时到店。

　　需完成任务：基于以下客户信息，完成本次的主动预约任务。

经销商：齐鲁天众（简称）	服务热线电话：5858××××	
客户：王毅（先生）	联系方式：135×××7353	作业项目：首次保养
车牌号：鲁 A12×××	车型：迈腾 2020 款 330TSI 豪华版	
里程：2 980km	油表：1/2	
预约进店时间：具体日期根据实际情况而定（周六 15：00）		费用：首保免费

任务分析

　　认真阅读任务描述，小组讨论分析填写完成本次工作任务的关键点和难点。

　　关键点：_____

_____

_____

_____

难点：_____

_____

_____

_____

任务分组

　　建议 2~3 人为一小组，分工协作，共同完成主动预约部分的信息收集、计划制订、决策及任务实施，并将任务分工情况记录在表 1-1 中。

表 1-1　任务分配表

任务 1	主动预约	班级		组别	
小组组名		组长		成绩	
组员	姓名		任务分工		

获取信息

引导问题 1

　　1）什么是新车磨合期？新车磨合期需注意些什么？

_____

_____

_____

_____

_____

2）磨合期保养的主要内容什么？

_____

_____

_____

3）首保是否为强制保养？一汽大众首保的主要项目有哪些？

_____

_____

_____

4）请尝试查阅其他汽车品牌的首保信息并与一汽大众进行比较。

_____

_____

_____

知识小贴士 1

一、新车磨合期

磨合也叫走合。汽车磨合期是指新车或大修后的初始驾驶阶段，一般为 1 000～1 500km，这是保证部件充分接触、摩擦、适应、定型的基本里程。在这期间可以调整提升汽车各部件适应环境的能力，并磨掉零件上的凸起物。汽车磨合期磨合的优劣，对汽车的寿命、安全性、经济性都会产生重要的影响。

出厂后的新车，虽然已经进行过磨合，但是零件的表面依然较粗糙。另外在加工、装配时可能存在一定的偏差和一些很难发现的隐患。另外，新零件与配合零件之间，可能会有很多金属粒脱落，这些金属粒不仅使零件间的磨损加剧，而且落入机油后还会使机油的质量下降，影响机油润滑的效果。由于新的零件在运行时摩擦阻力比正常时期大，所以油耗也会比较高。

因此有些汽车品牌在首保前，增加了新车磨合期的保养。以日产轩逸为例，日产轩逸首次保养为 1 000km（新车磨合期保养），第二次保养为 5 000km。

二、新车首次保养

车辆的日常维护保养主要分为首保、定期保养和行至一定千米数后的保养等。车辆在不同保养周期进行的保养项目是不同的。

首次保养的目的：首次保养是保证汽车正常顺利运行而强制性实行的保养。

首次保养的时限：新车行驶到随车提供的《保养手册》中规定的首次保养里程时，必须进行首次保养。一般车辆在行驶 3 000km 或 5 000km 左右后要进行首次保养。首保有免费的也有自费的，有的车型还对首保限定了时间，如果超出限定时间还未进行首保，就必须要自费进行保养，而且如果没有进行首保，将被视为自动放弃保修资格。另外，有的车型在出厂的润滑油里添加有磨合剂，可以使车辆磨合的效果更好一些，因此，应该尽量在首保期内跑够车辆的磨合公里数。

首次保养实施单位：首次保养必须到特许服务站进行，由特许服务站免费为客户进行首次保养。这也是用户进行质量担保的必要条件之一。

引导问题 2

1）主动预约有哪些好处？

_____

_____

_____

_____

2）在电话里需要跟客户确定哪些内容？

_____

_____

_____

_____

3）首保时应获取的客户和车辆信息有哪些？应提醒客户携带哪些材料？

_____

_____

_____

_____

4）预约提醒电话（或者短信）应该跟客户确认哪些信息？

_____

_____

_____

_____

拓展问题：除了首保客户可以主动预约，还有哪些情况我们会主动致电给客户？

_____

_____

_____

_____

📖 **知识小贴士 2**

买了新车行驶到一定的千米数和时间后，就需做首保。那首保都需要携带什么材料呢？

1）行驶证。携带行驶证的原因一是去 4S 店做首次保养，工作人员需要根据车辆的行驶证信息，建立车辆档案。二是如果车辆行驶过程当中碰到交警，也要提供行驶证给交警，避免不必要的麻烦。

2）购车发票。车辆的购车发票是车辆的质保证明，上面的购车日期是车辆享受质量担保服务所必需的，在没有携带购车发票原件的情况下，提前准备好购车发票的照片或购车发票的复印件也是可以的。

3）首次免费保养卡。部分车型首次免费保养卡的背面会有首保的激活码（例如一汽大众的车型等），4S 店的工作人员必须将激活码填写到操作系统内，才能正常开出维修单据，才能够给车辆领取保养的配件，从而给车辆做首保。

4）保养手册。保养手册一般用于每次保养完后，4S 店填写保养记录并加盖售后服务章。现在也有很多品牌车辆用电子保养手册，无需客户携带，所有保养及维修记录全国授权经销店都可查。所以是否需要携带保养手册视具体车型而定。

5）驾驶证。驾驶车辆必须携带驾驶证，未取得驾驶证，是不允许驾驶车辆上路的。车辆要开去 4S 店做首保，必须要驾驶人携带本人的驾驶证。

🔧❄ **引导问题 3**

1）为什么要做预约准备工作？

_____

_____

_____

_____

2）你认为预约准备工作需要准备什么？

_____

_____

_____

_____

3）如果你是客户，你认为怎样的预约准备会令你满意？

_____

_____

_____

_____

📎 知识小贴士 3

一、资源准备

确认和本次维修／保养服务所需的相关资源。

（1）查看工位的准备情况。

（2）确认零件的准备情况。

预约客户比随机来访客户更加关注服务时间，因此必须提前查看工位准备情况、确认零件准备情况，以确保当预约客户到来时我们能提供及时的服务，并在约定时间完成所有工作。

（3）安排机动性服务。

如有需要，为客户安排机动性解决方案，例如安排车辆接送、代步车服务、班车服务等。

二、技术准备

查询本次保养车辆相关的记录。

（1）复查维修历史。

复查维修历史非常重要，如果车辆是三包车辆，又存在保修维修项目，则需要服务顾问做好维修项目、时长或次数的评估工作，因为三包法规规定了若干退、换车的条件，一旦满足这些条件，客户可能会要求退换车。所以服务顾问的评估、预警工作非常重要，如发现风险要及时汇报。

（2）查看召回。

（3）检查是否有技术升级活动。

服务顾问必须提前查看预约车辆是否有未完成的召回或技术升级活动。

三、潜在销售机会准备

确认和本次维修／保养车辆相关的销售机会。

（1）检查未完成项目（一般新车很少出现）。

（2）确定上游销售潜力。

（3）确定交叉营销。

服务顾问可以通过核查车辆状况，结合车主的喜好，给车主介绍一些精品附件或者车辆美容产品等。

四、个性化服务准备

为不同的客户提供个性化服务。

（1）个性化准备。

（2）个性化关怀。

服务顾问根据客户实际情况进行个性化准备（如准备喜好的饮料、确定客户生日等，客户关怀专员应提供必要的提醒及支持），准备针对客户的个性化交谈内容，比如车辆内有安全带卡扣，可提醒客户注意等。准备该内容的目的是让客户感觉到服务顾问对他／她个人的个性化关注。

五、确认客户到店时间

提前一个小时致电客户，确认客户能否准时到店。对于不能准时到店的客户，不能按预约客户接待，可能需要重新安排工位、车位等。

六、客户来临准备

让客户到来时能感受到已为他/她的到来做好准备，这样可以提升客户的归属感。

（1）预留停车位。

保安在预约时间前15分钟在空车位处摆放"预约车位标志牌"，为预约客户预留停车位。

超过预约时间，保安与迎宾员或者服务顾问确认客人是否更改到店时间，必要时取消预留停车位。

（2）更新预约看板。

迎宾员在下班前，根据次日的《×年×月×日预约客户清单》更新预约看板或电子显示屏。

按照流程规定，预留停车位和更新预约看板都不属于服务顾问的工作内容，但和客户沟通交流最多的就是服务顾问，因此服务顾问必须密切关注客户到来之前的一切准备工作。

工作计划

一、制订首保主动预约的话术

技能音频
首保主动
预约

服务顾问扮演者		客户扮演者	
工作重点环节	话术内容		
问候、做自我介绍			
阐述意图、询问客户是否方便接听电话			
询问客户车辆的使用情况			

续表

工作重点环节	话术内容
阐述首保的必要性	
向客户说明预约的好处、确认客户的预约时间	
介绍预约保养的具体项目及所需时间	
预约总结确认并提醒客户携带相关材料	
致谢及电话结束后的工作	

技能视频
首保预约
提醒

注：制订首保预约话术时可参考知识链接内容以及技能音频和视频。

二、编辑预约提醒短信（或电话话术）

内容：＿＿＿＿＿＿＿＿＿＿＿＿＿＿＿＿＿＿＿＿＿＿＿＿＿＿＿＿＿＿＿＿＿

＿＿＿＿＿＿＿＿＿＿＿＿＿＿＿＿＿＿＿＿＿＿＿＿＿＿＿＿＿＿＿＿＿＿＿＿

＿＿＿＿＿＿＿＿＿＿＿＿＿＿＿＿＿＿＿＿＿＿＿＿＿＿＿＿＿＿＿＿＿＿＿＿

＿＿＿＿＿＿＿＿＿＿＿＿＿＿＿＿＿＿＿＿＿＿＿＿＿＿＿＿＿＿＿＿＿＿＿＿

三、列出预约时所需的设备、工具、单据和耗材清单

序号	名称	型号与规格	单位	数量	备注

四、组内检查

序号	工作计划内容	工作计划完成情况（在对应选项打"√"）			
		优秀	良好	一般	较差
1	主动预约话术				
2	预约提醒短信（或电话话术）				
3	预约时所需的设备、工具、单据和耗材清单				
其他					
存在的问题及建议		组长签字			

进行决策

（1）各小组上传工作计划方案。
（2）进行小组方案互评。
（3）教师进行点评和总结。
（4）各小组结合自身情况修改并完善工作计划方案。

工作实施

　　建议以 2～3 人为一小组，互为服务顾问和客户进行主动预约演练，并完成表1-2 电话接待登记表的填写。

表1-2　×××汽车销售服务公司电话接待登记表

业务接待员：＿＿＿＿＿＿＿＿　　　　　　　　　　　　＿＿＿年＿＿＿月＿＿＿日

送修人：＿＿＿＿＿＿		联系电话：＿＿＿＿＿＿		接待员：＿＿＿＿＿＿	
车型：＿＿＿＿＿	车牌：＿＿＿＿＿		车架号：＿＿＿＿＿	里程：＿＿＿＿＿	
预约时间：＿＿＿年＿＿＿月＿＿＿日			首登日期：＿＿＿年＿＿＿月＿＿＿日		
电话接待情况					
咨询开始时间	年　月　日　时　分		咨询结束时间	年　月　日　时　分	
客户陈述		所需资源		跟踪情况	
				初次咨询时间： 年　月　日　时　分	

续表

客户陈述		所需资源		再次电话联系时间： 　　年　月　日　时　分

预约专员签名：			前台主管签名：
备注：			

评价反馈

各组派代表上台完成客户预约，并完成表 1-3 主动预约评价表。

表 1-3　主动预约评价表

综合评定	分值	评价												
		自评	互评（组别）						师评（组别）					
			1	2	3	4	5	6	1	2	3	4	5	6
1. 语气温和、语言清晰	5													
2. 保持客气和礼貌	5													
3. 使用浅显易懂的语言提问	5													
4. 不打断客户谈话	5													
5. 做了预约记录	5													

活动检查	分值	评价												
		自评	互评（组别）						师评（组别）					
			1	2	3	4	5	6	1	2	3	4	5	6
1. 报出公司名称、自己姓名并说清楚打电话的意图	10													
2. 说明所占用的时间，询问客户是否方便接听	5													
3. 询问客户车辆使用情况，并解答客户疑问	10													
4. 提醒客户首保到期，需要回4S店进行强制保养	5													
5. 阐述清楚定期保养的重要性	10													
6. 向客户说明预约的好处	10													

续表

活动检查	分值	评价													
		自评	互评（组别）						师评（组别）						
			1	2	3	4	5	6	1	2	3	4	5	6
7. 介绍预约保养、维修的具体项目、工时费、材料费等	10														
8. 重复确认客户预约的相关信息	5														
9. 提醒客户带好行驶证和保养手册及其他所需要的材料	5														
10. 向客户致谢，结束谈话	5														
总计	100														

本组优势：

诊断改进（遇到的问题、原因分析以及今后改进的方法）：

🎓 知识链接

一、预约的内容

预约的基本内容是通过电话或者网络与客户进行沟通，通过沟通确定预约客户的基本信息，明确客户的需求，并且告知客户预约的项目和具体的实施日期。具体环节如下。

第一步：确定服务内容。告知客户首保的具体服务内容。以一汽大众为例，汽车首次保养分为 6 个部分。

（1）检查冷却液、轮胎螺栓、灯光系统。检查汽车的冷却液含量是否处在正常状态。检查轮胎螺栓是否松动。拧螺栓时有个细节，那就是车轮有 4 个螺栓时，按对角的顺序拧紧。检查灯光系统是否正常工作。

（2）更换机油、机油滤清器。新车首保的重点项目就是更换机油和机油滤清器。由于首次保养前是车辆的磨合期，逐渐磨合的发动机在工作时，灰尘、金属碎屑等杂质将不断混入机油中，这也是为什么人们说不能在磨合期跑高速，因为磨合期的机油杂质太多，跑高速会导致发动机不正常磨损。所以说首保更换机油和机油滤清器很关键，发动机工作时产生的碎屑杂物如果得不到及时的清除，就可能会对气缸内部造成非正常的损伤。

（3）检查底盘下面的螺栓有无松动。检查三角臂及球头、连接杆球头、三角臂弹性铰接及球头、传动轴防尘套、转向机构、转向球头、前后减震器及其他悬架部件、轮胎气压。总之，要把整个底盘检查一遍，才能确保不会在将来的行驶当中出现问题。

（4）检测胎压。新车首保的时候大家要注意轮胎胎面和轮胎气压的检查，这关系到驾驶的安全，另外要剔除轮胎上的小石子和其他粘连物品，保证前后轮胎气压均为 2.4kg/cm^2，同时要做好四轮定位检查。要检查一下轮胎气压和磨损的状况，气压不足调整胎压，轮胎有磨损还要进行轮胎换位。

（5）检查助力油管的油面。要检查一下助力油管的油面是否正常，检查各油管接口是否有渗油的现象。

（6）清理空气滤芯。空气滤芯是对从外界吸入发动机的空气进行过滤，吸附杂质。一般会使用高压气体清除粘在空气滤芯上的"脏东西"。

第二步：提供预约建议。针对首次保养项目，需要向客户提供预计的交车时间和预估费用。需要提供两个时间点供客户选择，询问客户是否有机动性服务需求，确定服务顾问是谁等细节。

第三步：创建预约记录。与客户确定了预约项目和预约时间等细节后需在 DMS 预约模块中创建预约记录。以下重要信息必须记录：客户的姓名、电话、车型、车牌及简述的维修内容。边打电话边做系统录入时需再次确认车辆信息。如果客户信息或车辆信息有更改，需要在 DMS 中更改。

第四步：与客户道别。本步骤包括了总结要点，强调一些重要信息，询问预约提醒方式，再次确认预约提醒的联系号码，要提醒客户携带保养手册，挂电话前询问客户是否还有其他服务需求。

第五步：预约信息分发。将第二天的预约信息分发给相应岗位如服务顾问、迎宾员、保安、车间主管等。

二、主动预约流程

预约服务流程分主动预约客户和受理客户预约两种。本次任务中，服务顾问需要主动给客户打电话，邀请客户进店做首保。主动拨打电话预约的流程如图 1-2 所示。

主动预约的执行要点如下。

（1）标准问候。

要点：分时问候、确认身份、自报家门、询问是否方便接听。

（2）告知致电来意。

（3）确认需进行的保养维修项目。

（4）确认车辆信息。

要点：牌照、车型、里程、送修人（售后联系人）。

客户	服务顾问	维修技师	零件人员

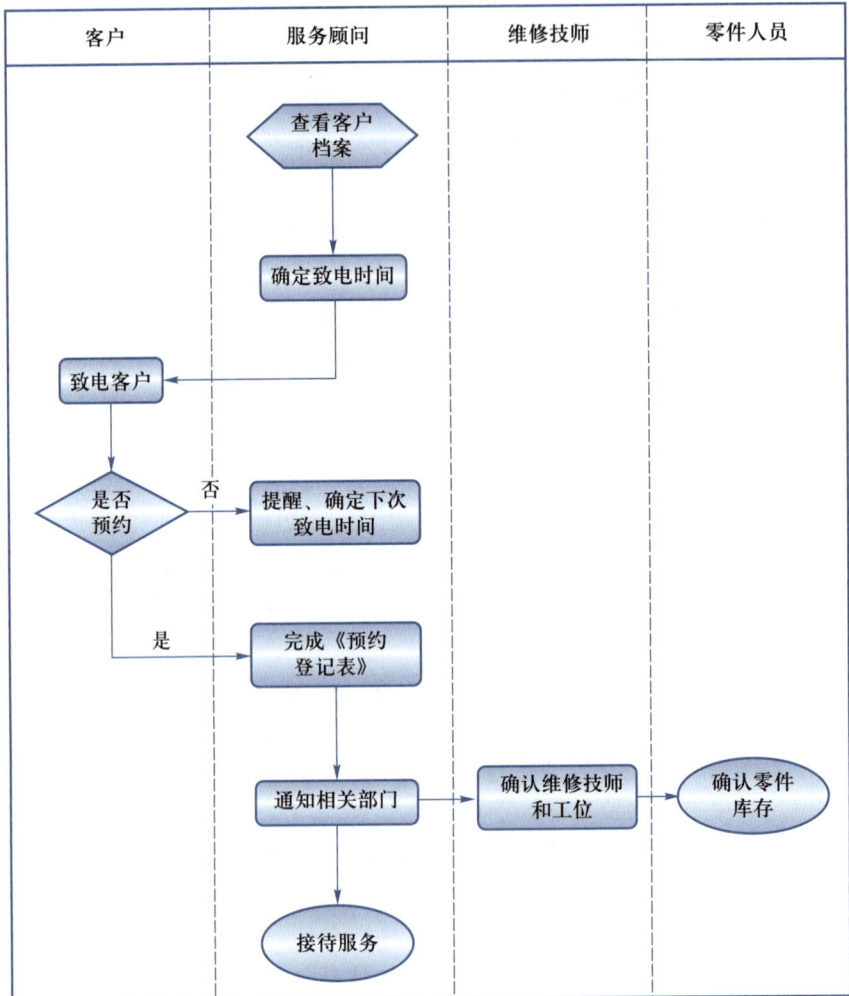

图 1-2　主动预约流程

（5）提供预约时间选择。

要点：至少提前一天，提供两个选择，提供准确时间，应尽量提供客户方便的时间。

（6）提供预估时间和费用。

要点：提供正常首保所需时间，首保免费。

（7）总结要点。

要点：项目、预约时间、SA（Service Adviser，服务顾问）、预计价格、预计交车时间。

（8）询问预约提醒方式，确认联系方式。

要点：预约提醒方式是通过电话、短信还是微信，并再次确认电话号码。

（9）强调准时到店。

要点：提醒客户预约时间准时到达，会在店门口恭候光临，否则将影响后期的安排。

（10）提醒客户携带保养手册（视车型而定）。

要点：提醒带上保养手册和行驶证。

（11）询问客户有无其他需要，并礼貌道别。

要点：感谢客户的配合，并询问是否需要其他服务，完整填写预约登记表。

（12）发送预约提醒。

根据《×年×月×日预约客户清单》，提前一天通过电话、短信或者邮件给客户发送预约提醒，如果客户取消预约，更新 DMS 系统预约单及更新《×年×月×日预约客户清单》，并及时通知相关人员（保安、前台、车间人员、零件人员）。

此项工作由预约专员完成，作为服务顾问要了解此项工作。

课后自测（可扫描二维码在线完成）

在线测试
任务 1
主动预约

1. 在进行电话预约时，如遇客户有检查维修项目，需要向客户估时或估价吗？（   ）
   A. 需要　　　　　　B. 不需要

2. 在拨打保养提醒电话时，我们需要向客户（   ）。
   A. 阐述保养的好处　　　　　　B. 阐述预约的好处
   C. 估时　　　　　　　　　　　D. 估价

3. 在预约方式的选择上，我们最好选用哪种方式？（   ）
   A. 电话　　　B. 微信　　　C. 登门拜访　　　D. 客户喜欢的方式

4. 在预约流程中，我们应该为预约客户预开工单，你觉得以下说法哪个是错误的。（   ）
   A. 可以提高我们的工作效率
   B. 客户预约的信息在第一时间输入工单，可以节省时间
   C. 可以避免重复录入，减少差错
   D. 预开工单将会占用资源，尽量避免预开工单

5. 在维修工作中，应计划多少车间维修能力用于预约维修。（   ）
   A. 大约 60%　　　　　　B. 如果可能，总是保持 100%
   C. 大约 40%　　　　　　D. 参考值 80%，与车间的预约率有关

6. 下述工作中，属于汽车售后服务预约工作的内容有（   ）。
   A. 询问上次维修时间及是否重复维修
   B. 告知某些备件的剩余使用寿命
   C. 询问行驶里程
   D. 介绍特色服务项目及询问用户是否需要这些项目

7. 汽车售后服务流程中的第一个重要环节是（   ）。
   A. 准备工作　　　B. 预约　　　C. 接车　　　D. 跟踪

任务 2　客户接待

微课视频
互动预检

课前热身

请观看"互动预检"微课,开启本次的课前热身之旅!(可扫描二维码观看)

任务描述

李想与王毅先生约定好本周日 10 点(具体时间可以视情况而定)来店做保养。项目是常规保养,零件库存充足。客户准时到店,车辆没有其他问题。李想需要做好客户到店前的准备工作及客户到店后的接车服务工作。

李想的任务:基于以下客户信息,完成本次的客户接待任务。

经销商:齐鲁天众(简称)	服务热线电话:5858××××	
客户:王毅(先生)	联系方式:137××××4567	作业项目:7 500km 首保
车牌号:鲁 A12×××	车型:迈腾 2020 款 330TSI 豪华版	
里程:7 350km	油表:1/2	在店等候
预约进店时间:具体日期根据实际情况而定(周日 10:00)		费用:无

任务分析

认真阅读任务描述,小组讨论分析填写完成本次工作任务的关键点和难点。

关键点:_____

_____

_____

_____

_____

难点:_____

_____

_____

_____

_____

任务分组

建议 2～3 人为一组，分工协作，共同完成客户接待部分的信息收集、计划制订、决策及任务实施，并将任务分工情况记录在表 1-4 中。

表 1-4 任务分配表

任务 2	客户接待	班级		组别	
小组组名		组长		成绩	
组员	姓名		任务分工		

获取信息

引导问题 1

1）在客户到达前应做好哪些检查工作？

_____

_____

_____

_____

2）接待客户时的基本礼仪规范有哪些？请根据以往学习的礼仪知识或通过查询资料，从开车门、问候、自我介绍、递名片、握手、引导、请客户入座、提供饮品等方面进行介绍。

_____

_____

_____

_____

3）接待前需要准备好的文件资料和工具主要有哪些？

_____

_____

_____

_____

4）如果预约客户未能按时到达，你将如何与客户进行沟通联系？

_____

_____

_____

_____

📖 **知识小贴士 1**

一、仪容、仪表检查

（1）按各 4S 店员工着装标准着装，保证整洁、无破损，佩戴工作牌。

（2）检查仪容、仪表，保证面部各部位干净、整洁，全身无异味。

（3）始终保持饱满的精神面貌和微笑的面容。

二、接待准备工作检查

1. 文件资料和工具的检查

（1）按工作流程要求检查所有工作单据是否齐全（预约记录表、预检单、派工单、保养表单等）。

（2）检查接待前台每台计算机的工作状况（DMS 系统）以及与打印机的连接情况。

（3）查看、整理用户预约记录表（或 DMS 系统中的"预约欢迎看板"），并及时更新用户"预约欢迎看板"内容；

（4）提前一小时与预约当日来服务站的客户进行电话联系，确认客户具体来站时间。

话术："王先生，您好。我是 ××× 服务站的服务顾问小李，打扰您了。您预约今天上午九点半来给车辆做 45 000km 的保养，想和您确认一下，您的时间有变化吗？"

（5）如果确认预约用户能够如期到来，可提前准备好预检单，以节省接待中洽谈时间。

（6）检查有来电显示功能电话是否正常工作；

（7）整理"防护五件套"（座椅防护罩、地毯垫、转向盘护套、变速杆护套及手刹护套）。

2. 工作环境的清洁和整理

（1）每天开始营业前，检查维修出入口、服务接待区、接待前台、客户休息室、洗手间的卫生情况。

（2）整理客户休息室，检查并打开音响、影像设备，保证电脑处于联网状态。

（3）报纸、杂志摆放整齐，并及时更新，检查并保证饮水机处有水、水杯。

（4）保证客户接待大厅、客户休息室温度适宜，灯照适宜；全部检查完毕后，各就各位，等待客户光临。

三、迎接客户

（1）当客户来到服务站时，要迅速出迎。

（2）引导客户停车。

（3）向客户问好，问候客户时要用眼睛注视客户并面带微笑，态度和蔼。

（4）主动为客户开车门，并进行自我介绍。

话术："先生，上午好，我是本站的服务顾问，我叫李想，您叫我小李好了。请问怎么称呼您？"

（5）询问客户姓名，之后要礼貌、正确地称呼客户。

话术："您好！王先生，有什么可以帮助您吗？"

（6）不能有两位以上的客户等待同一位服务顾问，必要时，应增加兼职服务顾问进行服务。

（7）如确实需要客户等待，应向客户进行礼节性的说明，根据情况，建议客户到客户休息室休息、等待。

（8）应让预约的客户看到"预约欢迎板"，确保优先接待预约客户。

（9）未预约的客户，先到的先接待。

（10）如果预约客户在预定时间未能如约而来，应进行电话联系，并婉转询问原因。如客户仍希望预约，则按预约工作流程要求进行再次预约。

话术："王先生，因为您上次预约的是上午九点半，我们的工位和维修人员都是按这个时间给您预留的，不知是什么原因影响了您的约定？如果您十点以后来可能会多等一会儿，您看行吗？ 如果您不愿意等，也可以重新预约。"

（11）用于客户咨询、接待的电话保证随时有人接听，电话铃响不能超过三声要接起。

引导问题 2

1）车辆进车间前为什么还需要做互动预检？

_____

_____

_____

_____

_____

2）环车检查的方位及检查要点有哪些？

_____

_____

_____

_____

3）如果在互动预检时，客户让你自己检查不配合互动，你会如何与客户沟通？

_____

_____

_____

_____

📖 知识小贴士 2

1. 互动预检的目的

（1）确认客户交修前车辆各部分状况，避免事后客户不实的指责。

（2）提高客户对服务站信赖感及交修意愿。

（3）提高 4S 店营业收入。

（4）体现对客户的关怀与服务的价值。

2. 互动预检流程

（1）放置一次性四件套。客户来了以后，维修人员必须当着客户的面把座椅套、换挡杆套、转向盘套、脚垫四件套套上去。与客户一起预检，放置四件套这项很重要，可以让顾客感受到对车辆的爱护及本店良好的服务意识。预检的时候，维修接待员应一边检查一边填写接车单。

（2）查看前挡玻璃下面的车架号，一共 17 位代码，检查是否正确。有时候，车架号可能会被其他东西遮住，但是可以从客户档案得到相应的信息，或者打开发动机舱盖也能看见车架号。

（3）进行仪表检查及里程记录（1~2 分钟）。打开车门，坐进去，记录里程数、油量表、仪表、指示灯有无异常；还要查看内饰件、音响、安全带是否损坏。

（4）车辆内饰情况及物品检查（1 分钟）。车顶及车门内饰及座椅有无污损，车内有无贵重物品。

（5）车辆外部绕车检查（1.5 分钟），注意检查车身及漆面有无损伤、灯壳有无破损。

（6）绕车检查以后，如果客户是做首保，则需要把车辆升起来，简单检查一下车底的情况。检查底盘是否有碰撞、泄漏（2~3 分钟）。注意查看底盘各部件有无碰撞、漏油、线管异常。车辆承修环形检查单见表 1-6。

工作计划

一、制订咨询准备的方案

服务顾问扮演者		预约专员扮演者	
工作重点环节	方案内容（或部门衔接话术）		
资源准备			
技术准备			
潜在销售机会准备			
个性化准备			
预约确认准备			
客户莅临准备			

二、制订接车服务话术

服务顾问扮演者		客户扮演者	
工作重点环节	话术内容		
到店前 1 小时的预约跟进			
问候、做自我介绍			
礼貌接待客户			
邀请客户一起进行车辆检查			
对车辆外观、里程、油量及主要的功能进行检查，并告知客户，随时保持沟通			
对车辆情况进行小结，请客户签字确认，引导客户回到工作台			

技能视频
客户接待

技能视频
接车服务

注：制订接车服务话术时可参考知识链接内容以及技能视频。

三、列出服务流程中所需的设备、工具、单据和耗材清单

序号	名称	型号与规格	单位	数量	备注

四、组内自查

序号	工作计划内容	工作计划完成情况（在对应选项打"√"）			
		优秀	良好	一般	较差
1	咨询准备方案				
2	接车服务话术				
其他					
存在的问题及建议		组长签字			

进行决策

（1）各小组上传工作计划方案。
（2）进行小组方案互评。
（3）教师进行点评和总结。
（4）各小组结合自身情况修改并完善工作计划方案。

工作实施

　　建议以 2～3 人为一小组，互为服务顾问和预约专员进行咨询准备演练，并完成表 1-5 预约后准备工作表、表 1-6 接待检查表的填写。

表 1-5 ×××汽车销售服务公司汽车维修预约后准备工作表

业务接待员：_____ _____ 年 ____ 月 ____ 日

顾客基本情况		
顾客姓名：	联系电话：	
车型：	千米数：	
车牌号码：	上次进站日期：	
预约情况		
预约进站时间	年 月 日 时 分	预约交车时间	年 月 日 时 分
预约内容		
客户描述：		
故障初步诊断：		
所需配件（零件号）、工时：		
维修、保养费用估计：		
客户其他需求：		
预约进厂时间	年 月 日 时 分	
预约交车时间	年 月 日 时 分	
客户签名：	服务顾问签名：	
备注：		

表1-6　×××汽车销售服务公司客户接待检查表

基本信息及需求确认	车牌号		车型		接车时间	
	客户姓名		客户联系电话		方便联系时间	
	客户陈述及要求：				是否预约	是□　否□
					是否需要预检	是□　否□
					是否需要路试	是□　否□
					贵重物品提醒	是□　否□
					是否洗车	是□　否□
					是否保留旧件	是□　否□
					如保留旧件，放置位置	
	服务顾问建议：					
	预估维修项目（包括客户描述及经销商检测结果）：			预估维修费用及时间（备件、工时等）： 预估交车时间：		
	注意：因车辆维修需要，有可能涉及路试，如有在路试中发生交通事故，按保险公司对交通事故处理方法处理！					

接车检查	检查项目	接车确认	备注（如异常，请注明原因）	
				接车里程数：_____千米 油表位置：
	车辆主副及应急钥匙	正常□　异常□		
	内饰	正常□　异常□		
	电子指示系统	正常□　异常□		外观确认（含轮胎、轮毂（盖）、玻璃等，如有问题，画圆圈标注在车辆相应位置）：
	雨刮功能	正常□　异常□		
	天窗	正常□　异常□		
	音响	正常□　异常□		
	空调	正常□　异常□		
	点烟器	正常□　异常□		
	座椅及安全带	正常□　异常□		
	后视镜	正常□　异常□		
	玻璃窗升降	正常□　异常□		
	天线	正常□　异常□		
	备胎	正常□　异常□		
	随车工具	正常□　异常□		
	服务顾问签名：			客户签名：

评价反馈

各组根据客户预约的信息完成咨询准备，并完成表 1-7 预约后准备评价表。
（自评、互评、师评）

表 1-7　预约后准备评价表

综合评定	分值	评价												
		自评	互评（组别）						师评（组别）					
			1	2	3	4	5	6	1	2	3	4	5	6
1. 积极主动的态度	5													
2. 语气温和，保持尊重	5													
3. 积极传递关键信息	5													
4. 积极解答同事的疑问	5													
5. 导出了预约登记表	5													

活动检查	分值	评价												
		自评	互评（组别）						师评（组别）					
			1	2	3	4	5	6	1	2	3	4	5	6
1. 导出了明天的所有预约登记表	10													
2. 提前一天分发给相关岗位	5													
3. 提前核实工位的准备	10													
4. 提前核实技师的准备	5													
5. 提前核实零件的准备	10													
6. 提前核实机动性准备	10													
7. 提前做好附件或精品附件的销售准备	10													
8. 提前做好个性化准备及个性化关怀	5													
9. 提前做好停车位准备	5													
10. 提前一天发送提醒短信或电话	5													
总计	100													

本组优势：

诊断改进：（遇到的问题、原因分析以及今后改进的方法）

知识链接

一、预约客户的接车流程

（1）预约客户到店后，预约的 SA 带上环车检查单、施工单、座椅套、换挡杆套、转向盘套和脚垫等必要的检查工具，客户下车时立即上前迎接，敬称客户名字，面带微笑问候客户："您好，欢迎光临，您是来做预约维修保养的吧，我是服务顾问 ×××，由我来接待您。"

（2）请客户一起进行环车检查："先生（女士），那我们先看看车吧。"

（3）当着客户的面放好四件套。

（4）按照环车检查单上的项目，按顺时针方向环车依次确认，并在检查单上做好记录。确认时请客户一起察看。

主要确认项目包括车内（里程表、制动踏板、转向盘、音响等）、发动机舱、车前部（车灯、发动机舱盖、牌照、各种油液位确认等）、各部位油漆、轮胎胎纹、车门和锁、刮水器、行李舱（备胎）、车后部（车灯、后保险杠等）。

（5）SA 必须和客户确认车内贵重物品并在环车检查单上标明。"先生（女士），您的车内有什么贵重物品吗？还请您确认一下。"

（6）如果环车检查时发现车辆有问题，应及时与客户沟通并提出追加维修建议。

（7）车身检查后请客户确认检查结果："先生（女士），您的车我都检查了一遍，车身、轮胎等各部位都没有问题，您确认一下吧。"

（8）实车确认结束后，带领客户到维修接待台："先生（女士），车辆已经初步检查好了，现在请和我一起回接待台吧！"

（9）再次同客户一起确认预约的时间和委托事项并在环车检查单上签字确认。

（10）根据预约记录和施工单中填写的维修/保养项目，向其确认预约的作业内容。得到客户确认后，向客户询问是否还有追加项目。"先生（女士），不知您是否感觉车辆在其他方面也存在问题？不论哪方面的问题，您都可以告诉我。"

（11）如果客户提出有别的问题，如异响类、电路故障、软件故障等事项，则准确记录客户的描述，并向客户复述确认。

（12）如果客户提出关于车辆的疑问，SA 应运用所掌握的专业知识向客户详细解释说明。不能解释的疑难问题应及时找来维修组长或车间主任向客户说明。

（13）提出保养建议和零件更换建议。

（14）客户确认后，在施工单上准确填写工作指示的内容和需要退换的零件。

二、接待客户的礼仪要求

1. 基本举止规范

（1）握手。手要主动热情伸向客户，表达诚意，但对女客户不可主动先伸手，更不可双手握。

（2）保持微笑。对客户在任何情况下保持微笑。

（3）打招呼。主动与客户打招呼，目光注视客户。

（4）安全距离。与客户保持1米左右安全距离。

（5）做介绍。先介绍主人，后介绍客人。

（6）指点方向。紧闭五指，指示方向，不可只伸一个或两个手指。

（7）引路。引路时在客人的左侧为其示意前进方向。

（8）送客。送客时在客人的右侧为其示意前进方向。

（9）交换名片。双手接客户名片，仔细收藏好，不可随意放在桌上；递送名片要双手送出，同时自报姓名。

2. 业务接待员的礼仪要求

（1）客户到来，应面带微笑，主动热情问候："女士（先生），您好，我能为您做些什么？"务必使客户感到你是乐于助人的。

（2）对待客户应一视同仁，依次接待，认真问询，做到办理前一位，接待第二位，招呼后一位。在办理前一位时要对第二位说："谢谢您的光临，请稍等"，招呼后一位时要说："对不起，让您久等了"，使所有客户感到不受冷落。

（3）接待客户时，应双目平视对方脸部三角区，专心倾听，以示尊重和诚意。

对有急事而来意表达不清的客户，应劝其先安定情绪后再说。可说："请您慢慢讲，我在仔细听"。对长话慢讲、语无伦次的客户，应耐心、仔细听清其要求后再回答。对口音重说话难懂的客户，一定要弄清其所讲的内容与要求，不能凭主观推测和理解，更不能敷衍了事将客户拒之门外。

（4）答复客户的问询，要做到百问不厌，有问必答，用词用语得当，简明扼要，不能说"也许""可能""好像是""大概是"之类模棱两可或是含混不清的话。

对一些难以回答的问题，不要不懂装懂，随意回答，也不能草率地说"我不知道"，更不能不耐烦地说"你问我，我问谁"等。应该实事求是地说，"抱歉得很，这个问题现在无法解答，让我了解清楚后再告诉您，请您留下联系电话"。

（5）客户较多时，应先问的先答，急问的快答，不先接待熟悉的客户，依次接待，注意客情，避免怠慢，使不同的客户都能得到应有的接待和满意的答复。

（6）在验看客户的证件资料时，要注意使用礼貌用语，验看完后要及时交还，并表示谢意，说："×× 女士（先生），让您久等了，请您收好，谢谢"。

（7）对有意见的客户，要面带微笑，以真诚的态度认真倾听，不得与客户争辩或反驳客户，而是要真诚地表示歉意，妥善处理。对个别有意为难、过分挑剔的客户，仍应坚持以诚相待、注意服务态度，要热情、耐心、周到，要晓之以理，动之以情。

（8）及时做好客户资料的存档工作，以便查阅检索和对客户进行有针对性的服务。

（9）坚持售后服务电话跟踪，及时与客户电话跟踪询问，以体现对他们的尊重。

✎ **课后自测（可扫描二维码在线完成）**

1. 首保客户接待前应准备的工具有哪些? （　　　　）
   A. 四件套　　　　　B. 预检单　　　　　C. 量规　　　　　　D. 工单夹
2. 下列关于客户接待描述正确的选项是（　　　　）。
   A. 在车旁询问客户车上是否有贵重物品
   B. 环车检查单需要客户签字确认
   C. 在打开客户私密空间前需要征得客户同意
   D. 如果只是少量现金可以不进行记录
3. 下列关于环车检查描述正确的选项是（　　　　）。
   A. SA 自己进行车辆确认
   B. 边查车边记录车辆检查单
   C. 需要积极邀请客户一同进行环车检查
   D. 在上车前放置四件套
4. 环车检查行李舱主要检查项目是（　　　　）。
   A. 随车工具　　　　B. 牌照灯　　　　　C. 备胎　　　　　　D. 熔断器

任务 3 🚗 维修委托书的签订

🔋 **课前热身**

请观看"维修委托书的签订"微课，开启本次的课前热身之旅！（可扫描二维码观看）

⚙ **任务描述**

王毅先生驾驶迈腾来 4S 店做首次保养。李想接车后，先做了环车检查，然后引导王先生来到前台开始制作车辆维修委托书（维修工单）。此次首次保养为一汽大众的免费服务。

李想的任务：基于以下客户信息与客户王毅先生签订维修委托书。

经销商：齐鲁天众（简称）	服务热线电话：5858××××	
客户：王毅（先生）	联系方式：137××××4567	作业项目：7 500km 首保
车牌号：鲁 A12×××	车型：迈腾 2020 款 330TSI 豪华版	
里程：7 350km	油表：1/2	在店等候
预约进店时间：具体日期据实际情况而定（周日上午 10：00）		费用：无

⏱ 任务分析

认真阅读任务描述，小组讨论分析填写完成本次工作任务的关键点和难点。

关键点：_____

_____

_____

_____

_____

难点：_____

_____

_____

_____

_____

_____

🔧 任务分组

建议 2～3 人为一小组，分工协作，共同完成维修委托书的签订部分的信息收集、计划制订、决策及任务实施，并将任务分工情况记录在表 1-8 中。

表 1-8　任务分配表

任务 3	维修委托书的签订	班级		组别	
小组组名		组长		成绩	
组员	姓名		任务分工		

获取信息

引导问题

1）为什么要与客户签订维修委托书？

_____

_____

_____

_____

2）签订维修委托书的流程？

_____

_____

_____

_____

3）请利用网络或其他资源查询任务中具体的保养项目实际所需工时费和材料费。

_____

_____

_____

_____

知识小贴士

汽车维修委托书签订时的沟通话术

SA：王先生，您的爱车已经完成检测，您的需求和所有检测结果已做好记录。本次项目维修的项目为×××，时间为×××，价格是×××，我们免费的增值服务项目包括全车的检查和免费的洗车，如果您没有问题的话，请在这里签字。

客户：好的。

SA：王先生，这是一汽大众严谨关爱365活动彩页，其中主要介绍了"365服务活动"，您可以简单了解一下。活动期间可享受特有优惠，并有礼品相送…"那您稍等，我帮您制订并打印下《维修委托书》。

客户：好的。

SA：王先生，我再给您详细解释一下本次维修保养的全部内容，您本次维修保养内容是×××，价格是×××，我们免费的增值服务项目是×××，王先生，不知您对此次维修的《维修委托书》是否有问题？如果您没有问题的话，还请您在委托书上确认签字！这张是我们的定期保养检查单，这次保养会给您检查30几项内容，包括计算机检测，底盘系统、制动系统检查等多个方面。王先生，请问您是否留在店里等待维修？

　　客户：是。

　　SA：您这边请！我先带您到休息区休息。这边是我们的免费上网区，这个是我们的透明车间看板，您可以随时观看车辆的维修进度和状态，这个是电影放映区，另外我们还设置了真假备件展示板，您有兴趣的话可以了解一下。这是我们的服务员李宁（服务员点头微笑示意），这是我们的客户王先生。……王先生，您先休息，有需要我们随时联系。

工作计划

一、签订维修委托书的话术

服务顾问扮演者		预约专员扮演者	
工作重点环节	方案内容（或部门衔接话术）		
维修保养项目确认			
维修委托书签订及项目内容解释			
定期保养检查单介绍（主要介绍首保内容）			
询问客户保养期间的安排，安排客户到休息室休息			

二、列出服务流程中所需的设备、工具、单据和耗材清单

序号	名称	型号与规格	单位	数量	备注

三、组内自查

序号	工作计划内容	工作计划完成情况（在对应选项打"√"）			
		优秀	良好	一般	较差
1	维修委托书的话术				
2	所需设备、工具、单据和耗材清单				
其他					
存在的问题及建议		组长签字			

进行决策

（1）各小组上传工作计划方案。
（2）进行小组方案互评。
（3）教师进行点评和总结。
（4）各小组结合自身情况修改并完善工作计划方案。

工作实施

　　建议每个学生均完成维修委托书的制作，然后以2～3人为一小组，互为服务顾问和客户进行维修委托书签订沟通演练。如无操作软件请完成表1-9维修工单的填写。

表1-9　×××汽车销售服务公司维修工单（顾客联＆服务顾问联）

服务顾问		开单时间						约定取车时间							
顾客姓名		VIN													
联系电话		牌照号码													
电子邮箱		发动机号								车型					
联系地址															

交修前车辆状况		维修授权
□备胎　　□随车工具 □千斤顶　□轮芯盖 □点烟器　□烟灰缸 □三角牌 □灭火器 □防盗锁 □脚垫＿＿张 □CD碟＿＿张 行驶里程：		顾客签字
		结算取车

续表

序号	维修技师		工时	维修内容	工费（保修）	工费（顾客）
1						
2						
3						
4						
工时费用小计（元）						

序号	配件（A 类）和辅料（B 类）名称或代码	类别	材料费用（保修）	材料费用（顾客）
1				
2				
3				
4				
材料费用小计（元）				
其他				

质检		结算		费用总计（元）	保修	顾客

知识链接

一、制订维修委托书（维修工单）的目的和意义

（1）与客户签订维修委托书，确保客户接受因为维修所发生的一切费用及所用时间等，并严格按照维修委托书的要求执行维修工作。维修委托书的作用如下。

作为客户和售后服务站之间服务业务的合同协议，经客户签名后具有法律效力。

作为对所有售后服务站服务人员的工作指令。

为客户准确而详细的结算付费做好了准备。

（2）确定维修的费用。

保证维修费用的透明，以取得客户的同意，并向客户表明价格的合理性，避免将来产生关于维修价格的争议。

（3）为客户估算维修所需的时间、约定交付时间。

维修委托书可以使客户很好的计划自己的时间，不必经常打电话来询问，也不必浪费时间提前来取车。对售后服务站来说，也可以更从容的计划交付工作。

二、车辆维修委托书的签订流程

1. 把检查结果向客户说明，共同确认维修项目

在预检作业结束后，将预检中发现的故障用简单易懂的语言向客户说明，根据对故障原因的判断向客户提供维修方案，并说明维修原因及重要性，说明此项维修的好处及不进行此项维修可能产生的危害。要表现出对客户及其车辆的关怀，具体列出作业内容和所需零部件的名称、数量，并填入维修工单。确认维修项目时必须先向顾客进行项目提示，确保无遗漏。

维修项目：需要车间派工进行维修的作业项目如图1-3所示。

序号	项目代码	项目名称	工种	帐类	工时	工时单价	优惠前工时金额	工时*单价	折扣	优惠后工时金额	保险比例	项目类别	项目状态
1	AC118X-C-X	机油，检查油量	机电		0.2	120	24	✓	0	24	0	一般维修	待派
2	AC123X-C-X	燃油系供油压力，检查	机电	W	0.4	80	32	✓	0	32	0	一般维修	待派
3	A0113A-T-X	排气歧管螺母紧固	机电	P	0.4	120	48	✓	0	48	100	一般维修	待派
4	A0117X-A-X	制动踏板高度，检查调整	机电	I	0.3	80	24	✓	0	24	0	一般维修	待派

图1-3 维修项目

建议维修项目：为保证车辆的正常使用，建议客户维修的作业项目如图1-4所示，当客户同意维修后，可转为正式的维修项目；如客户暂时不做维修，则会将相应的项目打印在结算单中，以示提醒。

序号	项目代号	项目名称	工种	帐类	工时	工时单价	工时金额	备注
1	B0210H-R-X	正时链的拆除和更换	机电	C	1	120	120	
2	AC149X-R-X	后桥润滑油，更换	机电	C	1	120	120	

图1-4 建议维修项目

2. 确认所需零件库存

需求配件：提供维修过程所需要领用的配件，如图1-5所示，在需求配件界面中录入需求信息后，会生成预留出库单，并会减少相应需求配件的可售数量，而需求数量会增加相应的数量。

序号	配件编码	配件名称	车型	帐类	需求数量	单位	销售单价	折扣	保险比例	优惠后金额
1	6470-3101Y012B	轮芯盖(高)	70#	C	1	件	30	0	0	30
2	0222-13-470B	汽油滤清器	70#B	C	2	件	30	0	0	60
3	99283-1000	管夹(软管)	通用	C	1	件	2	0	0	2

图1-5 领用配件

若发现有配件库存短缺，应立即同客户联系，决定是否通过调拨或订货的方式予以解决。如客户同意，将配件到货期及价格告知客户，并确认修理是否继续进行。如客户取消作业，应将需求配件从预留出库单中取消，送走客户，并表示歉意。送走客户后取消工单。

3. 确定工作内容后开具车辆维修估价单

在本环节要注意的重点：

（1）零件部门与维修部门要随时进行良好的合作和沟通。

（2）随时关注缺货零部件到货时间，对紧急订货进行跟踪。

（3）待维修车辆在到货后优先维修。

（4）不能确保到货日期应先与顾客联系。

（5）无库存件时，到货后及时通知顾客。

（6）每天核对零件到货情况。

价格估算要点：

（1）确定作业项目。

（2）列出需用的零件和油脂类。

（3）确定维修工时费。

（4）确认所需零件的库存。

（5）计算估价总金额。

1）价格估算的意义如下。

① 给顾客一个交车时间和费用的范围。

② 给顾客更透明的信息增加顾客的安心感和信赖感。

2）估算完工时间。

① 首先要确认车间的工作情况，可以通过车辆维修电子看板来判断。

② 预计作业时间（包括洗车、检验等）。

③ 了解和考虑顾客取车要求（必要时可进行调整）。

3）车辆维修电子看板如图1-6所示。

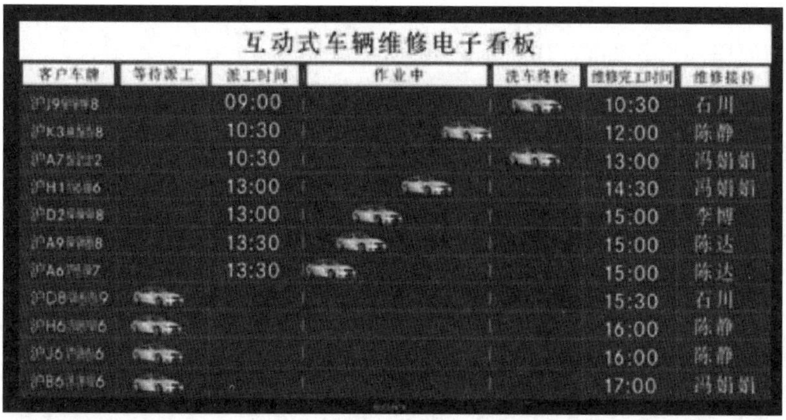

图1-6 车辆维修电子看板

当车间调度对相应维修工单派工后，该维修工单的维修项目所占用的作业资源能够通过车辆维修电子看板体现出来，并且能够通过看板快速地了解到该车辆在车间的作业进程，方便服务顾问和客户了解车间作业情况。

4. 软件系统中生成维修委托书

打印出维修委托书，请客户签字授权进行维修作业。打印维修委托书前，仔细检查接车修理单是否填写完整，再次向客户复述一遍，以确定所有项目都齐全无误，待确认客户完全理解了维修委托书的内容后，我们可以征求客户的意见："您还有什么问题，如果没有问题，请您在这里签字"，然后完成授权。

5. 引导客户至休息室或送客户离开

1）安排客户到休息室休息。

安排客户到休息室休息。可以使客户在等待时感觉到舒服、有事可做，同时对你的修理工作放心，不必经常向你询问修理情况。

2）用合适的方式安排客户离开。

用合适的方式安排客户离开。注意：如果你向客户建议使用临时替代车，应确保临时替代车是准备好的并随时可以使用。

在线测试任务3维修委托书的签订

课后自测（可扫描二维码在线完成）

1. 对于服务顾问的预计交车时间，描述错误的是（　　　　）。

　　A. 预计交车时间是服务顾问与客户协商决定的

　　B. 预计交车时间是在车辆开始维修前就已经预估完成的

　　C. 预计交车时间是根据完工时间协商形成的

　　D. 预计交车时间与预计完成时间是相同的时间的不同说法

2. 你得知该车离合器有问题之后，把离合器磨损过度的情况跟客户说了，并建议其尽早更换，但是客户拒绝了。你应该怎么做？

　　A. 出于安全的考虑，一定要求客户更换

　　B. 非常尊重客户的意见，但在工单上备注

　　C. 委婉而坚决地不对客户的车辆做任何维修

　　D. 礼貌地要求客户决定要更换离合器的时候再来

3. 维修委托书上的故障描述栏，可以根据（　　　　）填写。

　　A. 客户自己描述　　　　　　　　　B. 修理工描述

　　C. 结算清单上更换的零件　　　　　D. 服务顾问判断

4. 以下哪项不是包含在维修委托书上的有关客户信息的项目？（　　　　）

　　A. 客户姓名　　　　　　　　　　　B. 客户地址

　　C. 移动电话号码　　　　　　　　　D. 客户职务

任务 4　交车服务

课前热身

请观看"结算交车"微课，开启本次的课前热身之旅！（可扫描二维码观看）

微课视频
结算交车

任务描述

王毅先生的车辆在 16：00 顺利完成了保养工作。李想需按标准流程完成结账交车工作，并尽可能让王毅先生满意，以使其成为售后服务站的忠诚客户。

李想的任务：基于表 1-10 所示客户信息，完成本次的常规保养客户检查任务。

表 1-10　客户信息表

经销商：齐鲁天众（简称）	服务热线电话：5858××××	
客户：王毅（先生）	联系方式：137××××4567	作业项目：20 000km 保养
车牌号：鲁 A12×××	车型：迈腾 2020 款 330TSI 豪华版	
里程：19 800km	油表：1/2	在店等候
交车时间：具体日期根据实际情况而定（周日 17：00）		费用：2 000 元

任务分析

认真阅读任务描述，小组讨论分析填写完成本次工作任务的关键点和难点。

关键点：_____
_____
_____
_____
_____

难点：_____
_____
_____
_____
_____

任务分组

建议 2~3 人为一小组，分工协作，共同完成交车服务部分的信息收集、计划制订、决策及任务实施，并将任务分工情况记录在表 1-11 中。

表 1-11 任务分配表

任务 4	交车服务	班级		组别	
小组组名		组长		成绩	
组员	姓名	任务分工			

获取信息

引导问题 1

1）车辆开出车间后可以直接交给客户吗？为什么？

_____

_____

_____

_____

2）如果你是客户，你希望车辆是以怎么样的状态交到你手里的？

_____

_____

_____

_____

3）站在客户的角度，客户在拿车时最关心什么？

_____

_____

4）你觉得怎样交车最高效？

一、服务顾问车辆检查的必要性

在车间，技术人员自检，一般不会发现问题，因为是自己干过的活，很难发现问题。班组长互检，会觉得前有自检、后有质量终检，互检的检查质量往往很难保证。但当车辆有了问题，客户会第一时间联系服务顾问。而且即使质量终检查得很细致，但还是主要检查维修质量，其他检查（清洁、物品摆放等）可能会弱一点，所以服务顾问的最终检查就很重要。

二、服务顾问车辆检查的目的

服务顾问车辆检查的目的是什么？虽然之前做过质量检查，但仅仅是从技术角度进行检查，而服务顾问车辆检查应站在客户的角度上看，确认维修项目已经完成，确认车辆已达到交车的状态。

三、服务顾问车辆检查的内容

1. 车辆状态

检查控制信息、报警信息是否消除；保养信息复原，调整并检查胎压，如果是机油保养的还要测一下机油量；直观检查维修项目是否完成，如天窗电机损坏的维修，要实车开一下试一下是否修好；旧件放置在相应位置。做车辆检查时，服务顾问可以把自己当成客户进行检查。

2. 车辆清洁

对照 CSI 客户满意度调查项目：您的爱车在提车时情况如何？——对车辆外部进行了清洁。您的爱车在提车时情况如何？——对车辆内部进行了清洁。您的爱车在提车时情况如何？——维修人员没有留下明显的污渍。要求做到无油污印记、车内地板和脚垫吸尘、清洗和擦干车辆、清理烟灰缸、无泥污，以上须全部做到。

3. 车辆状态

座椅位置复原、电台设置复原、CD 曲目复位、座椅记忆位置复位、贵重物品复位，维修工具不要遗留在车上，检查随车工具，检查停放位置以方便驶出。

重要提示：

（1）站在客户角度：以客户的角度，在客户来之前仔细进行车辆的检查。

（2）携带维修工单、接车单：很多信息需要在维修工单和接车单中查看，所以要携带这些单据，准确的确保车辆是可交付状态。

（3）规范填写终检单。

引导问题 2

1）结算单准备是在客户来之前还是之后做？为什么？

_____

_____

_____

_____

2）如果你是客户，你希望结算单里有哪些内容？

_____

_____

_____

_____

3）站在客户的角度，你希望服务顾问主要给你解释结算的哪些内容？

_____

_____

_____

_____

4）交车的时候应该给客户展示些什么内容？

_____

_____

_____

_____

5）结算单的内容应该如何高效清晰地向客户解释？

_____

_____

_____

_____

6）交车是最后一个环节，你觉得如果要提高客户的满意度，在这个环节我们可以做哪些客户关怀举动？

＿＿＿＿＿＿＿＿＿＿＿＿＿＿＿＿＿＿＿＿＿＿＿＿＿＿＿＿＿＿＿＿＿

＿＿＿＿＿＿＿＿＿＿＿＿＿＿＿＿＿＿＿＿＿＿＿＿＿＿＿＿＿＿＿＿＿

＿＿＿＿＿＿＿＿＿＿＿＿＿＿＿＿＿＿＿＿＿＿＿＿＿＿＿＿＿＿＿＿＿

＿＿＿＿＿＿＿＿＿＿＿＿＿＿＿＿＿＿＿＿＿＿＿＿＿＿＿＿＿＿＿＿＿

📖 **知识小贴士 2**

交车流程如图 1-7 所示。

服务顾问已经对车辆进行了检查确认，结算单也确认没有问题了，这时可以通知客户来取车。客户取车有两种情况，一种是客户在店等候，这种情况可以直接带客户来取车，一种是电话通知客户来取车。不管哪种情况都要注意沟通礼仪。等客户来了，就要做结账交车的工作。结账交车工作是流程执行的关键一步，通过下面的步骤能够帮大家梳理一下交车顺序，提高交车的效率和客户满意度。

1. 通知客户

在约定的交车时间前通知客户，要求由之前接车的服务顾问通知客户，但如果刚好服务顾问轮休了或者有别的事抽不开身，可以由另外的服务顾问代劳，但一定提前跟客户告知，不要让客户感觉到被怠慢。

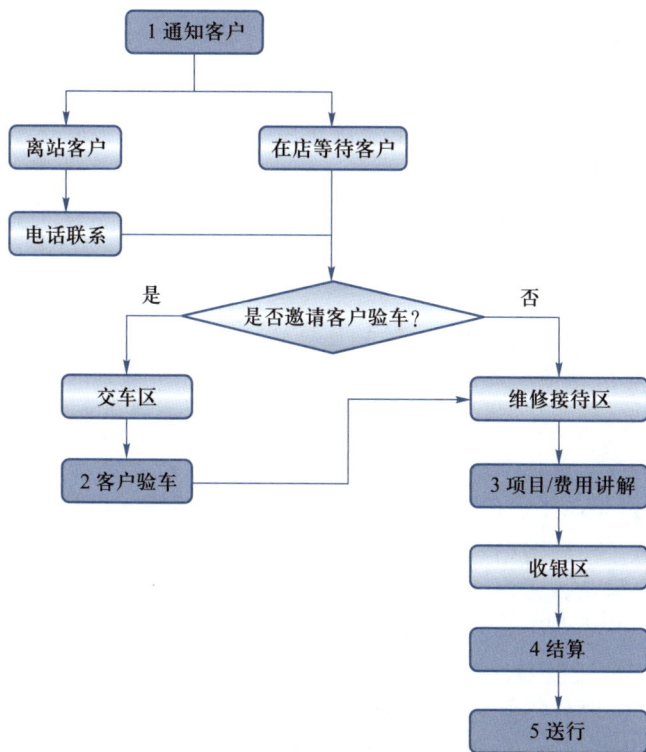

图 1-7　交车流程

通知客户来取车，一定要提醒客户带好取车凭证，一般就是原始工单或者查车单，要告知客户这是取车的唯一凭证。如果客户委托别人取车也请客户将取车凭证一并转交给取车人。

2. 展示维修成果

1）向客户说明所有项目全部完成。每个项目要向客户展示相应功能，说明车辆故障原因分析结果及故障处理方法，维修了哪些地方，更换了什么零件。询问客户对维修成果是否满意，必要的时候可以起动车辆、路试。对于比较复杂的维修工序解释不清楚的，可以找技师出面解释。如果有没有完成的工项，可能是客户时间原因或者客户不想修，也可能是零件供应问题，此时要说明原因并给出建议。如有建议客户维修但是客户没有维修的项目，应重点提示，必要时应签署免责协议。涉及安全隐患的问题需要再次跟客户强调，最好预约下次到店再做保养的时间或者里程。

2）提醒贵重物品已复位。提醒客户贵重物品已放回并与客户当面确认。客户所有的物品都属于贵重物品，不要大意。

3）旧件展示或返还。更换下来的旧件需要给客户展示，不管客户是否需要保留旧件都要展示。客户需要保留的旧件需要包好后放在行李舱或者客户指定的地方，如果客户提出不需要保留旧件则留在经销店做环保处理。

4）告知胎压调整到标准值。在环车展示车辆维修成果时，要当面说明轮胎已检查，胎压已调整，让客户开车更放心。

5）提供车辆使用建议。参照车况、维修养护项目和客户用车习惯，提出有针对性的使用建议。不同客户对车辆的了解程度是不一样的，向客户提供与车辆有关的使用建议可以增加客户对我们的信任，体现更专业的服务，也能增加日后的业务机会，保证客户对所修车辆品牌和经销店的满意度，建立长期的维修服务关系，使我们的服务工作变得更加轻松。

服务顾问可以依据《维修工单》，对《保修手册》上的记录进行说明（如果有），简要介绍保修条款和定期维护的重要性；向客户介绍增值服务项目（如果有），说明已经完成增值服务项目且是免费的（如参加了优惠活动等）；利用《维修检查终检单》，向客户建议近期要做的维修；提醒客户下次保养的里程或时间。

3. 解释结算单、陪同结账

1）解释结算单，签字确认。展示完维修成果后带客户回工作台，给客户解释此次维修的费用。主动出示之前准备好的结算预览单，向客户解释费用。一般经销商的结算单都很复杂，客户一眼是看不清楚的，需要逐项解释。服务顾问要详细解说车辆维修、保养的费用，包括结算单的总费用、总零件费用和总工时费用，每个项目的单项费用、工时数、工时费用和零件费用，还有优惠或免费费用（套餐项目、保修项目、折扣项目等）。客户没有异议后，指明签字处请客户签字。

2）确认付款方式及发票抬头。客户签字确认结算单后再跟客户确认付款方式以及发票抬头。现在多数店里支持手机支付、现金支付。信用卡支付需要手续费，使用要先跟客户确认。另外，支票支付因为支票到账有时滞而且中途可以撤销，所以一般不支持。这些支付方式根据各个店里的规定要事先告知客户，以免造成麻烦。

3）陪同客户结账。服务顾问要做的其实就是陪着客户，亲自陪同客户结账，这会在客户心中树立一个积极的形象。这个过程中服务顾问可以与客户做进一步的沟通，对客户来店表示感谢，解答客户的疑虑，如果前期没有给客户一些用车建议，这里也可以补充说明。一般在结账处等待时间不能太长。服务顾问可以根据收银处的人员多少灵活确定付款时机，避免客户干等。结账完成后，整理好此次工作所有单据的客户联交给客户。

4．送别客户

1）约定回访时间。结账后送客户到车边，为顾客打开车门，当面取下转向盘套、座椅套、换挡杆套、脚垫等车辆防护用品。与客户约定方便接听电话的时间，便于客服专员能够按照约定时间关怀客户，给客户更贴心的服务。

2）留下联系方式。从接待客户开始，服务顾问就会给客户递名片，但名片往往容易被客户遗失。而且在最开始客户对你还没有建立信任时，一般不会留下你的名片。所以在交车的时候要再将服务顾问的电话和店里的电话都留给客户，最保险的做法是当面加上客户的微信，或者想办法把电话存在客户的手机里或者车里。还有很多车辆在驾驶舱的 B 柱或其他地方会留下以数字 400 开头的免费电话，也要告知客户。以便在遇到紧急情况的时候客户可以求助。

3）送别客户。陪同客户取车，赠送小礼品并提供出门条。礼貌与客户道别，感谢客户的光临，提醒下次预约的时间。目送客户离开之后再回工作岗位。

工作计划

一、制订车辆检查的话术

服务顾问扮演者	
工作重点环节	话术方案
阐述准备的单据及工具	
检查每一项维修项目是否完工	
检查车内清洁度（前部、后部、烟灰缸、地毯）	
核对客户的贵重物品是否复位	

续表

工作重点环节	话术方案
恢复客户的个性化设置（收音机频道、电视频道、座椅记忆位置、转向盘位置）	
检查行李舱清洁度及核对随车工具、旧件是否齐全	
核对并检查车辆外观及清洁情况	
终检单签字确认	

二、制作结算单

客户名称			工单代码			
地址			车牌号码			
电话			车型			
付款方式			车辆出厂编号			
序号	维修项目	工时代码	单价（元）	工时（h）	工时费（元）	备注
工时费合计（元）						
序号	材料名称及规格	单位	数量	单价（元）	材料费（元）	备注
材料费合计（元）						

单位： 维修合同号： 发票号码：

服务顾问签字： 年　　月　　日	客户签字： 年　　月　　日

三、制订常规保养客户结算交车话术

服务顾问扮演者		客户扮演者	
工作重点环节	话术内容		
通知客户取车			
展示车辆维修项目及外观清洁度等			
温馨提示及使用建议			
解释账单			
陪同结账			
确认回访时间，致谢并目送客户离开			
整理单据			

四、列出车辆准备及结账交车中所需的设备、工具、单据和耗材清单

序号	名称	型号与规格	单位	数量	备注

五、组内自查

序号	工作计划内容	工作计划完成情况（在对应选项打"√"）			
		优秀	良好	一般	较差
1	车辆检查方案				
2	结算单准备				
3	结账交车的话术				
其他					
存在的问题及建议		组长签字			

进行决策

（1）各小组上传工作计划方案。
（2）进行小组方案互评。
（3）教师进行点评和总结。
（4）各小组结合自身情况修改并完善工作计划方案。

工作实施

　　建议以2～3人为一小组，轮流扮演服务顾问、客户和观察员进行车辆检查及结算交车演练，并完成表1-12车辆检查终检单和表1-13维修工时结算清单的填写。

表1-12　×××汽车销售服务公司车辆检查终检单

×××汽车销售服务公司服务顾问终检单	
工单号：　　　　　车驾号：　　　　　车牌号：	
服务顾问终检	
检验开始时间：　　　　　　　　　　年　　月　　日　　时　　分	
检查工单工作是否全部完成	
1.检查工单内容与客户要求是否相符　　　　　　　　　□是　□否　备注：	
2.工单中涉及的配件是否全部出齐　　　　　　　　　　□是　□否　备注：	

续表

检查工单工作是否全部完成
3. 如有配件需订货，是否按要求订购 　　　　　　　　　　　　　　　　　　□是　□否　备注：
4. 检查结算单的项目、类别是否正确 　　　　　　　　　　　　　　　　　　□是　□否　备注：
5. 检查所有单据、签字是否齐全 　　　　　　　　　　　　　　　　　　□是　□否　备注：
6. 路试后的千米数是否合理 　　　　　　　　　　　　　　　　　　□是　□否　备注：
7. 喷漆车辆是否无色差、橘皮、脏点 　　　　　　　　　　　　　　　　　　□是　□否　备注：
8. 钣喷车辆缝隙是否合适 　　　　　　　　　　　　　　　　　　□是　□否　备注：

车辆检查
1. 仪表信息显示是否正常 　　　　　　　　　　　　　　　　　　□是　□否　备注：
2. 车辆内部是否无遗落的工具 　　　　　　　　　　　　　　　　　　□是　□否　备注：
3. 车内是否清洁（灰尘、油污手印、烟灰缸、顶棚、仪表台、座椅） 　　　　　　　　　　　　　　　　　　□是　□否　备注：
4. 客户登记的物品是否无缺失或破损 　　　　　　　　　　　　　　　　　　□是　□否　备注：
5. 是否按照工单要求留存旧件 　　　　　　　　　　　　　　　　　　□是　□否　备注：
6. 车辆外观与进场时相比较是否无异常 　　　　　　　　　　　　　　　　　　□是　□否　备注：
建议、说明：
未完成的工作及原因：
关于此次维修（或保养）的特殊说明，及下次维修（或保养）的建议：

服务顾问签字： 　　　　　　　年　　月　　日	客户签字： 　　　　　　　年　　月　　日

表 1-13　×××汽车销售服务公司维修工时结算清单

客户名称		工单代码	
地　　址		车牌号码	
电　　话		车　　型	
付款方式		车辆出厂编号	

序号	维修项目	工时代码	单价（元）	工时（h）	工时费（元）	备注
工时费合计（元）						

序号	材料名称及规格	单位	数量	单价（元）	材料费（元）	备注
材料费合计（元）						

单位：　　　　　　　维修合同号：　　　　　　　　　发票号码：

服务顾问签字：

年　　月　　日

客户签字：

年　　月　　日

评价反馈

各组依次完成从车辆准备到车辆交付的全过程，并完成评价表（表 1-14、表 1-15）。

表 1-14　车辆质量检验评价表

综合评定	分值	评价												
		自评	互评（组别）						师评（组别）					
			1	2	3	4	5	6	1	2	3	4	5	6
1.准备工作完善（仪容仪表、车辆预检单、终检单、结算单、抹布）	5													
2.运用质量检查的标准流程	5													
3.全程流程高效、流畅	5													
4.能运用资源进行展示（车辆、贵重物品、旧件）	5													
5.规范完成终检单的填写	5													

续表

活动检查	分值	评价												
		自评	互评（组别）						师评（组别）					
			1	2	3	4	5	6	1	2	3	4	5	6
1. 工作准备完善执行有序	10													
2. 认真、高效地完成终检	5													
3. 准确了解车辆进厂状态、维修项目、结算的信息	10													
4. 完整填写了终检单	10													
5. 认真核查每一个维修项目	5													
6. 边检查边填写终检单	10													
7. 能主动恢复个性化设置	5													
8. 能主动检查车辆内外的清洁状况	10													
9. 有提及旧件的处理或展示旧件	5													
10. 终检单上有客户、服务顾问签名	5													
总计	100													

本组优势：

诊断改进：（遇到的问题、原因分析以及今后改进的方法）

表 1-15 结算交车评价表

综合评定	分值	评价												
		自评	互评（组别）						师评（组别）					
			1	2	3	4	5	6	1	2	3	4	5	6
1. 准备结算单	5													
2. 车辆准备达到交付状态	5													
3. 全程尊称客户、保持沟通	5													
4. 能运用资源进行现场展示	5													
5. 规范完成客户登记表的填写	5													

续表

活动检查	分值	评价													
		自评	互评（组别）						师评（组别）					
			1	2	3	4	5	6	1	2	3	4	5	6
1. 工作准备完善，执行有序	10													
2. 主动、积极接待客户	5													
3. 准确向客户展示了车辆维修项目及进厂状态	10													
4. 准确向客户解释了账单	10													
5. 全程尊称客户，使用敬语和建议性语气	5													
6. 始终保持沟通、反馈及温馨提示	10													
7. 耐心、热情解决客户疑问	5													
8. 现场展示旧件及提供车辆使用建议	10													
9. 送小礼物并确认了回访时间	5													
10. 开车门并目送客户离开	5													
总计	100													

本组优势：

诊断改进：（遇到的问题、原因分析以及今后改进的方法）

知识链接

汽车维修交车过程中 SA 需要关注的要点

（1）车间对通过质检的车辆进行外部清洗、内部吸尘，清洁过的车辆必须比送来时更干净。清洁时必须注意保护漆面，车门玻璃上的水尽量擦干。

（2）车辆清洗完毕后，车间将车辆开至竣工车停车位上，通知服务顾问验车。必须注意车辆要停放整齐，并保证车头面对通道或大门口，便于客户将车辆驶出。

（3）服务顾问在验车时，将座椅、反光镜、后视镜等的位置及角度调回客户进厂时的状态。

（4）交车准备工作包括进厂项目是否全部完成、车辆外观是否有损伤、车内物品是否有遗失等内容。

（5）交车准备做完后，服务顾问与客户取得联系，确定客户方便的提车时间。

（6）如果客户无法及时来经销商处提车，在条件允许的情况下，服务顾问应为客户送车。送车前先准备好结算单，并通过电话向客户解释作业项目及发生费用，最后在送车时陪同客户验车并进行结算工作。

（7）陪同客户验车时，服务顾问应携带一条白毛巾及委托单陪同客户一起验车，对没有安置护车套件且维修人员可能接触到的位置进行擦拭，并当着客户的面将护车套件取下。

（8）验车时如果需要进行旧件交接，服务顾问应告诉客户更换下来的旧件放置的位置，并请客户当面核对。

（9）若客户需要试车，服务顾问应坐在副驾驶座上（此时副驾驶座的座椅套和脚垫不能取下）陪同试车，试车完毕下车后将接触过的地方用白毛巾进行擦拭。

（10）服务顾问应陪同客户进行结算。

（11）服务顾问需针对客户进厂时描述的情况将结算单中所涉及的作业项目及发生的费用向客户进行解释。如果有新增项目，也要向客户再次解释。

（12）结算完毕，服务顾问将车钥匙、行驶证、出厂凭证、保养提示卡等准备好，交给客户。

（13）将车钥匙等物品交给客户时，服务顾问应将随时可以与自己取得联系的联系方式及一些注意事项告知客户，并向客户确认保养提示卡中注明的下次保养时间。

（14）服务顾问应将准备好的客户满意度调查表给客户填写，为本次得到的服务进行评价。

（15）服务顾问需将客户送至车旁，为客户打开车门，并主动帮客户将保养提示卡置于不妨碍客户驾车且醒目的地方。

（16）与客户道别并感谢客户惠顾之后，服务顾问应目送客户车辆离开，直到客户车辆顺利驶出大门后再回到接待区（接待室）。

（17）客户离开后，服务顾问在客户档案中进行备案。

（18）从通知客户交车到物品交接完毕，尽量控制在 5min 内。

课后自测（可扫描二维码在线完成）

在线测试
任务 4
交车服务

1. 交车时，客户对维修效果提出异议，服务顾问应该怎么做？（　　　）

　　A. 回绝客户，指出已完全修复

　　B. 尽量向客户解释，条件允许下给客户演示修复

　　C. 直接让客户找维修技师

　　D. 接待客户到服务经理处，由服务经理进行处理

2. 下列不属于交车结账环节作用的是（　　　）。

　　A. 在客户到来之前做车辆的最终检验

　　B. 监督和检查技师所完成的工作

　　C. 避免客户等待和尽可能的方便客户

D. 做好结账明细单的准备

3. 结算单中没有包含的内容是（　　）。

　　A. 维修项目　　　　　　　　　B. 客户签字

　　C. 完工时间　　　　　　　　　D. 维修所发生的工时费及材料费

任务 5 客户回访

微课视频
客户回访

课前热身

请观看"客户回访"微课，开启本次的课前热身之旅！（可扫描二维码观看）

任务描述

王毅先生的车已经顺利交付，三天后，李想需要针对本次的服务给王毅先生打一个回访电话，了解客户对服务的感受，为更好地完成以后的服务做参考。

李想的任务：基于以下客户信息，完成本次的客户回访任务。

经销商：齐鲁天众（简称）	服务热线电话：5858××××	
客户：王毅（先生）	联系方式：137××××4567	作业项目：20 000 km 保养
车牌号：鲁 A12×××	车型：迈腾 2020 款 330TSI 豪华版	
里程：19 800 km	油表：1/2	
预约进店时间：具体日期据实际情况确定（周日上午 10：00）	费用：2 000 元	

任务分析

认真阅读任务描述，小组讨论分析填写完成本次工作任务的关键点和难点。

关键点：＿＿＿＿＿＿＿＿＿＿＿＿＿＿＿＿＿＿＿＿＿＿＿＿＿＿＿＿＿＿＿＿

＿＿＿＿＿＿＿＿＿＿＿＿＿＿＿＿＿＿＿＿＿＿＿＿＿＿＿＿＿＿＿＿＿＿＿＿＿＿

＿＿＿＿＿＿＿＿＿＿＿＿＿＿＿＿＿＿＿＿＿＿＿＿＿＿＿＿＿＿＿＿＿＿＿＿＿＿

＿＿＿＿＿＿＿＿＿＿＿＿＿＿＿＿＿＿＿＿＿＿＿＿＿＿＿＿＿＿＿＿＿＿＿＿＿＿

＿＿＿＿＿＿＿＿＿＿＿＿＿＿＿＿＿＿＿＿＿＿＿＿＿＿＿＿＿＿＿＿＿＿＿＿＿＿

难点：＿＿＿＿＿＿＿＿＿＿＿＿＿＿＿＿＿＿＿＿＿＿＿＿＿＿＿＿＿＿＿＿＿＿

＿＿＿＿＿＿＿＿＿＿＿＿＿＿＿＿＿＿＿＿＿＿＿＿＿＿＿＿＿＿＿＿＿＿＿＿＿＿

＿＿＿＿＿＿＿＿＿＿＿＿＿＿＿＿＿＿＿＿＿＿＿＿＿＿＿＿＿＿＿＿＿＿＿＿＿＿

任务分组

建议 2～3 人为一小组，分工协作，共同完成客户回访部分的信息收集、计划制订、决策及任务实施，并将任务分工记录在表 1-16 中。

表 1-16 任务分配表

任务 5	客户回访	班级		组别	
小组组名		组长		成绩	
组员	姓名	任务分工			

获取信息

引导问题

1）为什么要打回访电话，做回访的作用是什么？

2）打回访电话前要做哪些准备工作？

3）如何通过客户回访来提升客户满意度？

_____

_____

_____

_____

知识小贴士

1. 客户回访的作用

（1）体现对客户的关怀。

（2）了解客户心态、需求。

（3）了解客户对维修的认可程度。

（4）检查服务质量。

（5）监督服务工作。

（6）改善维修质量和服务质量。

（7）促进预约和再销售。

（8）提高客户忠诚度。

2. 客户回访前准备

（1）在 DMS 系统中查询前一天自己交车的客户明细，核实回访任务。

（2）查看需回访客户的信息、车辆的维修历史记录等。

（3）了解需回访客户方便回访的时间段。

3. 致电客户流程

（1）问候客户、介绍自己。

（2）确认接听者为此次回厂维修的送修者本人。

（3）告知致电目的。

（4）咨询客户是否方便接听电话，如不方便接听，咨询客户适合回访的时间，记录后依约定时间再次致电回访。

（5）关怀客户车辆的维修后使用情形。

客户如反馈有不满意项目或建议事项，服务顾问应仔细聆听，逐一记录客户提出的抱怨、疑问、建议事项，并做相应解释，服务顾问如无法及时解决，则应为客户预约回厂检修。

客户如有不接受解释或不愿意回厂检修的重大不满意项目，服务顾问应立即按客户投诉处理流程规定反馈给相关人员处理。

（6）回访结束后，必须以祝贺语结束。

（7）通话结束后，务必等客户先挂断电话后再轻轻放下话机。

工作计划

一、制订常规保养客户回访的话术

服务顾问扮演者		客户扮演者	
工作重点环节		话术内容	
问候、做自我介绍			
阐述意图、询问客户是否方便接听电话			
询问客户车辆的使用情况			
询问维修接待的及时性			
询问接待人员的态度如何			
询问此次保养的费用和项目的解释如何			
询问服务顾问是否介绍预约保养、维修的具体项目、工时费、材料费等			
客户的抱怨和反馈建议			
向客户致谢，结束谈话			

技能视频
客户回访

注：制订常规保养客户回访话术时可参考知识链接内容以及技能视频。

二、编辑感谢客户接受回访短信（或电话话术）

_____

_____

_____

_____

三、列出客户回访时所需的设备、工具、单据和耗材清单

序号	名称	型号与规格	单位	数量	备注

续表

序号	名称	型号与规格	单位	数量	备注

四、组内自查

序号	工作计划内容	工作计划完成情况（在对应选项打"√"）			
		优秀	良好	一般	较差
1	客户回访话术				
2	感谢客户接受回访短信（或电话话术）				
3	回访时所需的设备、工具、单据清单				
其他					
存在的问题及建议		组长签字			

进行决策

（1）各小组上传工作计划方案。
（2）进行小组方案互评。
（3）教师进行点评和总结。
（4）各小组结合自身情况修改并完善工作计划方案。

工作实施

　　建议以 2～3 人为一小组，互为服务顾问和客户进行客户回访演练，并完成表 1-17 客户满意度调查表的填写。

表 1-17　×××汽车销售服务公司客户满意度调查表

编号：		客服专员：		调查时间：	
客户信息					
客户姓名		车牌号		车架号	
维修/保养日期		服务顾问		维修技师	

续表

满意度调查问题：					
1. 您对我们的服务满意吗？					
2. 能陈述一下您的理由吗？					
满意（5分）		一般（3分）		不满意（0分）	
原因：					
客户抱怨 / 投诉的问题：					
解决方案：					
备注：					

评价反馈

各组派代表上台完成客户回访，并完成表 1-18 客户回访评价表。

表 1-18　客户回访评价表

综合评定	分值	评价												
		自评	互评（组别）						师评（组别）					
			1	2	3	4	5	6	1	2	3	4	5	6
1. 语气温和、语言清晰	6													
2. 保持客气和礼貌	6													
3. 使用浅显易懂的语言提问	6													
4. 不打断客户谈话	6													
5. 做了回访记录	6													

续表

活动检查	分值	评价													
		自评	互评（组别）						师评（组别）					
			1	2	3	4	5	6	1	2	3	4	5	6
1.报出公司名称、自己姓名并说清楚打电话的意图	10													
2.说明所占用的时间，询问客户是否方便接听	5													
3.询问客户车辆使用情况	10													
4.询问维修接待及时性	5													
5.询问接待人员的服务态度如何	5													
6.询问维修项目、费用解释如何	10													
7.询问服务顾问是否介绍预约保养、维修的具体项目、工时费、材料费等	10													
8.对客户的抱怨和反馈建议，及时、准确、完整记录，并承诺在1天内会给客户以回复	10													
9.向客户致谢，结束谈话	5													
总计	100													

本组优势：

诊断改进：（遇到的问题、原因分析以及今后改进的方法）

知识链接

一、关怀回访的重点

1. 未检查出故障的客户

服务跟踪内容：

（1）及时了解客户车辆的故障情况。

（2）体现对客户车辆故障的重视。

（3）体现对客户的关怀。

操作步骤与要点：

（1）要定期进行跟踪，直到故障被解决。

（2）了解的信息要进行准确、详实的记录并及时传递给技术人员。

2. 进行过大修的客户

服务跟踪内容：

（1）了解车辆使用情况及顾客的动态。

（2）提醒定期回厂检查或保养。

（3）体现对顾客的关怀。

操作步骤与要点：

（1）在交车时需对大修车客户说明使用注意事项和回厂保养检查的时间。

（2）跟踪时注意对话技巧。

3. 维修过程中抱怨的客户

服务跟踪内容：

（1）保证顾客提出的问题有回馈。

（2）努力消除客户情绪。

（3）对忠诚顾客的意见更应加以关注。

操作步骤与要点：

（1）积极参与，向处理人员学习处理方法和技巧。

（2）服务顾问作为与客户接触且了解整个服务过程的人员，可以为处理投诉提供最直接的帮助。

二、客户跟踪的方法和技巧

一个好的服务顾问把握客户的要领在于得到客户的认同，但如何才能做到呢？只有掌握客户的心理，了解客户的需求，同时，让客户记住，当客户需要的时候，首先想到的是服务顾问。这样才真正挖掘出了客户的价值。良好的客户跟踪，是把握客户的关键。那需要通过哪些方法来对潜在的客户进行跟踪呢？

1. 电话跟踪

电话跟踪是一种最直接也最简单的方法，适用于那些意向较强烈的客户，他们对车辆有一定的了解，也想进一步了解购车的具体情况。因此，他们会很乐意与服务顾问攀谈有关车辆的内容，甚至会涉及购车期间以及购车后的各种事项。这种跟踪一般是在服务顾问与客户跟踪接洽后期，认为客户有很大可能来店购车的情况下采取的跟踪方式。电话跟踪切忌时间太久，也忌讳与客户纠缠。如果客户主动提问，当然要细心回答；假如客户急于挂电话，也不要勉强与客户继续交流，表达出主要意思就可以了。

2. 短信跟踪

对于刚刚来店以及跟踪过几次的客户，短信跟踪是让客户记住我们的一个十分有效的方法。当客户在客户档案提供了有效的手机号码后，根据客户的需求，不定期地将各种优惠活动、促销以及温馨提示等发给客户。例如，当客户向往的车型有了新的优惠，可以将这条信息通过短信告知客户，客户收到了自己需要的信息后，很可能会主动联系服务顾问询问详细信息。此时，服务顾问就做到了有效跟踪。或者服务顾问可以通过一些关怀提醒，如天气变化，提醒客户注意防寒避暑等。到了特殊的节日发出祝福短信也是不错的选择。客户在接受这些温馨提醒与祝福的同时，也会记住我们，当客户需要服务的时候，就会首先联系服务顾问了。

　　　以上只是一小部分跟踪方式，更多地需要在实际中摸索与学习，重要的是要注重跟踪的持续性和有效性。经过对接洽客户的不断跟踪，有些客户可能会给予回应，此时要对客户的意向程度进行修改，及时将客户意向重新分类，这样就能为下次跟踪提供新的信息。

课后自测（可扫描二维码在线完成）

1. 进行有效的跟踪服务，给客户打电话时，首先应该怎么做？（　　　）
   A. 自我介绍，表明来电目的　　　　　B. 叫出客户名字
   C. 问："车没问题吧？"　　　　　　　D. 表示关心
2. 提高客户满意度，是谁的工作？（　　　）
   A. 服务顾问　　　B. DCRC 专员　　　C. 服务经理　　　D. 每一位成员
3. 服务后回访，下列哪种说法正确？（　　　）
   A. 在 5 天内应试着有 3 次和客户进行电话接触
   B. 设置专门的语音信箱答复
   C. 一个月后，再做客户满意度跟踪调查
   D. 维修后，须在三天内进行电话接触做跟踪服务
4. 忠诚客户能够给经销商带来的好处包括？（　　　）
   A. 推荐他人　　　B. 高收益　　　C. 节约成本　　　D. 免费宣传

在线测试
任务 5
客户回访

综合任务一 🚗 首次保养客户接待

　　　客户信息卡：

经销商：齐鲁天众（简称）	服务热线电话：5858××××	
客户：赵康（先生）	联系方式：139×××4567	
车牌号：鲁 A23×××	保养车型：自定	
油表：1/2	蓄电池电压：12 V	费用：免费
预约进店时间：具体日期据实际情况确定（周六上午 10：00）		

子任务 1　磨合期保养客户接待

赵先生在本店购买新车时间是三个月之前，按照客户之前登记的驾驶习惯，这个时候需要给客户预约做磨合期保养。请打电话给赵先生，为赵先生做预约登记。经过与赵先生沟通确认，赵先生的车辆将于周六 15 点（具体日期根据实际情况确定）来店做保养，并提前一天发送预约提醒短信或电话再次提醒客户，确保客户准时到店。

任务要求：请各小组自行查询资料，按照标准流程，完成磨合期保养客户的接待工作，要求从主动预约开始，到完成回访结束，并依次交换角色进行，小组内每人必须担任一次服务顾问。

阅读任务书，小组讨论分析填写完成本次工作任务的关键点和难点。

关键点：＿＿＿＿＿＿＿＿＿＿＿＿＿＿＿＿＿＿＿＿＿＿＿＿＿＿＿＿
＿＿＿＿＿＿＿＿＿＿＿＿＿＿＿＿＿＿＿＿＿＿＿＿＿＿＿＿＿＿＿＿＿＿
＿＿＿＿＿＿＿＿＿＿＿＿＿＿＿＿＿＿＿＿＿＿＿＿＿＿＿＿＿＿＿＿＿＿
＿＿＿＿＿＿＿＿＿＿＿＿＿＿＿＿＿＿＿＿＿＿＿＿＿＿＿＿＿＿＿＿＿＿

难点：＿＿＿＿＿＿＿＿＿＿＿＿＿＿＿＿＿＿＿＿＿＿＿＿＿＿＿＿＿＿
＿＿＿＿＿＿＿＿＿＿＿＿＿＿＿＿＿＿＿＿＿＿＿＿＿＿＿＿＿＿＿＿＿＿
＿＿＿＿＿＿＿＿＿＿＿＿＿＿＿＿＿＿＿＿＿＿＿＿＿＿＿＿＿＿＿＿＿＿

子任务 2　7 500km 保养（首次保养）客户接待

李想与赵康先生约定好本周日 10 点（具体日期根据实际情况确定）来店做 7 500km 保养。此为常规保养，零件库存充足。客户准时到店，车辆没有其他问题。

任务要求：请各小组自行查询资料，按照标准流程，完成首次保养客户的接待工作，要求从受理预约开始，到完成回访结束，并依次交换角色进行，小组内每人必须担任一次服务顾问。

阅读任务书，小组讨论分析填写完成本次工作任务的关键点和难点。

关键点：＿＿＿＿＿＿＿＿＿＿＿＿＿＿＿＿＿＿＿＿＿＿＿＿＿＿＿＿
＿＿＿＿＿＿＿＿＿＿＿＿＿＿＿＿＿＿＿＿＿＿＿＿＿＿＿＿＿＿＿＿＿＿
＿＿＿＿＿＿＿＿＿＿＿＿＿＿＿＿＿＿＿＿＿＿＿＿＿＿＿＿＿＿＿＿＿＿
＿＿＿＿＿＿＿＿＿＿＿＿＿＿＿＿＿＿＿＿＿＿＿＿＿＿＿＿＿＿＿＿＿＿

难点：＿＿＿＿＿＿＿＿＿＿＿＿＿＿＿＿＿＿＿＿＿＿＿＿＿＿＿＿＿＿

＿＿＿＿＿＿＿＿＿＿＿＿＿＿＿＿＿＿＿＿＿＿＿＿＿＿＿＿＿＿＿＿＿＿＿＿

＿＿＿＿＿＿＿＿＿＿＿＿＿＿＿＿＿＿＿＿＿＿＿＿＿＿＿＿＿＿＿＿＿＿＿＿

＿＿＿＿＿＿＿＿＿＿＿＿＿＿＿＿＿＿＿＿＿＿＿＿＿＿＿＿＿＿＿＿＿＿＿＿

＿＿＿＿＿＿＿＿＿＿＿＿＿＿＿＿＿＿＿＿＿＿＿＿＿＿＿＿＿＿＿＿＿＿＿＿

任务分组

建议 3～5 人为一小组，分工协作，共同完成一般维修客户接待的信息收集、计划制订、决策及任务实施，并将任务分工情况记录在表 1-19 中。

表 1-19　任务分配表

综合任务一	首次保养客户接待	班级		组别	
小组组名		组长		成绩	
组员	姓名	任务分工			

工作计划

一、制订首次保养客户接待的话术

请根据客户信息和任务 1、任务 2 中客户及车辆信息，小组自选其中一个任务，完成从客户预约至客户回访的整个流程的接待话术制订。

1）主动预约的话术：

＿＿＿＿＿＿＿＿＿＿＿＿＿＿＿＿＿＿＿＿＿＿＿＿＿＿＿＿＿＿＿＿＿＿＿＿

＿＿＿＿＿＿＿＿＿＿＿＿＿＿＿＿＿＿＿＿＿＿＿＿＿＿＿＿＿＿＿＿＿＿＿＿

＿＿＿＿＿＿＿＿＿＿＿＿＿＿＿＿＿＿＿＿＿＿＿＿＿＿＿＿＿＿＿＿＿＿＿＿

＿＿＿＿＿＿＿＿＿＿＿＿＿＿＿＿＿＿＿＿＿＿＿＿＿＿＿＿＿＿＿＿＿＿＿＿

2）预约准备的方案：

_____
_____
_____
_____

3）首保接车服务话术：

_____
_____
_____
_____

4）车辆结算交车话术：

_____
_____
_____
_____

5）客户回访话术：

_____
_____
_____
_____

二、列出接待时所需的设备、工具、单据和耗材清单

序号	名称	型号与规格	单位	数量	备注

续表

序号	名称	型号与规格	单位	数量	备注

三、组内检查

序号	工作计划内容	工作计划完成情况（在对应选项打"√"）			
		优秀	良好	一般	较差
1	子任务 1 或子任务 2 话术				
2	检查时所需的设备、工具、单据和耗材清单				
其他					
存在的问题及建议		组长签字			

进行决策

（1）各小组上传工作计划方案。
（2）进行小组方案互评。
（3）教师进行点评和总结。
（4）各小组结合自身情况修改并完善工作计划方案。

工作实施

　　建议 3～5 人为一小组，轮流扮演服务顾问和客户、观察员，进行一般维修业务接待流程的演练，并完成相关表格的填写。
　　实施要求：
　　（1）在汽车仿真实训室进行（装有汽车维修业务接待管理软件）。
　　（2）小组讨论确定需要进行的一般维修客户接待的准备（资料、工具、人员、话术）。

（3）每人均完成一次一般维修客户接待实训。

（4）每人均完成受理预约电话登记表、客户接待登记表、车辆检查单、终检表、结算单的填写。

评价反馈

各组派代表（或随机抽取小组）上台完成首次保养业务接待，并完成综合表1-20任务一评价表。

表 1-20　综合任务一评价表

序号	考核要点	综合评定	分值	评价（只记录扣分项）													
				自评	互评（组别）						师评（组别）						
					1	2	3	4	5	6	1	2	3	4	5	6	
1	礼仪规范	着装整洁、正确，符合安全工作规范（2分）；仪表端庄，表情和蔼可亲，眼神自然真诚（2分）；指引手势规范，姿态正确，自然大方（2分）；吐字清晰，语速适中，语句流畅（2分）	8														
2	5S管理	工作前进行灭火器检查、车辆检查等（2分）；及时进行场地、设备的清洁和整理（2分）；不打断客户谈话，解答客户的疑问，专业自信（2分）；各类单据填写完整且规范（2分）	8														
3	团队合作	团队配合默契，任务分工合理（4分）	4														

序号	考核要点	活动检查	分值	评价（只记录扣分项）													
				自评	互评（组别）						师评（组别）						
					1	2	3	4	5	6	1	2	3	4	5	6	
1	礼迎客户	引导客户停车，帮客户开门，礼貌请客户下车（1分）	6														
		问候客户，做自我介绍，递送名片，问清来意及是否预约（2分）															
		应用引导礼，引导客户到维修服务接待前台落座；为客户提供三种以上饮品供选择，并礼貌地递送；确认客户基本信息，带领客户去检查车辆（3分）															

续表

序号	考核要点	活动检查	分值	评价（只记录扣分项）													
				自评	互评（组别）						师评（组别）						
					1	2	3	4	5	6	1	2	3	4	5	6	
2	车内检查	与客户有沟通，记录座椅位置，按照规定顺序当着客户的面铺设好三件套，三件套的铺设熟练（2分）	7														
		根据预检表上的检查项目进行检查，项目应无遗漏；体现出个性化、差异化检查重点，检查的同时保持和客户的沟通，沟通效果好（3分）															
		是否提醒客户贵重物品已放回，手套箱、扶手箱等封闭空间检查时有无征得客户同意（2分）															
3	环车检查	1位：检查左前方，唱检左前门、左前翼子板，左前轮胎，左刮水器等，并记录（2分）	15														
		2位：检查正前方，唱检发动机舱盖、进气栅格、保险杠，并记录（2分）															
		2位：打开发动机舱盖唱检内部，并记录（4分）															
		3位：检查右前方，唱检右前门、右前翼子板、右前轮胎、右刮水器等，并记录（2分）															
		4位：检查右后方，唱检右后门、右后翼子板、右后轮胎等，并记录（1分）															
		5位：检查正后方，唱检行李舱门、后保险杠等，并记录（1分）															
		5位：打开行李舱门检查行李舱部，并记录（2分）															
		6位：检查左后方，唱检左后门、左后翼子板、左后轮胎等，并记录（1分）															
4	问诊	仔细聆听客户需求，不能打断客户，分析故障现象，总论表字迹清晰，不得漏项（6分）	6														

续表

序号	考核要点	活动检查	分值	评价（只记录扣分项）													
				自评	互评（组别）						师评（组别）						
					1	2	3	4	5	6	1	2	3	4	5	6
5	维修项目确认	再次确认客户要求，附加维修项目是否说明，确认客户是否签字，预检单是否将一联交给客户（3分） 向客户说明维修内容，向客户说明维修价格，客户有异议时的解释是否让客户满意（3分） 询问客户是否需要洗车，旧件是否需要保留，向客户说明预计交车时间，客户有异议时的解释是否让客户满意（3分）	9													
6	打印工单	打印工单并让客户签字，估价单是否将一联交给客户（5分）	5													
7	车主休息安顿	引导客户到休息室休息（语言、动作、茶水），每小时进度跟进汇报（2分）	2													
8	车间作业	增项维修确认说明，再次报价，请客户签字确认（2分）	2													
9	交车准备	按照终检单要求，检查工单工作是否全部完成，进行交车前车辆检查，礼貌专业地通知客户可以交车（2分）	2													
10	结算时维修内容说明	针对结算单向客户解释维修的内容，客户是否满意，是否具有专业性（3分）	3													
11	结算	向客户解释价格的内容工时、材料费，解释是否专业（3分）；礼貌地请客户核对结算单，并在结算单上签字时结算单是否交给客户（1分）；是否引导客户到收银台结算（1分）；礼貌地请客户按结算单结账，交接发票和出门证（1分）	6													

续表

序号	考核要点	活动检查	分值	评价（只记录扣分项）													
				自评	互评（组别）						师评（组别）						
					1	2	3	4	5	6	1	2	3	4	5	6
12	交车检查	礼貌规范地邀请客户查看竣工车辆，告知已为其洗车，让客户满意，向客户解释常规保养项目（2分）	9													
		打开发动机舱进行项目说明（2分）														
		打开行李舱进行项目说明，展示旧件并询问处理方式（2分）														
		向客户解释精品服务项目，查看附赠的精品服务，让客户满意（2分）														
		请客户在维修工单上签字（1分）														
13	保养及回访提示	当面取下车辆防护用品，向客户建议下次保养时间，并征得客户同意后，张贴保养提醒贴（2分）	3													
		向客户解释回访的目的，征求客户意见并确认回访时间，规范礼貌地引导客户上车（1分）														
14	客户送别	感谢客户光临，礼貌地询问对于本次服务的满意程度，与客户道别，目送客户开车远去（2分）	2													
15	客户回访	回访完工后车辆的使用情况，对服务顾问的服务态度、维修保养内容及维修费用的解释是否清楚，对店内的其他服务是否满意（3分）	3													
		总计	100													

本组优势：

诊断改进：（遇到的问题、原因分析以及今后改进的方法）

课后思考题

1. 首次保养的主要内容有哪些?

2. 当我们针对常见故障问诊时, 主要是围绕哪些方面?

3. 问诊的方法有哪些?

4. 一般维修客户接待的环车检查与常规保养项目接待的环车检查有哪些区别
(至少列举 5 点)?

5. 如何快速处理维修增项?

6. 车辆维修三级质检由谁负责, 主要检测哪些内容?

7. 服务顾问终检的主要内容有哪些?

8. 作为一名合格的服务顾问如何合理处理维修质量与维修延时的解释问题?

学习情境二
常规保养客户接待

素养园地
和谐篇

汽车常规保养阶段，汽车经销企业面临客户开始流失的困境，为了提高产值，部分企业选择揠苗助长，向客户推荐一些高收费且不必要的保养项目，这势必会将客户越推越远。只有践行以客户为中心的服务理念，从态度、行动、动机等多方面为客户考量，不断修正，不断成长，才能在客户中形成口口相传的好口碑，才能让"服务"成为一种金字招牌。

📷 情境描述

李想从事服务顾问的工作有一段时间了，自从上次成功尝试了首保接待工作后，对服务顾问工作更加充满了信心。现在又要开始接受新的挑战，王毅先生致电公司维修前台，主要是咨询迈腾常规保养事宜，并打算到店做保养。

李想需要按照厂家标准流程和考核标准来接待客户做常规保养，做到客户满意。整个接待过程用录音笔全程记录，方便后期复盘检查并针对性地改进。上海大众标准服务流程参见图1-1。

🚗 学习目标

知识目标	能力目标	素质目标
1. 掌握受理预约流程； 2. 掌握常规保养的接待流程； 3. 掌握常用养护品的优点及推荐方法； 4. 掌握终检和交车的简易流程	1. 能通过电话完成受理预约客户进店的工作安排； 2. 能按标准流程接待常规保养客户； 3. 能向客户推荐合适的养护品； 4. 能完成终检及交车工作	1. 具备以客户为中心的服务意识； 2. 具备较强的责任意识； 3. 具备较高的质量意识

任务 1 🚗 受理预约

微课视频
受理预约

🔋 课前热身

请观看"受理预约"微课，开启本次的课前热身之旅！（可扫描二维码观看）

🔧 任务描述

　　王毅先生之前是在外地工作，车辆也是在外地保养，近期由于工作的调动，到本地工作。现在车辆已行驶 19 800 km，按照常规保养的时间计算，车辆需要做 20 000 km 保养即第二次保养了。因此王毅先生打电话到店咨询相关保养事宜，李想需要回答王毅先生的问题，并为王毅先生做预约登记。经过与王毅先生沟通确认，王毅先生的车辆将于周日 10 点（具体日期根据情况确定）来店做保养，并提前一天发送预约提醒短信或电话再次提醒客户，确保客户准时到店。

　　李想的任务：基于以下客户信息，完成本次的受理预约任务。

经销商：齐鲁天众（简称）	服务热线电话：5858××××	
客户：王毅（先生）	联系方式：137×××4567	作业项目：20 000km 保养
车牌号：鲁 A12×××	车型：迈腾 2020 款 330TSI 豪华版	
里程：19 800 km	油表：1/2	
预约进店时间：具体日期根据实际情况确定（周日 10：00）	费用：2 000 元	

⏱ 任务分析

　　认真阅读任务描述，小组讨论分析填写完成本次工作任务的关键点和难点。

关键点：_____

_____

_____

_____

难点：_____

_____

_____

_____

🔧 任务分组

　　建议 2～3 人为一小组，分工协作，共同完成受理预约部分的信息收集、计划制订、决策及任务实施，并将任务分工情况记录在表 2-1 中。

表 2-1　任务分配表

任务 1	受理预约	班级		组别	
小组组名		组长		成绩	
组员	姓名	任务分工			

获取信息

引导问题 1

搜集 20 000 km 保养相关知识，详细查找一汽大众迈腾汽车 20 000 km 保养的工作内容。

1）一汽大众迈腾汽车的常规保养是间隔多久或多少千米？

_____

_____

_____

_____

2）一汽大众迈腾 20 000 km 保养的主要项目有哪些？

_____

_____

_____

_____

3）一汽大众迈腾 20 000 km 保养大概需要多长时间？

_____

_____

_____

_____

_____

4）要完成受理常规保养预约任务，你觉得还需要准备哪些信息？

_____

_____

_____

_____

_____

知识小贴士 1

车辆在日常运行中要承受各种负荷，有时甚至是很高的负荷。为了承受住这些负荷，一些车辆部件使用了必须定期更新的行车辅助材料（例如机油）。其他部件在车辆运行时也会磨损，且在磨损后必须更新（例如制动摩擦片）。此外，定期检查车辆能够及时识别出现的行车故障并避免由此产生更大的维修需求。车辆的保养检查有助于客户车辆的保值。有些车辆是周期性保养，而宝马车辆是车况保养。车况保养（Condition Base Service，CBS）意味着"按需保养"，是在保养周期显示基础上发展起来的。车况保养是一项多系统协作的功能，涉及车辆多个控制单元，通过传感器和严密的计算逻辑来正确判断车辆的实际使用情况。宝马车辆保养周期如图 2-1 所示。

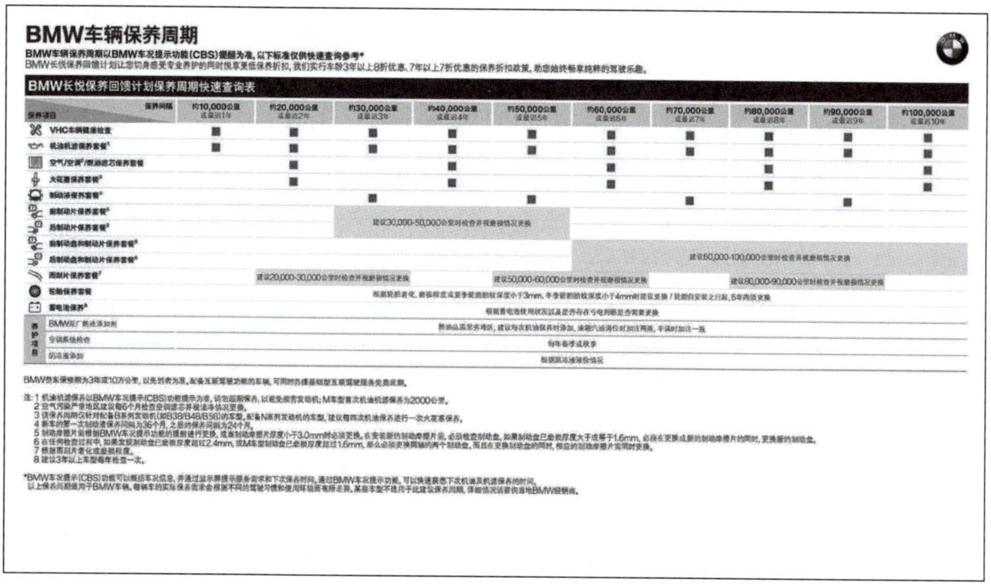

图 2-1　宝马车辆保养周期

引导问题 2

1）预约有哪些好处？

_____
_____
_____

2）在电话里需要跟客户确定哪些内容？
_____
_____
_____

3）20 000 km 保养时应获取的客户和车辆信息有哪些？应提醒首次到店的常规保养客户携带哪些材料？
_____
_____
_____
_____

4）预约提醒电话（或者短信）应该跟客户确认哪五大信息？
_____
_____
_____
_____

拓展问题：客户除了常规保养可以主动致电我们，还有哪些情况可以主动致电我们呢？
_____
_____
_____
_____

知识小贴士 2

客户主动致电的情况

作为一名服务顾问，如果每天都有很多客户打电话联系，这个现象是好还是不好呢？当然是非常好的，这证明服务顾问在客户心目中是专业的，值得信赖的，且留下了比较好的印象，客户才会在有需要的时候致电。

客户一般在什么情况下会致电呢？一般是有问题需要咨询（保养、维修、车辆功能操作、保险到期、保修到期、店内促销活动等）、预约（保养、维修、出险）、投诉（服务态度、维修质量、收费合理性）。针对以上情况，服务顾问要能在第一时间给客户专业的建议，这对接听预约电话的技能提出了比较高的要求。

工作计划

一、制定 20 000 km 常规保养受理预约的话术

服务顾问扮演者		客户扮演者	
工作重点环节	话术内容		
问候、做自我介绍			
主动表达服务意愿			
询问客户车辆的使用情况			
阐述定期保养的必要性			
向客户说明预约的好处、确认客户的预约时间			
介绍预约保养的具体项目及所需时间			
预约总结确认并提醒客户携带相关材料			
致谢及电话结束后的工作			

技能视频
受理预约

注：制订常规保养受理预约话术时可参考知识链接内容以及技能视频。

二、编辑预约提醒短信（或电话话术）

_____

_____

_____

_____

_____

三、列出预约时所需的设备、工具、单据和耗材清单

序号	名称	型号与规格	单位	数量	备注

四、组内自查

序号	工作计划内容	工作计划完成情况（在对应选项打"√"）			
		优秀	良好	一般	较差
1	受理预约话术				
2	预约提醒短信（或电话话术）				
3	预约时所需的设备、工具、单据和耗材清单				
其他					
存在的问题及建议		组长签字			

进行决策

（1）小组上传工作计划方案。
（2）进行小组方案互评。
（3）教师进行点评和总结。
（4）各小组结合自身情况修改并完善工作计划方案。

工作实施

　　建议 2～3 人为一小组，轮流扮演服务顾问和客户、观察员进行受理预约演练，并完成表 2-2 预约登记表的填写。

表 2-2 ×××汽车销售服务公司电话预约登记表

业务接待员: _____   _____年_____月_____日

送修人: _____	联系电话: _____		接待员: _____	
车型: _____	车牌: _____		车架号: _____	里程: _____
预约时间: _____年___月___日		首登日期:	_____年___月___日	

电话接待情况				
咨询开始时间	年 月 日 时 分	咨询结束时间	年 月 日 时 分	
客户陈述	所需资源		跟踪情况	
			初次咨询时间　　　　年 月 日 时 分	
			再次电话联系时间　　　年 月 日 时 分	
预约专员签名:		前台主管签名:		
备注:				

评价反馈

各组派代表上台完成受理客户预约,并完成表 2-3 受理预约评价表。

表 2-3 受理预约评价表

综合评定	分值	评价												
		自评	互评(组别)						师评(组别)					
			1	2	3	4	5	6	1	2	3	4	5	6
1. 语气温和、语言清晰	5													
2. 保持客气和礼貌	5													
3. 使用浅显易懂的语言提问	5													
4. 不打断客户谈话	5													
5. 做了预约记录	5													

续表

活动检查	分值	评价												
		自评	互评（组别）						师评（组别）					
			1	2	3	4	5	6	1	2	3	4	5	6
1. 报出公司名称、自己姓名并表达了服务需求	10													
2. 主动询问来电用意	5													
3. 询问客户车辆使用情况，并解答客户疑问	10													
4. 到期需保养，提醒预约到店	5													
5. 阐述清楚定期保养的重要性	10													
6. 向客户说明预约的好处	10													
7. 介绍预约保养、维修的具体项目、工时费、材料费等	10													
8. 重复确认客户预约的相关信息	5													
9. 提醒客户带好行驶证和保养手册及其他所需要的材料	5													
10. 向客户致谢，结束谈话	5													
总计	100													

本组优势：

诊断改进：（遇到的问题、原因分析以及今后改进的方法）

知识链接

受理预约流程

受理预约流程分为主动预约客户和受理客户预约两种。本任务中，客户主动给服务顾问打电话，服务顾问受理客户预约来店做常规保养。受理客户电话预约的流程如图 2-2 所示。

客户	服务顾问	维修技师	零件
客户致电经销商	查看客户档案确定客户需求		
	确定预约时间		
	完成预约登记表		
	通知相关部门	确认维修技师和工位	确认零件库存
	接待服务		

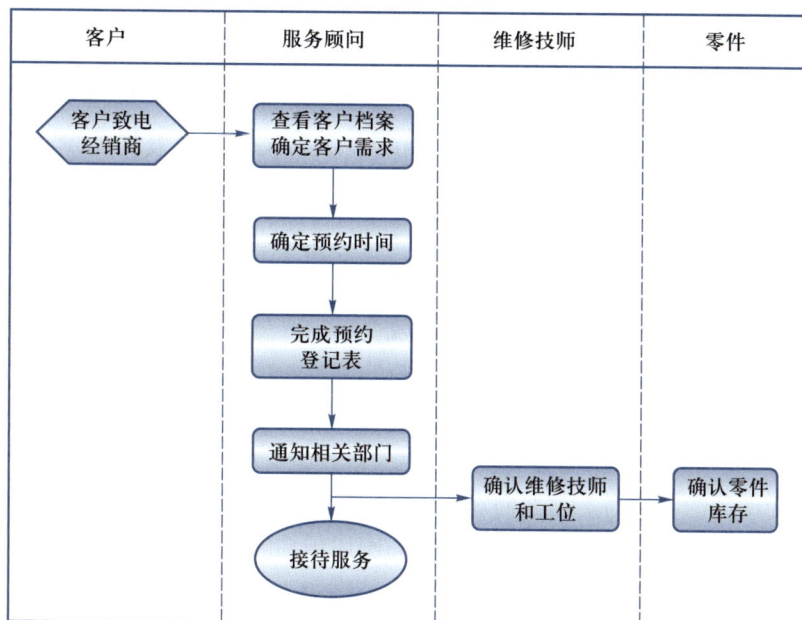

图 2-2　受理客户电话预约流程

受理预约的执行要点如下：

（1）标准问候。

要点：分时问候、确认身份、自报家门、表达服务意愿。

（2）询问客户来电用意。

（3）确认客户信息、车辆信息。

（4）确认需要进行保养的项目。

要点：牌照、车型、里程、送修人（售后联系人）。

（5）提供预约时间供选择。

要点：至少提前一天，两个选择，提供准确时间，应尽量提供客户方便的时间。

（6）提供预估时间和费用。

要点：20 000 km 所需时间、费用。

（7）总结要点。

要点：项目、预约时间、SA、预计价格、预计交车时间。

（8）询问预约提醒方式，确认联系方式。

要点：预约提醒方式是通过电话、短信还是微信，并再次确认电话号码。

（9）强调准时到店。

要点：提醒预约时间会在店门口恭候，不能按时到来将影响后面的安排。

（10）提醒客户携带保养手册（视车型而定）。

要点：提醒带上保养手册、行驶证和首保。

（11）询问客户有无其他需要，并礼貌道别。

要点：是否需要其他服务，完整填写预约登记表。

（12）发送预约提醒。

要点：提前一天发送预约提醒。

根据 × 年 × 月 × 日预约客户清单，提前一天通过电话、短信或者邮件给客户发送预约提醒，如果客户取消预约，更新 DMS 系统预约单及更新 × 年 × 月 × 日预约客户清单，并及时通知相关人员（保安、前台、车间人员、零件管理人员）。

此项工作由预约专员完成，作为服务顾问要了解此项工作。

在线测试
任务 1
受理预约

📝 课后自测（可扫描二维码在线完成）

1. 在受理电话预约时，需要查看车间产能吗？（　　　）

　　A. 需要　　　　　　　B. 不需要

2. 在接听受理预约电话时，需要向客户（　　　）。

　　A. 阐述保养的好处　　　　　　　　　B. 阐述预约的好处

　　C. 估时　　　　　　　　　　　　　　D. 估价

3. 在受理预约电话时，需要记录客户哪些信息？（　　　）

　　A. 客户信息　　　　B. 车辆信息　　　　C. 预约时间　　　　D. 预约项目

4. 在受理预约流程中，关于估时估价，以下说法哪个是错误的：（　　　）。

　　A. 要主动告知

　　B. 客户问才说，否则不说

　　C. 关于常规保养项目报个大概的数据即可

　　D. 根据厂家要求报出具体的金额的准确的时间点

5. 在受理预约流程中，电话应在多少声或多长时间内必须接听？（　　　）

　　A. 3 声　　　　　　B. 25 s　　　　　　C. 6 声　　　　　　D. 4 声

6. 以下哪一个方法不属于预约原则性的方法？（　　　）

　　A. 客户便利、愿意接受的方法

　　B. 能提高工作效率、最终促成预约的方法

　　C. 能够对经销商削峰填谷的方法

　　D. 预约能提升业绩，只要客户愿意就可以的方法

任务 2 🚗 常规保养客户车辆检查

微课视频
常规保养
主要内容

🔋 课前热身

请观看"常规保养主要内容"微课，开启本次的课前热身之旅！（可扫描二维码观看）

任务描述

李想作为一汽大众 4S 店的一名服务顾问，已经在店里工作三个月了，对于常规保养客户的接待工作已经非常熟悉，一天下来要接待 10 多位常规保养客户。这天领导通知他，今天是他转正前的最后一天，将会对他的工作情况进行适时观察，也就是按品牌标准流程进行现场考核。这下李想有点着急了，虽然他非常熟悉常规保养客户的接待工作，但要做到标准，他还是有些担心。现在一起来帮助他转正吧。

李想的任务：基于以下客户信息，完成本次的常规保养客户车辆检查任务。

经销商：齐鲁天众（简称）	服务热线电话：5858××××	
客户：王毅（先生）	联系方式：137×××4567	作业项目：20 000 km 保养
车牌号：鲁 A12×××	车型：迈腾 2020 款 330TSI 豪华版	
里程：19 800 km	油表：1/2	在店等候
预约进店时间：具体日期根据实际情况确定（周日 10：00）	费用：2 000 元	

任务分析

认真阅读任务描述，小组讨论分析填写完成本次工作任务的关键点和难点。

关键点：_____

_____

_____

_____

_____

_____

难点：_____

_____

_____

_____

_____

_____

任务分组

建议 2～3 人为一小组，分工协作，共同完成常规保养客户车辆检查部分的信息收集、计划制订、决策及任务实施，并将任务分工情况记录在表 2-4 中。

表 2-4 任务分配表

任务 2	常规保养客户车辆检查	班级		组别	
小组组名		组长		成绩	
	姓名	任务分工			
组员					

获取信息

引导问题 1

1）搜集 20 000 km 保养相关知识，详细查找一汽大众迈腾汽车 20 000 km 保养的工作内容。

_____

_____

_____

2）一汽大众迈腾汽车的常规保养间隔是多久或多少 km？

_____

_____

_____

3）一汽大众迈腾汽车 20 000 km 保养的主要项目有哪些？

_____

_____

4）一汽大众迈腾汽车 20 000km 保养大概需要多长时间？

📖 **知识小贴士 1**

图 2-3 所示为一汽大众车辆保养表。

维修站代号：..........　委托单号：..........　车牌号：..........　发动机号：..........

底盘号：..........　行驶里程：..........　送修日期：..........　交车日期：..........

5000	10000	20000	30000	40000	50000	60000	70000	80000	90000	100000	110000	120000	130000	140000	150000	160000	170000	180000	190000	200000	210000	220000	230000	240000

保养类型					保养内容	保养检查情况		
						正常	不正常	已调整
每60000km常规保养	每30000km常规保养	每20000km常规保养	每10000km常规保养	5000km首次保养	1. 车身内外照明电器、用电设备功能检查： (1) 组合仪表指示灯、阅读灯、化妆镜灯、时钟、手套箱照明灯、点烟器、喇叭、电动摇窗机、电动车外后视镜、暖风空调系统、收音机、脚部空间照明灯、上车照明灯 (2) 近光灯、远光灯、转向灯、警示灯 (3) 雾灯、制动灯、倒车灯、车牌灯、行李舱照明灯 2. 自诊断，用专用诊断设备VAS 505X读取各系统控制器内的故障存储信息 3. 安全气囊和安全带：目测外表是否受损，并检查安全带功能 4. 多功能转向盘，检查各按键的功能 5. 手制动器检查，必要时调整 6. 燃油喷嘴检查：用专用诊断设备VAS 505X读取发动机控制器数据块第32组第2显示区，标准数值为−21～15(超出范围时请按规定更换或清洗) 7. 前风窗玻璃落水槽排水孔，清洁 8. 刮水器/清洗装置；检查刮水片，必要时更换；检查清洗装置功能，调整并加注清洗液 9. 发动机舱：检查油管路、真空管路、电气线路，制动管路、ATF油冷却器管路是否存在干涉或损坏，必要时调整 10. 发动机机油及机油滤清器，更换(行驶里程较少的车辆建议每6个月更换) (注：如拆卸油底壳放油螺栓，更换) (注：请使用TSI发动机专用机油) 11. 冷却系统，检查冷却液冰点数值_____℃，检查系统是否泄漏，必要时补充原装冷却液(G12++或G0)_(标准值：−35℃，极寒地区低于−35℃，请使用折射针计Y10007检测冷却液冰点数值) 12. 空气滤清器，清洁外壳和滤芯 13. 蓄电池，观察蓄电池上电眼，必要时使用MCR 341V检测蓄电池状况，检查正负极连接状态 14. 前大灯，检查灯光，必要时调整(若配备大灯清洗装置，请检查功能)，必要时调整) 15. 转向横拉杆/稳定杆/连接杆：检查是否有间隙，连接是否牢固 16. 车身底部：检查燃油管、制动液管是否干涉以及底部防护层是否损坏，排气管是否泄漏，固定是否牢靠 17. 底盘螺栓，检查并按规定扭矩紧固 18. 制动系统，检查制动液管是否泄漏，检查制动液面，必要时补充 19. 轮胎(包括备胎)，检查轮胎磨损情况，必要时进行轮胎换位，同时校正轮胎气压 20. 车轮固定螺栓，检查并按规定扭矩紧固 21. 试车，性能检查 22. 保养周期显示器，复位 23. 空调系统冷凝排水，检查，必要时清洁 24. 灰尘及花粉过滤器，清洁滤芯，必要时更换 25. 空气滤清器，更换滤芯(行驶里程较少的车辆建议每12个月更换) 26. 花粉过滤器：检查滤芯，清洁导轨、涂敷专用油脂 27. 车门限位器、固定销、门锁，检查机械锁/行李舱盖按钮和锁机；检查功能并润滑 28. 手动变速箱/自动变速箱传动轴护套，检查有无渗漏和损坏，连接是否牢固 29. 灰尘及花粉过滤器，更换滤芯(行驶里程较少的车辆建议每12个月更换) 30. 火花塞，更换 31. 尾气排放，检测 32. 发动机燃烧室和进气道，用内窥镜检查，必要时使用上海大众专用汽油清净剂 33. 楔形传动带，检查，必要时更换：每120 000km更换 34. 活动天窗排水功能，检查滑道及磨擦情况 35. 制动盘及制动摩擦片，检查厚度及磨损情况，必要时更换 36. 自动变速箱，检查变速箱齿轮油油位，必要时补充或更换 37. 自动变速箱，更换变速箱ATF油 38. 燃油滤清器，更换			
				特殊项目	39. 制动液，更换(每24个月或每50 000km，以先者为准)			
				建议项目	40. TSI发动机燃油系统清洁，请使用上海大众专用汽油清净剂进行维护 (使用方法请参照汽油清净剂的使用说明)			

说明：1) 本表格的保养内容适用于一汽大众生产的迈腾车型，保养项目需根据车型的不同配置进行选择。
2) 本表的保养内容和周期是根据汽车在正常行驶情况下制订的。对于使用条件比较差的车辆，特别是经常停车/起动以及常在低温情况下使用的车辆，应减少检查机油间隔，并建议每 5 000km 更换机油和机油滤清器。
3) 在灰尘较大环境里行驶的车辆，应缩短空气滤清器滤芯和空调系统花粉过滤器的保养间隔(如每 5 000km 更换)。注：花粉过滤器滤芯脏污将影响空调制冷效果，空气滤清器滤芯脏污将可能导致损坏发动机，请注意检查并及时更换。
4) 每次保养时请在表格上方里程表相应的空格位置内打勾。
5) 本表内容将根据车辆技术状态变化进行调整，请以最新版本为准。

（竖排文字：第一联 维修站存档联　第二联 客户联）

检修工签字(日期)：　　　　　检验员签字(日期)：　　　　　客户签字(日期)：

图 2-3　一汽大众车辆保养表

🔧 **引导问题 2**

1）预约常规保养的客户到店前需要电话跟进吗？为什么？

_____

_____

_____

_____

2）非预约常规保养客户应该怎么安排？

_____

_____

_____

_____

3）汽车 4S 店可以提供哪些机动性服务？

_____

_____

_____

_____

拓展问题：常规保养客户除了换机油、滤芯外，还要做哪些项目？

_____

_____

_____

_____

📖 **知识小贴士 2**

常规保养客户的接待流程

常规保养客户的接待流程如图 2-4 所示。

1. 已预约客户跟进

预约当天应提前 1 小时提醒客户准时到店，为了确保客户准时到店，可提前半小时再次与客户确认。

对于不能按预约时间准时到店的客户，应将其视为非预约客户，如果前面没有其他客户，可灵活安排，如果有其他客户，则需要排队。

对于预约当天无法到店的客户，需与其重新约定到店时间。

2. 客户到达

1）欢迎客户，确认客户联系方式。

起立、握手、引客户入座，对第一次接待的客户要做自我介绍，递送名片，向客户提供饮料。要确认客户有效的联系方式，这样有利于之后流程的顺利进行。

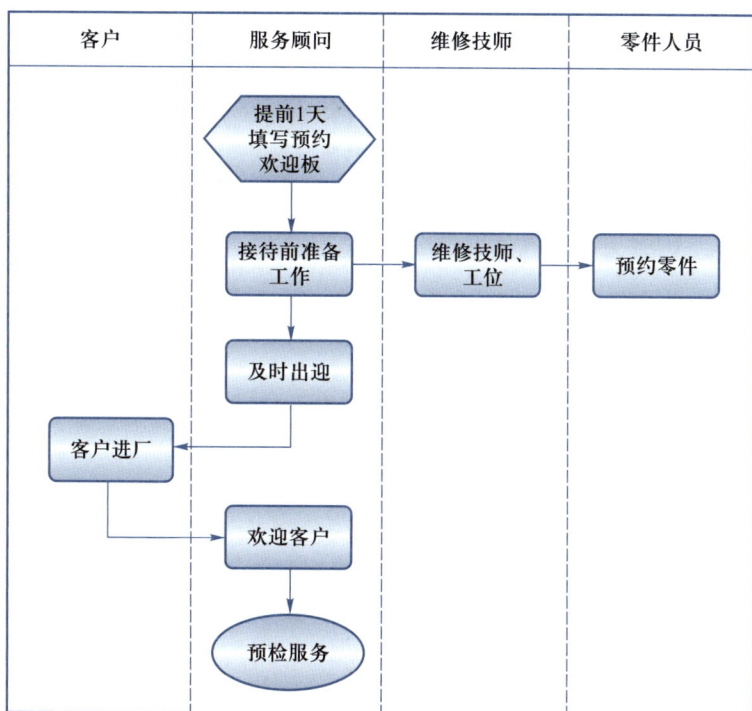

图 2-4　常规保养客户的接待流程

2）核对客户和车辆信息。

核对客户姓名、联系电话，车辆型号、车牌、里程数和 VIN 号。

3）确认本次服务需求。

跟客户确认本次保养的内容、更换的零件、检查的项目等。

4）检查是否涉及召回或技术升级。

检查是否涉及召回或技术升级。此项检查非常重要，常规保养车辆很多都是三包车辆，务必要核查清楚。

3. 车辆预检

1）铺设三件套。

2）正确使用外观检查单。

（1）记录客户个性化设置。

（2）提醒客户带走贵重物品，了解车辆近况。

（3）一定要到车里检查，检查车的后排、手套箱、中央扶手、行李舱、车门储物格等。凡是封闭空间的部分（如手套箱、中央扶手、行李舱等）都属于私人空间，检查时要事先征得客户同意。物品贵重与否不以价格衡量，而以价值衡量，一个低价的东西也许对车主来说也很重要。

4. 服务内容确定

1）确认客户和车辆信息。

再次核对客户此次售后服务有效的联系方式。正确获取客户姓名和地址信息，并在必要时更新数据库的信息。

2）常规保养客户只有保养作业，可与客户直接确定服务内容。

（1）导入并介绍 20 000 km 保养的服务范围。

（2）确认旧件处理方式、洗车服务，确认机动性服务。机动性服务是指保证客户出行不受影响的服务，有代步车、出租车、班车等方式。

5. 打印工单

（1）打印施工单，打印估价单，并报价。

（2）客户签字确认，车辆登记进场。

（3）提供取车凭证。

（4）规范使用钥匙牌，妥善保管车钥匙。

6. 引导客户休息

引导客户到休息区，并再次告知服务顾问的联系方式。

🔧 引导问题 3

1）接待常规保养客户前需要做哪些准备？

_____

_____

_____

_____

2）预约常规保养客户的接待流程与非预约常规保养客户的接待流程有什么区别？

_____

_____

_____

_____

3）常规保养客户的车辆检查主要是检查哪些内容？需要花多长时间？

_____

_____

_____

拓展问题：常规保养客户如果有技术升级或三包，该怎么处理？

_____

_____

_____

_____

📖 知识小贴士 3

常规保养客户接待和车辆检查内容参见下方技能视频。

📋 工作计划

一、制订 20 000km 常规保养客户车辆检查接待话术

服务顾问扮演者		客户扮演者	
工作重点环节		话术内容	
问候、做自我介绍			
到店前 1 h 的预约跟进			
礼貌接待客户			
邀请客户一起进行车辆检查			
对车辆外观、里程、油量及主要的功能进行检查，并告知客户，与客户随时保持沟通			
对车辆情况进行总结，并与客户确认保养项目、保养价格、交车时间			
落实机动性服务并友好道别			

注：制订常规保养客户车辆检查接待话术时可参考知识链接内容以及技能视频。

技能视频
客户接待

技能视频
环车检查
（常规保养）

二、列出常规保养客户车辆检查时所需的设备、工具、单据和耗材清单

序号	名称	型号与规格	单位	数量	备注

三、组内自查

序号	工作计划内容	工作计划完成情况（在对应选项打"√"）			
		优秀	良好	一般	较差
1	20 000 km 常规保养车辆检查接待话术				
2	常规保养所需的设备、工具、单据和耗材清单				
其他					
存在的问题及建议		组长签字			

进行决策

（1）各小组上传工作计划方案。
（2）进行小组方案互评。
（3）教师进行点评和总结。
（4）各小组结合自身情况修改并完善工作计划方案。

工作实施

建议 2~3 人为一小组，轮流扮演服务顾问和客户、观察员进行常规保养客户车辆检查演练，并完成表 2-5 车辆检查表的填写。

表 2-5　×××汽车销售服务公司车辆检查表

业务接待员：＿＿＿＿＿＿＿＿＿＿＿＿＿＿　　　　　　　　　　　　＿＿＿＿年＿＿月＿＿日

姓名 / 单位		车牌号			行驶里程		km
客户描述		保　养：首次保养□　小保养□　常规保养□　验车保养□　换机油滤清器□ 　　　　换三滤、机油□　换机油□ 发动机：不起动□　抖动□　加速不良□　动力不足□　油耗高□　易熄火□　急速不稳□ 异　响：发动机□　底盘□　行驶□　变速箱□　刹车□　仪表台□　座椅和车门□ 灯　亮：机油指示灯亮黄灯□　机油指示灯亮红灯□　冷却液温度指示灯□　ABS□ 　　　　气囊□　转向灯□　EPC 灯□ 空　调：不制冷□　异响□　有异味□ 漏　水：冷却液□　车身□　天窗□ 漏　油：发送机□　变速箱□　制动系统□　燃油箱□ 事　故：保险事故整形补漆□　局部整形补漆□ 其　他：＿＿＿＿＿＿＿＿＿＿＿＿＿＿＿＿＿＿＿＿＿＿ ＿＿＿＿＿＿＿＿＿＿＿＿＿＿＿＿＿＿＿＿＿＿＿＿＿＿					

随车物品	1		备胎检查	是□　否□	燃油存量检查
	2				
	3		是否洗车	是□　否□	
	4	提醒用户妥善保管好车上的贵重物品			

是否需要送车	是□　否□　　送车地址：

车辆外观检查		车辆内饰检查	
▼凹痕□		▽污渍□	
▲划痕□		△破损□	
◆飞石击痕□		◇色斑□	
●油漆□		○变形□	
进一步检查□		预检□	

检查结果	
维修方案	

日期：　　　　　　　服务顾问签字：　　　　　　　　　　客户签字：

评价反馈

各组派代表上台完成受理客户预约，并完成表 2-6 常规保养客户接车服务评价表。

表 2-6 常规保养客户接车服务评价表

序号	考核要点	综合评定	分值	评价（只记录扣分项）													
				自评	互评（组别）						师评（组别）					
					1	2	3	4	5	6	1	2	3	4	5	6
1	礼仪规范	着装整洁、正确，符合安全工作规范（2分）；仪表端庄，表情和蔼可亲，眼神自然真诚（2分）；指引手势规范，姿态正确，自然大方（2分）；吐字清晰，语速适中，语句流畅（2分）	8													
2	5S 管理	工作前进行灭火器检查、车辆检查等（2分）；及时进行场地、设备的清洁和整理（2分）；不打断客户谈话，解答客户的疑问，专业、自信（2分）；各类单据填写完整且规范（2分）	8													
3	团队合作	团队配合默契，任务分工合理（4分）	4													

序号	考核要点	活动检查	分值	评价（只记录扣分项）													
				自评	互评（组别）						师评（组别）					
					1	2	3	4	5	6	1	2	3	4	5	6
1	礼迎客户	引导客户停车，帮客户开门，礼貌请客户下车（2分）	10													
		问候客户，做自我介绍，递送名片，问清来意及是否预约（2分）														
		应用引导礼，引导客户到维修服务接待前台落座（2分）；为客户提供三种以上饮品供选择，并礼貌地递送（2分）；确认客户基本信息，带领客户去检查车辆（2分）														
2	车内检查	与客户有沟通，记录座椅位置，按照规定顺序当着客户的面铺设好三件套，三件套的铺设熟练（3分）	8													

续表

序号	考核要点	活动检查	分值	评价（只记录扣分项）													
				自评	互评（组别）						师评（组别）					
					1	2	3	4	5	6	1	2	3	4	5	6
2	车内检查	根据预检表上的驾驶项目进行检查，项目应无遗漏；体现出个性化、差异化检查重点，检查的同时保持和客户的沟通，沟通效果好（3分）	8													
		提醒客户带走贵重物品，检查手套箱、扶手箱等封闭空间时事先征得客户同意（2分）														
3	环车检查	1位：检查左前方，唱检左前门、左前翼子板、左前轮胎、左刮水器等，并记录（3分）	30													
		2位：检查正前方，唱检发动机舱盖、进气栅格、保险杠，并记录（3分）														
		2位：打开发动机舱盖，唱检发动机舱内部，并记录（5分）														
		3位：检查右前方，唱检右前门、右前翼子板、右前轮胎、右刮水器等，并记录（3分）														
		4位：检查右后方，唱检右后门、右后翼子板、右后轮胎等，并记录（5分）														
		5位：检查正后方，唱检行李舱盖、后保险杠等，并记录（3分）														
		5位：打开行李舱盖，检查行李舱内部，并记录（5分）														
		6位：检查左后方，唱检左后门、左后翼子板、左后轮胎等，并记录（3分）														
4	维修或保养项目确认	再次确认客户要求，向客户说明附加维修项目，确认客户是否签字，将预检单的客户联交给客户（5分）	5													
5	维修前价格说明	向客户说明维修内容，向客户说明维修价格，客户有异议时的解释让客户满意（5分）	5													

续表

序号	考核要点	活动检查	分值	评价（只记录扣分项）													
				自评	互评（组别）						师评（组别）						
					1	2	3	4	5	6	1	2	3	4	5	6
6	预计交车时间说明	询问客户是否需要洗车，旧件是否需要保留（2分）；向客户说明预计交车时间，客户有异议时的解释让客户满意（5分）	7													
7	打印工单	打印工单并让客户签字，将估价单的客户联交给客户（10分）	10													
8	车主休息安顿	引导客户到休息室休息（语言、动作、茶水），每小时进度跟进汇报（5分）	5													
总计			100													
本组优势：																
诊断改进：（遇到的问题、原因分析以及今后改进的方法）																

知识链接

汽车常规保养项目及内容如下。

一、机油和机油滤清器保养

1）机油和机油滤清器的保养周期：建议每5 000 km或每6个月保养一次（宝马车型按车况进行保养）。

机油和机油滤清器的保养时间取决于所用机油和机油滤清器滤芯的有效时间或里程。不同品牌级别的矿物质机油、半合成机油、全合成机油的有效期也不尽相同，应以厂商推荐为准。

2）机油和机油滤清器保养的必要性：机油由基础油和添加剂组成，随着车辆的行驶，机油中的成分会发生变质和失效。随着使用时间的增加，机油滤清器滤芯的过滤性能也会下降乃至失效。如不及时更换机油和机油滤清器，将会对发动机性能产生负面影响。

3）机油和机油滤清器保养的用品：

（1）机油，发动机运转的润滑油，能对发动机起到润滑、清洁、冷却、密封、减磨等作用，对于降低发动机零件的磨损、延长使用寿命有着重要的意义。

（2）机油滤清器，过滤机油的部件。机油本身含有一定量的胶质、杂质、水分和添加剂，需要过滤；在发动机工作过程中，各部件摩擦产生的金属屑、吸入其中的杂质、机油氧化物等，也都是机油滤清器过滤的对象。若机油不进行过滤，直接进入油路循环，将会对发动机的性能和寿命产生不利的影响。

二、空调滤清器保养

1）空调滤清器的更换周期：建议每 12 个月更换一次。空调滤清器使用前后对比如图 2-5 所示。

出现以下情况时，一般需要更换空调滤清器。

图 2-5　空调滤清器使用前后对比

（1）空调的挡位已经开到了够大，但是制冷或制热时的出风量仍然很小，若空调系统正常，则原因可能为使用的空调滤清器通风效果差，或是空调滤清器使用时间过长，未及时更换。

（2）空调工作时吹出的风有异味，原因可能是空调系统已过久未使用，系统内部和空调滤清器受潮发霉，建议清洗空调系统，更换空调滤清器。

（3）即使刚更换了空调滤清器，开内循环也无法去除来自外界和内部的空气异味，原因可能是使用的是普通型空调滤清器，建议换为活性炭系列空调滤清器。

2）空调滤清器的分类：空调滤清器一般分为普通型空调滤清器和活性炭系列空调滤清器两类。普通型空调滤清器一般是由一种特定的环保过滤材料经过加工折叠后制成，多为白色单层。活性炭系列空调滤清器是先由两面非制造布（无纺布）复合中间夹有微小的颗粒活性炭做成活性炭滤布，再深加工制成空调滤清器。普通型空调滤清器只能起到抑制灰尘和颗粒物进入的作用，而活性炭系列空调滤清器能在空气经过的很短时间段里利用颗粒活性炭本身的物理性能，吸附空气中其他的微小物质和更多的有害物质。所以活性炭系列空调滤清器的使用效果要比普通型空调滤清器好很多。

三、火花塞保养

1）火花塞的作用：火花塞是汽油发动机点火系统中将高压电流引入气缸产生电火花，以点燃可燃混合气体的部件。

2）火花塞的保养周期：建议每 30 000km 保养一次。

3）火花塞定期更换的必要性：火花塞不应长期使用。火花塞型号繁多，但都有自己的经济寿命，如果超过经济寿命后仍然使用，将不利于发动机的动力性和经济性。有研究表明，随着火花塞使用时间的延长，其中心电极端面会向圆弧形状变化，侧电极则向凹弧形状变化，这种形状将使电极间隙增大，并造成放电困难，影响发动机的正常工作。火花塞在很大程度上与点火系统和供油系统共同决定着发动机的性能，因此应注意火花塞的定期保养。

4）火花塞的类型如下。

（1）按火花塞电极材质分：火花塞电极材质有普通铜芯、钇金、铂金、铱金、铂铱合金等，这些材料本身都有良好的导电性。其中，贵金属火花塞熔点比较高，耐高温、高压，质量较好，因此贵金属火花塞可以发出更强更稳定的火花，而且使用寿命相对也更长，在更换火花塞的时候车主们可以考虑更换为贵金属火花塞。一般低端车原装火花塞为电阻火花塞，而豪华车和中高端车型的原装火花塞大多都是铱金火花塞。

（2）按火花塞的级数分：一级火花塞、二级火花塞、三级火花塞、四级火花塞（即通常说的一爪、两爪、三爪、四爪），级数越高，点火性能越好。

四、刮水器保养

1）刮水器的作用：防止雨水及其他污物影响视线，保障车辆在雨雪天气中安全行驶。

2）刮水器的保养周期：建议每 6 个月保养一次。

刮水器没有具体的使用期限，只要使用时刮得清晰就可以继续使用，但如果在使用时出现刮水不干净或模糊的状况时，就需要更换刮水片，如果更换刮水片后还是不干净或者模糊，那就要检查一下刮水器刮臂的弹性是否正常，如果弹性降低，就需要把刮水器刮臂一起更换掉。

3）刮水器的检查方法：喷出一些清洗液，开动刮水器，留意它的动作是否流畅，听是否声音较大，如果声音较大，就表示刮水器过分压向玻璃，必须做出适当的调校。当刮水器刮完一至两下之后，看看是否有水分留在风窗玻璃上，再观察一下是否留下一些划痕，如果很明显地见到划痕的话，就表示刮水器上的刮水胶条已经老化。

五、制动液保养

1）制动液的作用：从制动踏板上踩下去的作用力，由制动总泵的活塞，通过制动液传递能量到车轮各分泵，使摩擦片张开，达到停止车辆的目的。

2）制动液的保养周期：建议每 40 000km 或每 24 个月保养一次。

3）制动液定期更换的必要性：当汽车长时间行驶中制动时，制动系统的温度升高，制动管路容易产生气阻，空气被压缩，从而出现制动力下降或制动失灵的可能。因此为了行车安全，制动液必须定期更换。

4）合格达标的制动液的特性：

（1）在高温、严寒、高速、湿热等工况下能灵活传递制动力。

（2）对制动系统的金属和非金属材料没有腐蚀性。

（3）能够有效润滑制动系统的运动部件，延长制动分泵和皮碗的使用寿命。

5）对制动液的性能要求：

（1）黏温特性好，凝固点低，低温流动性好。

（2）沸点高，高温下不产生气阻。

（3）使用过程中品质变化小，不引起金属件和橡胶件的腐蚀和变质。

小提示：制动液一般有三个等级（DOT2/DOT3/DOT4），并且级别越高越好。

六、制动系统保养

1）制动系统的保养周期：建议每 45 000km 保养一次。

2）制动系统的专业保养：

（1）制动片的耐高温保护。预防制动系统腐蚀，防止制动片因高温表面咬死，消除制动片尖锐声音，保持良好的润滑，需要耐高温达 1400℃ 以上含陶瓷成分的产品。要定期检查制动片或制动蹄片的厚度。当发现其厚度接近或小于制造商规定的最小厚度时应立即更换。

（2）制动分泵润滑保养。润滑制动分泵的活动轴及皮碗，保持分泵衬套柔软，延长分泵使用寿命，需使用全合成制动分泵润滑油。

（3）制动盘清洁。快速清洁制动盘、制动鼓及任意零件的油渍、污垢及摩擦粉尘，保持制动盘散热良好；消除制动刺耳噪声，促进均匀制动。

（4）制动液更换。制动液具有吸水特性，长时间不更换会腐蚀制动系统，给行车带来隐患。一般情况下建议车主每隔 20 000km 更换一次制动液，主要是为了保证制动液的洁净程度。

（5）轮胎螺钉、制动盘和钢圈接触面的防锈润滑。预防腐蚀，预防螺钉及表面受热咬死，便于拆卸，需要耐高温达 1100℃ 以上含铝成分产品，以保证与制动片的接触面积，提高制动力。

七、制动盘保养

1）制动盘的保养周期：建议每 90 000km 保养一次。

2）制动盘的检查：

（1）听声音：如果在轻踩制动踏板的同时伴随有"铁蹭铁"的"吱吱"声或者啸叫声（确认不是因为制动片在新安装上时磨合产生的声音），此时必须立即更换制动片。此时制动片两侧的极限标识已经直接摩擦制动盘，说明制动片磨损已经超过极限。

另外，有些质量不好的制动片中有硬点，同样也会产生异响，一般情况下这样产生的异响使用一段时间磨掉后消失。

（2）通常以仪表板上制动盘警示灯是否亮起作为该不该换制动盘的判断依据。一般该指示灯为熄灭状态，当制动盘出现故障或磨损过度时，该灯点亮，修复后熄灭。当警示灯亮起时，制动盘已磨损到极限，制动效果已下降，会极大地影响行车安全。因此，建议定期检查制动盘磨损状况看其是否能继续使用，而不要只相信警示灯。

（3）看厚度：大多数制动盘产品有磨损指示器，就是在盘面上会分布 3 个小凹坑。用游标卡尺量一下小凹坑的深度是 1.5mm。也就是说，制动盘双面的总磨损深度达到 3mm，出现图 2-6 所示的准磨损和完全磨损时，建议及时更换制动盘。

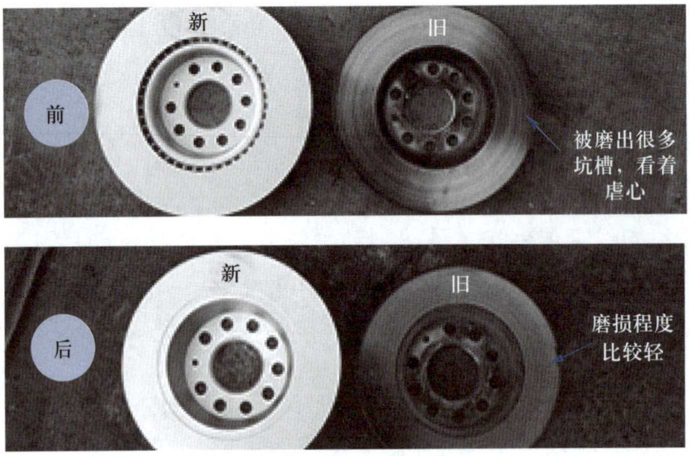

图 2-6　制动盘磨损情况

八、防冻液更换

1）防冻液的更换周期：建议每 24 个月更换一次。

2）防冻液的作用：

（1）对冷却系统的部件起到防腐保护作用。

（2）防止水垢，避免降低散热器的散热作用。

（3）保证发动机在正常温度范围之内能工作。

因此，发动机的防冻液，必须具有防冻、防沸腾、防腐蚀、防水垢、无泡沫的特点，并不受季节及地域的影响。其中，冰点和沸点是防冻液的基本指标。

3）为什么不能用水作为防冻液：水中都含有矿物质成分，尤其是钙和镁，在高温环境中，这些矿物质会与金属件发生反应并形成难以去除的水垢。水垢是车辆冷却系统的一大隐患，会影响"冷却水"的流动性，同时对各部件的散热也不利，久而久之便会影响车辆冷却系统的正常工作。而如果使用专用的防冻液则没有这方面的顾虑，它不但具有防腐蚀性，而且在制作过程中一般都使用蒸馏水，并加入防水垢添加剂，所以无须担心水垢的问题。

4）防冻液的选择：防冻液有多种颜色，且不同车型用的防冻液颜色可能不尽相同。不同颜色（尤其是不同品牌）的防冻液混合在一起容易产生化学反应，影响正常使用，甚至损坏车辆发动机。若不知道车辆所使用的防冻液颜色，推荐使用"通用型"防冻液进行添加。该种防冻液可以与其他任何颜色的防冻液混合使用，且不会产生物理或化学变化。另外，防冻液的冰点是选择防冻液时的另一个重要指标，通常所选防冻液冰点比居住地冬季最低温度再降 10℃（包装上可以查看冰点标识）即可。

九、空气滤清器保养

1）空气滤清器的保养周期：建议每 10 000km 或每 12 个月保养一次

2）空气滤清器的作用：发动机在工作过程中要吸进大量的空气，如果空气不经过滤，其中的尘埃会加速活塞组及气缸的磨损。较大的颗粒进入活塞与气缸之间，还会造成严重的"拉缸"现象。空气滤清器的作用就是滤除空气中的灰尘、颗粒，保证气缸中进入足量、清洁的空气。

十、燃油滤清器保养

1）燃油滤清器的保养周期：建议每 10 000km 或每 12 个月保养一次

2）燃油滤清器的作用：为发动机提供清洁的燃油，过滤掉燃油的水分及杂质，使发动机性能达到最优，同时也为发动机提供最佳保护。

课后自测（可扫描二维码在线完成）

1. 在进行常规保养项目客户接待时，如遇客户说车辆不需要检查了，我们还需要做车辆预检吗？（　　　）
   A. 需要　　　　　　　　B. 不需要
2. 车辆预检的顺序有没有规定？如有，是怎样的？（　　　）
   A. 有，驾驶位 - 发动机舱 - 副驾位 - 后排 - 行李舱
   B. 没有，坚持高效的原则即可
   C. 有，副驾位 - 驾驶位 - 发动机舱 - 后排 - 行李舱
   D. 有，副驾位 - 驾驶位 - 后排 - 行李舱 - 发动机舱
3. 接待常规保养项目客户时，量规的使用重点是（　　　）。
   A. 复位　　　　B. 垂直　　　　C. 读取数值　　　　D. 从小到大读
4. 常规保养客户车辆检查时说的三件套分别指的是（　　　）。
   A. 转向盘套　　　B. 座椅套　　　C. 地板垫　　　　D. 换挡杆套

在线测试
任务 2
常规保养
客户车辆
检查

任务 3 🚗 汽车养护用品销售

微课视频
汽车养护
用品销售
技巧

🔋 课前热身

请观看"汽车养护用品销售技巧"微课，开启本次的课前热身之旅！（可扫描二维码观看）

⚙ 任务描述

李想作为一汽大众 4S 店的一名服务顾问，已经在店里工作三个多月了，终于在上次的考核中成功转正。可公司制订的对每位服务顾问考核的 KPI 也要随之从下个月开始执行了，包括接车业绩、接车台次、养护用品的销售、精品销售、客户满意度等。对于李想来说，在养护用品的销售方面，之前没转正前，他也曾试着跟客户介绍过，但效果很不理想，客户都觉得没必要。李想在这方面很有挫败感，现在看到这个业绩任务要求真是有些担心。可转念一想，既然选择做了这份工作，就要去承担。现在就帮助李想一起来学习，一起来提升吧。

李想的任务：基于以下客户信息，完成本次的汽车养护用品销售任务。

经销商：齐鲁天众（简称）	服务热线电话：5858××××	
客户：王毅（先生）	联系方式：137××××4567	作业项目：20 000km 保养
车牌号：鲁 A12×××	车型：迈腾 2020 款 330TSI 豪华版	
里程：19 800km	油表：1/2	在店等候
预约进店时间：具体日期根据实际情况确定（周日 10：00）	费用：2000 元	

⏱ 任务分析

认真阅读任务描述，小组讨论分析填写完成本次工作任务的关键点和难点。

关键点：_____

_____

_____

_____

_____

难点：_____

_____

_____

_____

_____

_____

任务分组

建议 2～3 人为一小组，分工协作，共同完成汽车养护用品销售部分的信息收集、计划制订、决策及任务实施，并将任务分工情况记录在表 2-7 中。

表 2-7　学生任务分配表

任务 3	汽车养护用品销售	班级		组别	
小组组名		组长		成绩	
组员	姓名		任务分工		

获取信息

引导问题 1

1）搜集 20 000km 保养需要的养护用品知识，详细查找一汽大众迈腾汽车 20 000km 保养的相关的养护用品信息。

_____

_____

_____

2）车辆做完 20 000km 养护后有什么好处？

_____

_____

_____

_____

3）要完成此次汽车养护用品销售任务，你觉得还需要准备哪些信息？

_____

_____

_____

_____

知识小贴士 1

　　汽车养护用品对于汽车，就好像生活用品对于人；人有吃穿住行的需求，汽车也有自己的保养需要。俗语道："爱车，七分养，三分修"，精心养护能让汽车时刻保持最佳工况或恢复汽车应有的性能，以最大限度确保汽车的安全性，降低与车辆相关的费用。经常保持车辆各个系统的清洁和润滑就能实现"以保代养，以养避修"，既能节约大笔维修费用，又能延长车辆的使用寿命，这也是汽车养护用品存在的意义。

引导问题 2

1）养护用品销售有哪些技巧？请详细说明。

_____

_____

_____

_____

2）FAB 的含义是什么？请举例说明。

_____

_____

_____

_____

3）FBI 的含义是什么？请举例说明。

_____

_____

_____

_____

知识小贴士 2

汽车养护用品销售技巧

1. FAB 销售法则

FAB（Feature、Advantage、Benefit），即属性、作用、益处。FAB 销售法则是

产品销售的黄金法则。

F 属性（Feature）：是指商品的特点、属性，即它是什么。

A 作用（Advantage）：是指商品特点带来的用处，即它具备什么特点，能够给客户带来哪些用处。

B 益处（Benefit）：是指能给客户带来哪些利益。

案例：运用 FAB 销售法则介绍无骨刮水器

F：无骨刮水器没有刮水器刮臂，只靠整根导力条来分散压力。

A：无骨刮水器靠整根导力条来分散压力，使得刮片各部分受力均匀，可以解决传统刮水器有些地方会刮不干净，有水痕，而另外有些地方又刮得太狠，在风窗玻璃上留下擦痕，在摩擦大的地方产生噪声等问题。

B：无骨刮水器可在下雨天为驾驶人提供更好的视野，确保驾驶的安全性。

2. FBI 销售法则

FBI（Feature、Benifit、Impact），即特性、益处、冲击。

F：特性（Feature）：是描述产品或服务的词汇，即它是什么，它的表现是什么。

B：益处（Benifit）：是指特性的效用，即它意味着什么，可为客户带来什么好处。

I：冲击 / 不良影响：是指没有这个特性会带来什么不良影响，产生什么不良后果。

案例：运用 FBI 销售法则销售发动机燃油系统深化保养

F：李先生，您的车已经行驶了 20 000 km 了，建议您给车辆发动机做一次燃油系统的深化保养。由于国内的燃油质量、空气质量，还有道路行驶情况都比较复杂，容易产生积炭，所以每行驶 20 000 km 的时候就必须要清洗一下发动机喷油嘴、节气门、进气道和燃烧室的积炭。

B：发动机燃油系统深化保养能清洗车辆使用过程中产生的积炭，使车辆保持良好的性能，延长发动机的使用寿命，减少维修费用，并节约燃油。

I：积炭沉积过多会影响发动机的正常运行，在冬季冷车状态下汽车不易起动，发动机怠速不稳，加速不畅。时间长了还会影响发动机的使用寿命，而且会越来越费油。

拓展问题

由于市场信息的透明，客户认为养护用品可有可无，你有其他什么方法来获得客户的认可吗？

_____

_____

_____

_____

📋 工作计划

一、制订 20 000km 汽车养护用品销售的话术

技能视频
养护产品
销售

服务顾问扮演者		客户扮演者	
工作重点环节	话术内容		
询问客户车辆的使用情况			
运用 FAB 或 FBI 销售法则向客户阐述养护用品对车辆保养的功能、优势、好处			
向客户说明养护用品在车辆上使用的频率及里程间隔，养护的过程、时间			
在销售过程中保持提问、反馈，解决客户的疑虑			
总结确认此次养护用品的项目、价格、工作时间和交车时间			

注：制订汽车养护用品销售话术时可参考知识链接内容以及技能视频。

二、列出汽车养护用品销售时所需的设备、工具、单据和耗材清单

序号	名称	型号与规格	单位	数量	备注

三、组内自查

序号	工作计划内容	工作计划完成情况（在对应选项打"√"）			
		优秀	良好	一般	较差
1	20 000km 汽车养护用品销售话术				
2	汽车养护用品销售时所需的设备、工具、单据和耗材清单				

续表

序号	工作计划内容	工作计划完成情况（在对应选项打"√"）			
		优秀	良好	一般	较差
3					
其他					
存在的问题及建议		组长签字			

进行决策

（1）各小组上传工作计划方案。
（2）进行小组方案互评。
（3）教师进行点评和总结。
（4）各小组结合自身情况修改并完善工作计划方案。

工作实施

建议 2～3 人为一小组，轮流扮演服务顾问和客户、观察员进行养护用品销售演练，并完成表 2-8 客户接待登记表的填写。

表 2-8 ×××汽车销售服务公司客户接待登记表

业务接待员：_____ _____年____月____日

顾客基本情况		
顾客姓名：	联系电话：	
车　　型：	行驶里程：	
车牌号码：	上次进站日期：	
现场接待情况		
接待开始时间	年 月 日 时 分	接待结束时间　　　　年 月 日 时 分
现场接待内容		
客户描述：		
初步处理措施：		

续表

现场接待内容	
所需资源（相关部门或汽车养护用品）：	
客户其他需求：	
初次接待时间	年 月 日 时 分
再次电话回访联系时间	年 月 日 时 分
相关部门人签名：	现场接待人签名：
备注：	

评价反馈

各组派代表上台完成汽车养护用品销售展示，并完成表 2-9 汽车养护用品销售评价表。

表 2-9 汽车养护用品销售评价表

综合评定	分值	评价												
		自评	互评（组别）						师评（组别）					
			1	2	3	4	5	6	1	2	3	4	5	6
1. 准备工作完善（仪容仪表、养护用品、示范图片、工具）	5													
2. 运用 FAB 或 FBI 销售法则且流畅	5													
3. 全程保持尊称客户、与客户沟通	5													
4. 能运用资源进行现场展示	5													
5. 规范完成客户登记表的填写	5													
活动检查	分值	评价												
		自评	互评（组别）						师评（组别）					
			1	2	3	4	5	6	1	2	3	4	5	6
1. 工作准备完善、执行有序	10													
2. 主动、积极接待客户	5													

续表

活动检查	分值	评价												
		自评	互评（组别）						师评（组别）					
			1	2	3	4	5	6	1	2	3	4	5	6
3. 准确了解客户的需求	10													
4. FAB/FBI 销售法则运用正确、恰当	10													
5. 全程尊称客户，使用敬语和建议性语气	5													
6. 始终保持与客户沟通	10													
7. 耐心、热情解答客户疑问	10													
8. 现场展示或示范到位	10													
9. 总结客户的养护项目和报价、报时准确	5													
总计	100													
本组优势：														
诊断改进：（遇到的问题、原因分析以及今后改进的方法）														

知识链接

一、汽车养护用品概述

传统的汽车保养只是换机油、换机油滤清器等。从 1999 年开始我国规定任何汽车生产厂商不得生产化油器汽车，一律生产电子燃油喷射系统的汽车。因此针对这种汽车的养护用品也就随之诞生，按功能可分为清洁类、保护类、促进类、止漏类、修复类等。

清洁类：将此类用品添加到油液中，可对某一系统（如冷却系统、润滑系统）或总成（如变速箱）进行免拆清洗。

保护类：将此类用品添加到油液中，可对总成、部件起到保洁、防腐、防锈作用，延长总成、部件的使用寿命。

促进类：将此类用品添加到燃油中，可改善燃油性能，促进燃油燃烧，提高燃烧效率，节省燃油，增强发动机动力，减少排放。

止漏类：将此类用品添加到冷却系统、润滑系统或变速箱中，可止住冷却系统、润滑系统及变速箱的渗漏。

修复类：将此类用品添加到机油中，可改进机油的性能，减少发动机摩擦阻力，延长发动机使用寿命。

二、常见汽车养护用品

1. 发动机养护（发动机内部清洗剂、发动机内部保护剂）

1) 保养周期：建议每 5 000km 保养一次。

2) 特殊要求：

（1）本项目为养护类项目，无法修复发动机内部故障，若有故障请依照原厂修护建议进行维修。

（2）新车和大修后的发动机行驶 6 000km 后方可使用发动机养护用品。

3) 发动机养护的必要性：在过去的几十年里，机油经历了较大的发展，最终服务于各种车辆的机油都有了较高的性能。尽管如此，机油和发动机始终要面对一个事实，就是市场上所有多等级机油都会随着使用时间的增加而发生酸性反应，导致发动机金属，甚至车辆所有的金属部分被腐蚀。

4) 发动机养护的作用：

（1）降低车辆油耗 5%～15%。

（2）提升动力性能 5%～15%。

（3）减少机油损耗 70%～100%。

（4）减少金属摩擦 70%。

（5）降低污染 20%～75%。

（6）明显降低噪声和振动。

5) 产品使用方法：更换机油后加入，或直接倒入与旧机油混合。

2. 燃油供给系统养护（免拆积炭清洗、燃油添加剂）

1) 作用：全面清洗喷油嘴、燃油管路、进气阀和燃烧室等整车燃油系统部件，恢复整车性能。

2) 保养周期：建议每 5 000km 保养一次。

3) 燃油系统养护的必要性：发动机燃油供给系统经过一段时间的使用，空气中的尘埃和燃油中的杂质等会使油路不畅或堵塞，加上燃烧过程中产生的积炭和胶质也会附着在进排气门、进排气道、节气门和燃烧室上，尤其是会附着在燃油喷射的喷油嘴上，使喷油嘴堵塞、黏着，造成喷油渗漏、雾化不良，甚至不喷油，从而出现油耗增加、发动机动力下降、怠速不稳、加速不良和起动困难、尾气超标等种种故障现象。因此，必须对电控喷油系统车辆的燃油系统定期进行必要的清洁护理，确保燃油系统中喷油嘴、燃烧室、进排气关键部件的洁净，也只有这样才能发挥车辆的性能，避免故障隐患的产生。

根据统计，电控喷油系统车辆的常见故障有 80% 以上是由于燃油系统的喷油嘴等关键部件积炭结胶所引起的。试验表明，只要有 10% 的喷油量受到阻碍，就会导致燃油系统受到污染，进而导致燃油燃烧不完全、喷油量控制不准、喷油雾化不良、油压调节失灵，以及发动机怠速不稳、加速不良、爆震、缺火、油耗增大、尾气排放超标。

3. 喷油嘴养护（高效喷油嘴免拆清洗剂）

1）作用：汽车喷油嘴是个简单的电磁阀，当电磁线圈通电时，产生吸力，针阀被吸起，喷孔打开，燃油经针阀头部的轴针与喷孔之间的环形间隙高速喷出，形成雾状，利于充分燃烧。

2）保养周期：建议每 20 000km 或每 24 个月保养一次。

3）喷油嘴养护的必要性：作为电控喷油系统发动机关键部件之一的喷油嘴，它的工作状况将严重影响发动机的性能。例如，喷油嘴堵塞就会严重影响汽车性能。喷油嘴堵塞的原因是发动机内积炭沉积在喷油嘴上或者由于燃油中的杂质等堵塞了喷油嘴通路。汽车行驶一段时间后，燃油系统就会形成一定的沉积物。

沉积物的形成和汽车的燃油直接相关。

（1）由于燃油本身含有胶质、杂质，储运过程中又可能带入灰尘、杂质等，日积月累，就会在汽车油箱、进油管等部位形成类似油泥的沉积物。

（2）燃油中的不稳定成分会在一定温度下发生反应，形成胶质和树脂状的黏稠物。这些黏稠物在喷油嘴、进气阀等部位燃烧时，形成的沉积物就会变成坚硬的积炭。

（3）由于城市交通拥堵，汽车经常处于低速和怠速状态，更会加重沉积物的形成和积聚。

沉积物会堵塞喷油嘴的针阀、阀孔，影响电子喷射系统精密部件的工作性能，导致动力性能下降；沉积物会在进气阀形成积炭，致使其关闭不严，导致发动机怠速不稳、油耗增大并伴随尾气排放情况恶化；沉积物会在活塞顶和气缸盖等部位形成坚硬的积炭，由于积炭的热容量高且导热性差，容易引起发动机爆震等故障；沉积物还会缩短三元催化器的寿命。喷油嘴的工作情况好坏对每台发动机的功率起着根本性作用。燃油喷射不佳会导致喷油嘴工作不灵，使缸内积炭严重；也会使缸筒、活塞环加速磨损，造成怠速不稳，油耗上升，加速无力，起动困难及排放超标，严重的会彻底堵塞喷油嘴，损坏发动机。

4. 进气系统清洗（高效进气系统免拆清洗、核桃砂清洗）

1）保养周期：建议每 20 000km 或每 24 个月保养一次。

2）进气系统清洗的步骤：

（1）断开进气歧管的真空管，将设备管接头直接插入真空管。

（2）起动车辆，调节真空阀使观察镜内的药液成滴状，或者不起动车辆，使用专用仪器直接清洗进气管道及气门背面。

5. 空调管路清洗（空调杀菌除臭剂、复味抑菌祛味剂）

1）保养周期：建议每 10 000km 或每 12 个月保养一次。

2）空调管路清洗的必要性：汽车空调系统使用时间过长，由于空调管路内的冷凝水堆积，形成了阴暗潮湿的环境，这些冷凝水与空气中的灰尘杂物一起附着在蒸发器表面，滋生繁衍出大量的细菌，同时空调滤清器也因受潮而发霉，被污染的气体随着空调吹出的风污染整个车内空气。因此，空调系统必须定期进行清洗保养。

6. 水箱清洗养护（水箱清洁剂）

1）保养周期：建议每 24 个月保养一次。

2）水箱清洗养护的必要性：水箱结垢会造成水系统的水流不畅，不能有效地将机体内的热量带出冷却；机体水侧结垢，因水垢的阻热系数大，会形成冷却屏障。这两个因素都会造成机体水温升高。机体温度升高后，活塞润滑剂被稀释，失去润滑性能，致使活塞在高温下工作，摩擦力增大，高温下工作使金属改变了物理性能，也发生了化学变化，造成燃料的浪费（以 80℃ 为基点，水温每升高 5℃，浪费燃料 10%）。严重时会导致粘缸、化瓦，甚至引发事故。

7. 制动系统养护（制动器专业保养套装）

1）保养周期：每 45 000km 保养一次。

2）制动系统养护的必要性：制动系统对于汽车行驶的安全性至关重要。但对制动系统的养护却常被驾驶人所忽视。往往等到发现制动系统工作不正常的时候，才对制动系统进行检修。这样很有可能由于突发故障而导致制动失灵酿成大祸。因此，只有经常对制动系统进行维护和保养才能保证制动系统的正常工作，进而保证行驶安全。

8. 三元催化器清洗（三元催化保养剂）

1）作用：三元催化器是安装在汽车排气系统中最重要的机外净化装置，它可将汽车尾气排出的 CO（一氧化碳）、HC（碳氢化合物）和 NO_x（氮氧化物）等有害气体通过氧化和还原反应转化为无害的 CO_2（二氧化碳）、H_2O（水）和 N_2（氮气）。

2）保养周期：建议每 20 000km 或每 24 个月保养一次。

9. 发动机舱清洗（发动机舱清洗养护套装）

1）保养周期：建议每 10 000km 或每 12 个月保养一次。

2）发动机舱清洗的必要性：（1）在汽车的使用过程中，在发动机表面会产生一种叫做油泥的东西，它会在很大程度上增加发动机发生自燃的概率。同时还会遮掩线束表面的问题，使其不易被发现。（2）发动机表面覆盖污物会影响发动机的散热，导致发动机舱温度过高，一方面影响发动机的使用寿命，另一方面会加速发动机舱内部部件如线束等的老化，构成安全隐患。

3）发动机舱清洗的好处：

（1）全面清洗发动机外部及整个发动机表面，如线路表面、塑料橡胶、电池接头、外露金属部分等，可以使发动机的热量快速散发。

（2）保护发动机舱内的线路、油管，防止橡胶件老化、开裂，防止金属生锈、沾染污垢。

（3）减少酸雨和腐蚀性物质对发动机外部各部件的损伤，提高部件的使用寿命。

10. 冷却系统养护（水箱保护剂）

1）保养周期：建议每 24 个月保养一次。

2）冷却系统养护的必要性：冷却系统经过长时间的使用，如果用生水或质量不高的防冻液，会在冷却系统（散热器、缸体的水套）中产生大量的水垢、铁锈和泥沙，使冷却效率降低。因此，使用普通水冷却的冷却系统，每六个月应清洗一次。其他使用防冻液的冷却系统，应在更换防冻液或发动机大修时，彻底清洗一次冷却系统。

3）冷却系统养护的好处：

（1）清除引起过热和部件损坏的锈蚀和水垢。

（2）冷却液更换更彻底（传统冷却液更换只能达到 50% 的更换率）。

（3）防止系统杂质的产生。

（4）保护冷却系统并防止系统渗漏。

小提示：40% 以上的发动机维护问题与冷却系统维护不当有关，因此对冷却系统的养护应给予足够的重视。

11. 蒸发箱清洗（清洗除菌净味、多功能空调系统清洗三件套）

1）保养周期：每 10 000km 或每 12 个月保养一次

2）蒸发箱清洗的必要性：长期使用空调，灰尘会不断地积累。车辆空调在制冷的过程中，冷凝产生的水滴会与这些灰尘混合，导致霉菌、细菌滋生繁衍从而产生恶臭。这些混合物会沉积在空调系统中的风道壁、鼓风机、蒸发器上，影响空调的制冷或制热效果。所以，定期清洗空调蒸发箱是很有必要的。

3）可视化清洗：可视化清洗使用内窥镜进行操作，直接看到空调蒸发箱清洗过程，这种方法为延长导管搭配摄像头，可以让修理工人清楚看到清洗、杀菌过程，使空调清洗得更加彻底。

4）需要进行蒸发箱清洗的情况：

（1）空调刚打开，吹出来的风还未完全制冷或制热时，闻到一股类似霉变、烟尘的气味。

（2）制冷或制热时，从风口吹出的空气不清新，伴有酸臭味或其他怪味。

（3）制冷效果下降，油耗增加（由于蒸发箱长期未清理，污垢过多，从而影响散热所致）。

（4）人在车内时，鼻腔、气管、肺部感到不适，或伴有咳嗽、胸闷等。

（5）车辆使用一年以上仍未对空调系统进行过清洗养护。

12. 节气门清洗（节气门清洗剂、节流阀清洁剂）

1）保养周期：建议每 20 000km 或每 24 个月保养一次。

节气门的清洗周期与用车习惯和环境有很大关系，脏了就应该清洗。从现象上看，当出现怠速不稳等情况时，就应当考虑对节气门进行清洗。节气门清洗前和清洗后对比如图 2-7 所示。

2）节气门清洗的必要性：节气门是汽车发动机的咽喉，根据发动机的负载情况控制进气量，节气门脏了之后会导致怠速不稳、抖动。清洗节气门能改善发动机

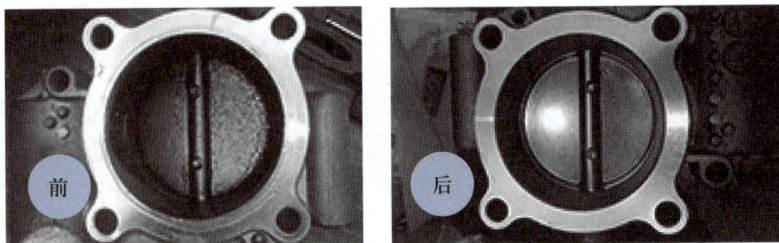

图 2-7　节气门清洗前和清洗后对比

工作状况，解决抖动等问题。长时间不清洗节气门会导致节气门的开度产生误差，同时会导致有杂质的空气进入发动机燃烧室，这两个结果都会导致发动机工作异常，主要表现为怠速不稳、行驶时突然出现加速踏板松开的感觉、动力有所下降，严重时甚至会造成起动困难和油耗增加等。

三、如何讲清楚"客户利益"

1. 为什么要做制动深度保养

（1）制动系统是汽车最重要的部件，事关行车安全。

（2）制动液含水量超标，会导致制动距离延长、制动偏软。

（3）制动系统摩擦面常被油污、粉尘黏附，致使摩擦系数降低，制动距离变长，严重的会导致制动失灵。

（4）制动分泵活动部位容易产生油泥，导致制动分泵活动部位卡滞，产生偏磨及拖刹现象，致使制动效率降低，严重时会导致制动失灵。

2. 为什么要做空调系统保养

汽车空调蒸发器长期都在阴暗潮湿的环境工作，如果汽车空调系统不定期进行清洁、杀菌和消毒，就会不断积累污物，容易滋生大量致病菌、螨虫和霉菌等有害微生物。这些有害微生物会通过空调管道循环系统扩散到车内空间，不但产生难闻的味道，并且严重危害健康。

3. 为什么要做润滑系统保养

发动机长期在高温高压的环境下工作，导致机油炭化和氧化现象严重，极易产生油污、污垢，从而影响机油流动性，不仅导致汽车噪声和油耗增大，而且会加剧发动机磨损，增加发动机大修的概率，缩短发动机使用寿命。

4. 为什么要做冷却系统保养

冷却液温度过高会使发动机效率降低甚至损坏，冷却液温度过低会令油耗增加、动力不足、尾气排放增加。

5. 为什么要做进排气系统保养

由于燃油含有胶质、蜡质及漆状物，在燃烧室高温高压情况下不能充分燃烧，导致进气歧管、燃烧室、三元催化器、排气管前端、排气管中端及消声器等部件容易产生积炭。进排气系统长期不保养，会导致上述部件堵塞，令进排气不顺畅、动力不足、尾气排放超标等。

6. 为什么要做车身系统保养

车身长期不保养容易引发的问题：刮水器条易老化，导致风窗玻璃上水渍、油污、虫斑等刮不干净，影响视野；橡胶条老化，密封不良，风窗玻璃升降不顺，有异响；车门铰链、车门扣、前后盖锁、座椅导轨等缺少润滑，导致开合部位不顺畅，有噪声、生锈等问题；车内有香烟味道、汗味、食物味道和宠物味道等异味。

7. 为什么要做底盘防锈系统保养

汽车行驶时，路面砂石对底盘的高速撞击会造成刮伤；沿海地区海水盐分高，高寒地区冬天在公路上撒盐防滑时附着的盐分，都会严重腐蚀底盘钣金；梅雨季节、潮湿地带也会引起底盘钣金的腐蚀问题。

课后自测（可扫描二维码在线完成）

1. 在进行常规项目客户接待时，如果客户说汽车养护用品没有用，我们还需要继续给客户介绍吗？（　　）

A. 需要　　　　　　　　B. 不需要

2. 车辆行驶达 2 年，行驶 30 000km 需要做以下哪些养护？（　　）

A. 燃油系统清洗　　B. 制动系统清洗　　C. 蒸发器清洗　　　　D. 冷却系统清洗

3. FBI 包含（　　）。

A. 特性　　　　　　B. 利益　　　　　　C. 影响　　　　　　D. 优势

4. 下列哪些部件属于车辆的易损易耗件？（　　）

A. 空气滤芯　　　　B. 机油　　　　　　C. 摩擦片　　　　　　D. 制动钳

5. 在环车检查时，服务顾问应该（　　）。

A. 始终要关注客户，让客户参与其中

B. 客户不愿意去，服务顾问不必强制要求

C. 只要把车辆现在的状态都详细记录了就可以

D. 注意观察车辆的细节，为后面和客户的沟通做准备

6. 开具工单时，需要确认的客户信息包括（　　）。

A. 车主联系电话　　　　　　　　　　B. 车主姓名

C. 售后联系人姓名　　　　　　　　　D. 售后联系人电话

7. 下列哪个选项更能表现出服务顾问的积极主动？（　　）

A. 您看需要我解释一下接车检查单吗

B. 您需要和我一起去进行环车检查吗

C. 我陪您一起去做一下环车检查吧

D. 我来给您解释一下接车检查单

在线测试
任务 3
汽车养护
用品销售

综合任务二　常规保养客户接待

客户信息卡：

经销商：齐鲁天众（简称）	服务热线电话：5858××××	
客户：赵康（先生）	联系方式：139×××4567	
车牌号：鲁A23×××	保养车型：大众迈腾	
里程：　　km	油表：1/2	蓄电池电压：12V
预约进店时间：具体日期根据实际情况确定（周六10：00）		费用：

注："里程"及"费用"数据根据所完成任务确定并填写。

子任务1　30 000km 保养客户接待

客户赵先生需要做 30 000km 保养，打电话来咨询。

任务要求：请各小组自行查询资料，按照标准流程，完成 30 000km 保养客户的接待工作，要求从受理预约开始，到完成回访结束，并依次交换角色进行，小组内每人必须担任一次服务顾问（其中汽车养护用品销售环节可根据场景自行设定）。

阅读任务书，小组讨论分析填写完成本次工作任务的关键点和难点。

关键点：_____

_____

_____

_____

难点：_____

_____

_____

_____

子任务2　40 000km 保养客户接待

赵先生在开车的过程中，发现机油液位灯亮起，打电话来咨询。

任务要求：请各小组自行查询资料，按照标准流程，完成 40 000km 保养客户的接待工作，要求从受理预约开始，到完成回访结束，并依次交换角色进行，小组内每人必须担任一次服务顾问（其中汽车养护用品销售环节可根据场景自行设定）。

阅读任务书，小组讨论分析填写完成本次工作任务的关键点和难点。

关键点：_____

_____

_____

_____

_____

难点：_____

_____

_____

_____

⚒ 子任务 3　60 000km 保养客户接待

赵先生春节期间准备开车回北方老家，特意前来保养。

任务要求：请各小组自行查询资料，按照标准流程，完成 60 000km 保养客户的接待工作，要求从常规保养接待开始，到完成回访结束，并依次交换角色进行，小组内每人必须担任一次服务顾问（其中汽车养护用品销售环节可根据场景自行设定）。

阅读任务书，小组讨论分析填写完成本次工作任务的关键点和难点。

关键点：_____

_____

_____

_____

_____

难点：_____

_____

_____

_____

🔧 任务分组

建议 3～5 人为一小组，分工协作，共同完成常规保养客户接待的信息收集、计划制订、决策及任务实施，并将任务分工情况记录在表 2-10 中。

表 2-10　任务分配表

综合任务二	常规保养客户接待	班级		组别	
小组组名		组长		成绩	
组员	姓名		任务分工		

📋 工作计划

一、结合客户及车辆信息编写常规保养客户接待流程的话术

请根据客户信息，在任务 1、2、3 中抽签选中一个任务，并运用所学知识设计常规保养客户接待的话术。

1）受理预约的话术：

_____

_____

_____

_____

2）咨询准备的方案：

_____

_____

_____

_____

3）常规保养车辆检查话术：

_____

_____

_____

_____

4）汽车养护用品销售话术：

_____

_____

_____

_____

5）车辆检查方案：

_____

_____

_____

_____

6）车辆结算交车话术：

_____

_____

_____

_____

_____

二、列出接待时所需的设备、工具、单据和耗材清单

序号	名称	型号与规格	单位	数量	备注

三、组内检查

序号	工作计划内容	工作计划完成情况（在对应选项打"√"）			
		优秀	良好	一般	较差
1	任务1话术				
2	任务2话术				
3	任务3话术				
4	检查时所需的设备、工具、单据和耗材清单				
其他					
存在的问题及建议		组长签字			

进行决策

（1）各小组上传工作计划方案。
（2）进行小组方案互评。
（3）教师进行点评和总结。
（4）各小组结合自身情况修改并完善工作计划方案。

工作实施

建议3～5人为一小组，轮流扮演服务顾问和客户、观察员，进行常规保养客户接待流程的演练。

实施要求：

（1）汽车仿真实训室（装有汽车维修业务接待管理软件）。

（2）小组讨论需要进行的常规保养客户接待的准备（资料、工具、相关部门人员、话术）。

（3）每人均完成一次常规保养客户接待实训。

（4）每人均完成受理预约电话登记表、客户接待登记表、车辆检查单、终检表、结算单的填写。

评价反馈

各组派代表（或随机抽取小组）上台完成常规保养客户接待，并完成表2-11

综合任务二评价表。

表 2-11　综合任务二评价表

序号	考核要点	综合评定	分值	评价（只记录扣分项）														
				自评	互评（组别）						师评（组别）						
					1	2	3	4	5	6	1	2	3	4	5	6	
1	礼仪规范	着装整洁、正确，符合安全工作规范（2分）；仪表端庄，表情和蔼可亲，眼神自然真诚（2分）；指引手势规范，姿态正确，自然大方（2分）；吐字清晰，语速适中，语句流畅（2分）	8														
2	5S管理	工作前进行灭火器检查、车辆检查等（2分）；及时进行场地、设备的清洁和整理（2分）；不打断客户谈话，解答客户的疑问，专业自信（2分）；各类单据填写完整且规范（2分）	8														
3	团队合作	团队配合默契，任务分工合理（4分）	4														

序号	考核要点	活动检查	分值	评价（只记录扣分项）														
				自评	互评（组别）						师评（组别）						
					1	2	3	4	5	6	1	2	3	4	5	6	
1	礼迎客户	引导客户停车，帮客户开门，礼貌请客户下车（1分）	6														
		问候客户，做自我介绍，递送名片，问清来意及是否预约（2分）															
		应用引导礼，引导客户到维修服务接待前台落座；为客户提供三种以上饮品供选择，并礼貌地递送；确认客户基本信息，带领客户去检查车辆（3分）															

续表

序号	考核要点	活动检查	分值	自评	互评（组别）						师评（组别）					
					1	2	3	4	5	6	1	2	3	4	5	6
2	车内检查	与客户有沟通，记录座椅位置，按照规定顺序当着客户的面铺设好三件套，三件套的铺设熟练（2分）	7													
		根据预检表上的检查项目进行检查，项目应无遗漏；体现出个性化、差异化检查重点，检查的同时保持和客户的沟通，沟通效果好（3分）														
		提醒客户带走贵重物品，检查手套箱、扶手箱等封闭空间时事先征得客户同意（2分）														
3	环车检查	1位：检查左前方，唱检左前门、左前翼子板、左前轮胎、左刮水器等，并记录（2分）	15													
		2位：检查正前方，唱检发动机舱盖、进气栅格、保险杠，并记录（2分）														
		2位：打开发动机舱盖，唱检内部，并记录（4分）														
		3位：检查右前方，唱检右前门、右前翼子板、右前轮胎、右刮水器等，并记录（2分）														
		4位：检查右后方，唱检右后门、右后翼子板、右后轮胎等，并记录（1分）														
		5位：检查正后方，唱检行李舱盖、后保险杠等，并记录（1分）														
		5位：打开行李舱盖检查行李舱内部，并记录（2分）														
		6位：检查左后方，唱检左后门、左后翼子板、左后轮胎等，并记录（1分）														

续表

序号	考核要点	活动检查	分值	评价（只记录扣分项）													
				自评	互评（组别）						师评（组别）					
					1	2	3	4	5	6	1	2	3	4	5	6
4	汽车养护用品推荐	用正确的方法推荐汽车养护用品，仔细聆听客户需求，不打断客户，运用资源展示汽车养护用品的优势及好处（6分）	6													
5	维修项目确认	再次确认客户要求，向客户说明附加维修项目，确认客户是否签字，将预检单的客户联交给客户（3分） 向客户说明维修内容，向客户说明维修价格，客户有异议时的解释让客户满意（3分） 询问客户是否需要洗车，旧件是否需要保留，向客户说明预计交车时间，客户有异议时的解释让客户满意（3分）	9													
6	打印工单	打印工单并让客户签字，将估价单的客户联交给客户（5分）	5													
7	车主休息安顿	引导客户到休息室休息（语言、动作、茶水），每小时进度跟进汇报（2分）	2													
8	交车准备	按照终检单要求，检查工单工作是否全部完成，进行交车前车辆检查，礼貌专业地通知顾客可以交车（2分）	2													
9	结算时维修内容说明	针对结算单向客户解释维修的内容，令客户满意，具有专业性（3分）	3													
10	结算	向客户解释价格包含的内容工时、材料费时表现专业（3分）；礼貌地请客户核对结算单，并在结算单上签字，将结算单交给客户（1分）；引导客户到收银台结算（1分）；礼貌地请客户按结算单结账，交接发票和出门证（1分）	6													

续表

序号	考核要点	活动检查	分值	评价（只记录扣分项）													
				自评	互评（组别）						师评（组别）						
					1	2	3	4	5	6	1	2	3	4	5	6	
11	交车检查	礼貌规范地邀请客户查看竣工车辆，告知已为其洗车（2分）；让客户满意，向客户解释常规保养项目（2分）；让客户在终检单上签字（1分）	5														
12	保养及回访提示	打开发动机舱进行项目说明（2分）	9														
		打开行李舱进行项目说明，展示旧件并询问处理方式（2分）															
		向客户解释精品服务项目，查看增补精品，让客户满意（2分）															
		请客户在维修工单上签字（1分）															
		当面取下车辆防护用品，向客户建议下次保养时间，并征得客户同意，张贴保养提醒贴（2分）															
13	客户送别	向客户解释回访的目的，询问是否可以回访并确认回访时间，规范礼貌地引导客户上车（1分）	2														
		感谢客户光临，礼貌地询问对于本次服务的满意程度，并与客户道别，目送客户开车远去（1分）															
14	客户回访	询问客户完工车辆的使用情况，对服务顾问的服务态度是否满意，对维修保养内容及维修费用的解释是否清楚，对店内的其他服务是否满意（3分）	3														
总计			100														

本组优势：

诊断改进：（遇到的问题、原因分析以及今后改进的方法）

课后思考题

1. 汽车常规保养的作用有哪些？

2. 机油和机油滤清器为什么要定期更换？

3. 汽车养护用品有哪些作用？

4. 汽车养护用品的销售方法有哪些？

5. 事先预约对客户的好处有哪些？

6. 常规保养的车辆，在交车时主要向客户展示哪些内容？

7. 常规保养的内容有哪些？

8. 常规保养的车辆检查主要检查哪些内容？

学习情境三
一般维修客户接待

情境描述

李想作为一汽大众 4S 店的一名服务顾问，已经在店里工作半年多了。今天上班时，领导告诉他，从下月起他不只负责接待汽车常规保养客户，还需要接待车辆出现故障的客户，也就是说，他从快修服务顾问转为机电服务顾问了。李想心里既高兴又担心，高兴的是他的业务范围扩展了，证明领导对他的工作表现是认可的；担心的是自己的技术基础一般，如果处理不好，将影响客户对他的评价，影响客户满意度。现在还有半个月的时间，一起来陪伴李想学习并帮助他顺利完成新的工作任务吧。一般维修客户接待流程如图 3-1 所示。

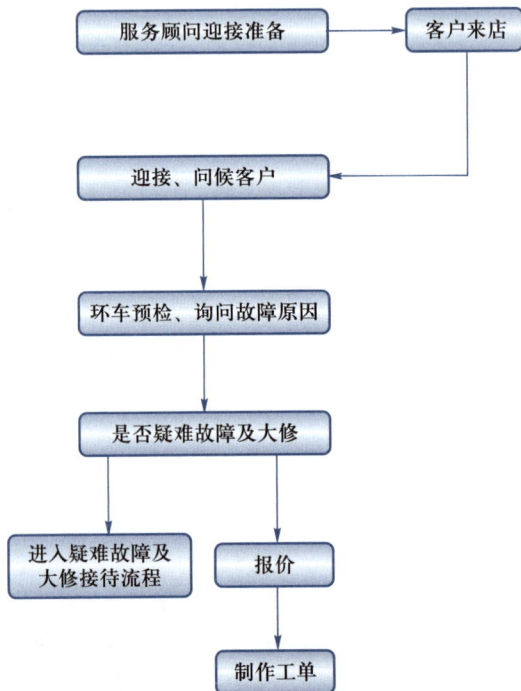

图 3-1　一般维修客户接待流程

学习目标

知识目标	能力目标	素质目标
1. 掌握一般维修业务接待流程； 2. 掌握常见汽车故障诊断知识； 3. 熟悉汽车售后服务质量检查工作流程及要素； 4. 了解车辆性能检验的内容	1. 能运用恰当的问诊方法完成客户车辆的故障问诊； 2. 能够快速处理维修增项； 3. 合理处理维修质量与维修延时的解释问题	1. 具备以客户为中心的服务意识； 2. 具备较强的责任意识； 3. 具备较强的质量意识

任务 1　客户接待问诊

课前热身

请观看"汽车问诊方法"微课，开启本次的课前热身之旅！（可扫描二维码观看）

微课视频
汽车问诊
方法

任务描述

客户王先生，车辆已经行驶了 60 300km，最近发现制动时总有比较明显的金属摩擦声，星期三 10：00 直接到店，反映制动有异响，要求进行车辆检查。

李想的任务：基于以下客户信息，对客户详细问诊，全面了解车辆故障，做好接待工作，将故障信息详细记录在问诊表上。

经销商：齐鲁天众（简称）	服务热线电话：5858××××	
客户：王力（先生）	联系方式：135×××5678	作业项目：一般维修
车牌号：鲁 A2×××	车型：迈腾 2020 款 330TSI 豪华版	
里程：60 300km	油表：1/3	刹车片厚度：3mm
轮胎花纹深度：6mm	胎压（含备胎）：前轮 2.2bar（1bar=10^5Pa），后轮 2.4bar，备胎胎压 2.2bar	
冷却液液位：2/3	蓄电池电压：12V	
客户周三 10：00 直接到店，反映制动有异响，技师发现火花塞、燃油滤清器需要更换，并且需要做燃油系统清洗		

任务分析

认真阅读任务描述，小组讨论分析填写完成本次工作任务的关键点和难点。

关键点：_____

_____

_____

_____

_____

难点：_____

_____

_____

_____

_____

任务分组

建议 2～3 人为一小组，分工协作，共同完成客户接待问诊部分的信息收集、计划制订、决策及任务实施，并将任务分工情况记录在表 3-1 中。

表 3-1　任务分配表

任务 1	客户接待问诊	班级		组别	
小组组名		组长		成绩	
组员	姓名	任务分工			

获取信息

引导问题 1

1）一般维修客户接待流程与常规保养客户接待流程有什么区别？

_____

_____

_____

_____

2）预约的一般维修客户接待流程与非预约的一般维修客户接待流程有哪些区别？

_____

_____

_____

_____

3）接待一般维修客户前需要做哪些准备？

_____

_____

_____

_____

知识小贴士 1

一般维修客户接待流程（以宝马车型为例）

1. 客户到达

1）欢迎客户。

起立、握手、引导入座，对第一次接待的客户要做自我介绍，递送名片，向客户提供饮料。

2）询问需求，确认技术升级。

3）打印钥匙数据。

使用钥匙读取器读取钥匙信息，并向客户展示计算机屏幕上的 CBS（宝马车况保养服务系统）数据信息，打印必要的保修和 BSI（宝马长悦保养套餐）项目。

4）检查历史维修记录。

检查是否涉及技术升级活动。此处非常重要，如果车辆是三包车辆，又存在保修维修项目，则需要服务顾问做好维修项目、时长或次数的评估工作。因为三包法规有严格的规定，一旦满足相关维修项目、时长或次数的条件，客户可能会要求退换车或更换发动机、变速箱总成。所以服务顾问的评估、预警工作非常重要,如果发现车辆保修维修情况符合三包的,需第一时间将信息汇总至部门主管,抄送至客户服务部门并报至售后服务经理处。三包车辆查看维修历史,符合三包条款的及时上报。

2. 车辆预检

1)举升机旁的车辆预检,铺三件套等。

2)正确使用外观检查单。

3)记录客户个性化设置。

4)提醒客户带走贵重物品,了解车辆近况。

一定要到车里后排、手套箱、中央扶手、行李舱、车门储物格等检查。凡是密闭空间(如手套箱、中央扶手、行李舱)都属于私人空间,检查时要事先征得客户同意。物品贵重与否不以价格衡量,而以价值衡量。一个低价的东西也许对车主说也很重要。

3. 服务内容确定

1)确认客户和车辆信息。

确认客户的有效联系方式。正确获取客户姓名和地址信息,并在必要时更新数据库的信息。

2)确认服务内容,分组罗列工作项目。

确定的服务内容可直接填写,检查维修项目如果当时能确定,可以直接列出;需要检测查修的,详细进行问诊,并记录客户原话。如果车辆是三包车辆,又有保修维修项目,则强烈建议服务顾问问诊时要有技术人员提供支持,及时发现问题,尽量避免由于查车不全导致增加三包车辆在厂维修时长,增加风险。

如果预约准备工作到位,又没有增加新的项目,只要与客户确认项目即可。

3)导入并介绍常规保养项目套餐。

4)确认付款方式、发票类型、抬头。

5)确认旧件如何处理、是否需要洗车,确认机动性服务。

4. 打印工单

1)打印施工单,打印估价单,并报价。

2)客户签字确认,车辆登记进场。

3)提供取车凭证。

4)规范使用钥匙牌,妥善保管车钥匙。

5. 引导客户休息

1)根据诉求安排客户。

对选择机动性服务的客户,一定要确认替代方式已经就位,同时一定要做到将客户面对面交接给休息区的同事,自己实在没空,就让助理帮助做这件事,陪同客户至相关区域交接给相关人员。

要求:服务顾问或助理应询问客户是否需要陪同至休息区,并表达出乐于陪同的意愿。建议陪同客户到设施丰富的休息区,普通休息区也可以。

2)陪同至休息区,告知服务顾问的联系方式。

服务顾问留下自己的联系方式。

3）落实机动性，礼貌道别。

机动性服务主要有代步车、出租车、班车等，有很多方式，可以灵活保证客户的出行。

预约与非预约的一般维修客户的接待流程差不多，与常规保养客户接待的主要区别是一般维修客户接待需要做举升机旁的车辆检查，这也是非常重要的内容。

引导问题 2

1）在接待一般维修客户前需要收集客户的哪些信息？为什么？

_____

_____

_____

2）汽车常见的故障现象有哪些？

_____

_____

_____

3）要想了解迈腾制动异响的故障诊断知识，可通过哪些工具或资源进行查询？主要查询哪些信息？

_____

_____

_____

_____

4）一汽大众迈腾 60 000km 制动异响有可能是什么原因引起的？

_____

_____

_____

_____

知识小贴士 2

汽车常见故障表现和症状

1. 性能异常

性能异常是指动力性和经济性变差，如最高行驶速度明显降低，汽车燃油消耗量和机油消耗增大；乘坐舒适性差，如汽车振动和噪声明显增大；汽车操纵稳定性差，如汽车易跑偏，车头摆振，制动侧滑和制动距离长，排放超标等。

2. 工况异常

工况异常是指使用中突然出现某些不正常现象，如行驶中发动机突然熄火，制动无效，冬季起动困难，发动机熄火后再也不能起动等。

3. 响声异常

汽车使用中发生的故障往往以异常响声的形式表现出来，如果响声比较沉闷并且伴有强烈的振抖时，故障比较严重，例如，汽车怠速运转时，发出有规律的"嗒嗒"声，加速时响声杂乱无规律，这是气门间隙过大发出的敲击声；如果发动机在正常运转时，出现像敲砧板的"嘎嘎"声，且响声越来越严重，这是发动机缺机油造成烧轴瓦的响声。

4. 排烟异常

汽车排气管冒黑烟一般为混合气过浓，燃烧不完全；

排气管冒蓝烟，一般为烧机油；

排气管冒白烟，一般为燃油中有水，或气缸有水，或室外温度过低。

5. 操作异常

操作异常是指汽车不能按驾驶人意愿进行加速、转向、制动，如加速踏板、离合器踏板、制动踏板、转向盘、变速杆操作不灵活等。

6. 气味异常

气味异常是指制动片和离合器片的非金属材料发出的烧焦味，蓄电池电解液的特殊臭味，电气系统导线烧毁的焦煳味，漏的机油滴到排气管的烧焦味和汽油味。

7. 外观异常

外观异常是指汽车停放在平坦场地上，检查外观时会发现汽车纵向倾斜或横向歪斜；灯光、信号、仪表异常；表面有碰伤、擦痕等。

8. 过热及渗漏

过热及渗漏是指各部件温度超出正常使用温度范围，如水箱"开锅"，变速器、制动器、后桥壳发热烫手；渗漏故障有燃油、机油、冷却液、制动液、电解液、制冷剂等漏液，电气系统漏电，气缸垫、进（排）气管垫、真空管等漏气。

🔧 引导问题 3

1）为什么需要对一般维修客户进行问诊？

_____

_____

_____

_____

_____

_____

2）问诊的方法有哪些？请举例说明。

_____

_____

_____

_____

_____

_____

📖 **知识小贴士 3**

1. 问诊的定义

每一台车辆都是由非常多的零部件组成的，虽然车辆的装配工艺以及检验标准在不断提高，但车辆在复杂的使用环境中还是会出现一些故障。在介绍售后服务咨询流程时，着重强调对于有查修项目的车辆检查，一定要进行详细的问诊，并进行客户原话记录。只有准确记录客户反映的情况，才能尽可能准确全面地将车辆信息传递给维修技师，以高效解决客户的问题。

2. 问诊的好处

1）提高维修质量：服务顾问是车辆入厂检验工作的第一关，入厂检验做好了，就能很好地帮助维修技师清楚地反馈故障现象。

2）提高车间效率：有效地进行入厂检验，可以帮助车间高效地了解车辆状况。

3）减少客户错误的认知：通过问诊了解到的信息，可以引导客户认识到不只是车辆自身的质量问题才会造成一些故障，不正确的操作、用车环境等很多外在因素也会引起车辆的问题。

4）消除客户负面情绪：在车辆出现问题时客户心情往往会受到影响，来到店内稍有不满就会产生抱怨甚至投诉。通过有效的问诊，能够让客户感受到服务顾问的专业能力，以及为其服务的意愿，从而减少客户由于错误认知加上不良心情带来的消极而负面的情绪，减轻对服务顾问工作的影响。

🔧❄ **拓展问题**

作为服务顾问，如果懂一些技术，或者以前有过相关的接待经验，在问诊的时候要不要直接告诉客户车辆维修的具体解决方案？为什么？

_____

_____

_____

_____

_____

📋 工作计划

一、制订一般维修客户接待问诊的话术

技能视频
一般维修
问诊

服务顾问扮演者		客户扮演者	
工作重点环节	话术内容		
问候、做自我介绍			
礼貌接待客户并核对客户的信息及车辆信息			
运用"望、闻、问、诊"方法（运用开放式、封闭式提问）			
积极倾听并清晰描述客户的故障			
总结客户强调的关键信息并进行反馈			
估算维修时间和大概价格（是否属于保修）			
准确完整地向技师传递车辆故障现象等信息			

注：制订一般维修客户接待问诊话术时可参考知识链接内容以及技能视频。

二、列出一般维修客户车辆检查时所需的设备、工具、单据和耗材清单

序号	名称	型号与规格	单位	数量	备注

三、组内检查

序号	工作计划内容	工作计划完成情况（在对应选项打"√"）			
		优秀	良好	一般	较差
1	问诊话术				
2	问诊时所需的设备、工具、单据和耗材清单				
其他					
存在的问题及建议		组长签字			

进行决策

（1）各小组上传工作计划方案。
（2）进行小组方案互评。
（3）教师进行点评和总结。
（4）各小组结合自身情况修改并完善工作计划方案。

工作实施

建议 2～3 人为一小组，轮流扮演服务顾问和客户、观察员，进行一般维修客户接待问诊演练，并完成表 3-2 问诊表的填写。

表 3-2　×××汽车销售服务公司问诊表

故障描述（客人原话）	故障：□无　　　　□有	诊断结果	诊断：□无　□有　　　FFD：□无　□有
	（具体填写：哪里，什么时候，怎样）		
	填写人签名：＿＿＿＿		填写人签名：＿＿＿＿

续表

问诊	警告灯：□常亮 □熄灭 □多次亮灯			修理内容	...................（修理内容空白行）...................
	故障从什么时候开始： □最近□一周前□其他		故障频率： □经常□有时 □只有一次		
	再现性	□再现 □不再现	试车	□和顾客同乘 □不同乘	
	天气	□晴多云 □雨雪	路面	□平坦路□坏路 □凹凸路	
	水温	□冷 □热 □所有温度 大概_____℃			
	气温	□冷 □热 □所有温度 大概_____℃			维修人员签名：_____
	地点	□停车场 □一般路 □高速公路 □坡路 堵塞：□无 □有			
	状态	□起动时 □怠速中 □冷车时 □热车时 □行驶中（□稳速 □加速 □减速） □停车中 □前进时 □变速时 □后退时 □制动时 □转弯时 □空打转向盘 车速（_____km/h） 挡位（_____）		更换部品	品名		品名	
					品名		品名	
	负载	乘客：_____ 负载：_____kg			品名		品名	
	非原厂精品：□无 □有				

评价反馈

　　各组派代表上台完成客户接待问诊，并完成表 3-3 客户接待问诊检查评价表。

表 3-3　客户接待问诊检查评价表

综合评定	分值	评价												
		自评	互评（组别）						师评（组别）					
			1	2	3	4	5	6	1	2	3	4	5	6
1. 准备工作完善（仪容仪表、工具、计算机 DMS 系统、检查工作环境）	5													
2. 迎接客户（主动、及时）	5													
3. 全程保持尊称、耐心沟通	5													
4. 运用正确的问诊方法	5													
5. 规范完成接车检查单问诊记录的填写	5													

活动检查	分值	评价												
		自评	互评（组别）						师评（组别）					
			1	2	3	4	5	6	1	2	3	4	5	6
1. 工作准备完善、执行有序	10													
2. 主动、积极接待客户	5													
3. 准确运用"望、闻、问、诊"方法	10													
4. 及时记录客户的描述	5													
5. 全程尊称客户，使用通俗易懂的语言进行沟通	10													
6. 积极倾听，清晰描述车辆故障	10													
7. 准确运用开放式、封闭式提问	10													
8. 总结关键信息并反馈	5													
9. 客户信息、车辆信息、服务内容记录完整	5													
10. 准确完整地向技师传递车辆故障现象等信息	5													
总计	100													

本组优势：

诊断改进：（遇到的问题、原因分析以及今后改进的方法）

💠 知识链接

一、常见汽车故障、故障原因及诊断方法

示例1：故障现象——发动机难起动

故障产生的原因：（1）蓄电池电量不足；（2）气门积炭；（3）燃油品质不好；（4）燃油压力不足。

解决方法：（1）检测蓄电池健康状况；（2）检查气门积炭状况；（3）检查燃油压力。

需维修的项目及内容：更换蓄电池，清洗气门，更换燃油泵。

示例2：故障现象——发动机加速过程有异响（清脆的敲击声）。

故障产生的原因：（1）冷却液温度过高；（2）点火时间过早；（3）火花塞故障；（4）燃烧室积炭；（5）混合气过稀；（6）负荷过大；（7）燃油质量差。

需维修的项目及内容：更换高质量、高标号燃油，清洗积炭，冷却系统、燃油供给系统、点火系统检修，减轻发动机负荷。

示例3：故障现象——刹车时有异响。

故障产生的原因：（1）制动片磨损到极限；（2）制动片表面有硬物；（3）制动片装配不正确；（4）制动分泵卡滞。

需维修的项目及内容：更换制动片，制动系统保养，更换制动分泵。

示例4：故障现象——车辆行驶时跑偏。

故障产生的原因：（1）轮胎气压异常；（2）左、右轮胎不一致；（3）轮胎异常磨损；（4）底盘悬架部件受外力所致变形。

需维修的项目及内容：调整至标准气压，同轴轮胎保持一致，更换悬架部件，四轮定位调整。

示例5：故障现象——空调不制冷。

故障产生的原因：（1）压缩机不工作；（2）制冷剂泄漏；（3）冷却风扇异常；（4）冷、暖混合风门故障。

需维修的项目及内容：检修压缩机控制系统，更换压缩机，更换冷却风扇，空调系统测漏后加制冷剂，检修混合风门系统。

示例6：故障现象——发动机冷却液温度高。

故障产生的原因：（1）冷却液不足；（2）冷却液箱泄漏；（3）节温器故障；（4）系统有空气；（5）冷却液泵故障；（6）冷却液管老化渗漏；（7）冷却风扇故障。

需维修的项目及内容：更换泄漏部件（冷却液箱、冷却液管），检查密闭性，更换冷却风扇。

示例7：故障现象——自动变速箱顿挫（换挡冲击）。

故障产生的原因：（1）变速箱油品质量差；（2）变速箱油液泄漏；（3）变速箱

部件（离合器、摩擦片、密封胶圈老化）磨损；（4）控制电路异常；（5）传感器异常。

需维修的项目及内容：添加、更换变速箱油液，计算机诊断变速箱控制系统，变速箱大修。

示例 8：故障现象——大灯不亮。

故障产生的原因：（1）灯泡损坏；（2）熔丝损坏；（3）大灯继电器损坏；（4）大灯插头、电路异常；（5）大灯控制开关或系统故障。

需维修的项目及内容：更换灯泡、熔丝、继电器，检修插头、线路是否存在短路，计算机检测诊断大灯故障。

二、常见故障的问诊方法

车辆故障的问诊工作和医生问诊的方法是相通的。"问"只是问诊工作最有代表性的一个方法，除了"问"，还可以通过"观察"了解车辆状况，通过"闻味道"感受车辆状况，通过"亲身体验"了解客户感受。因此，要想把问诊工作做好，就应能根据客户反映的问题充分合理地使用"望闻问切"的问诊方法开展工作。

1）望：即观察，观察车辆的外观，观察是否有泄漏的情况，是否有零件损坏，还有观察客户的使用习惯、客户的一些特点、车辆的一些特点等。

例如，有宝马 MINI 车客户反映有时候车辆不能起动，检查车辆后没有发现任何故障。之后和客户一起试车，发现客户车辆铺了一个很厚的脚垫，而且客户穿了高跟鞋。怀疑是由于制动踏板没有踩到底导致车辆不能启动。建议客户去除脚垫，同时换上平跟鞋开车，之后故障解除。

2）闻：闻味道，是否有异味、焦煳味、汽油味……车辆如果出现液体泄漏就会有味道，例如变速箱油就有一股臭味，防冻液有一股甜味。

3）问：问问题，了解车辆现在还有之前的相关情况。

（1）开放式提问，通过 5W2H（七问分析法）获取信息，见表 3-4。

表 3-4　5W2H 开放式提问

医生的问诊（以肚子疼为例）	5W2H	服务顾问的问诊（以异响为例）
你怎么了（哪里不舒服）	What（什么症状）	车子的响声大致是怎样的
感觉哪个部位比较疼	Where（什么地方、部位）	响声是从哪个方位发出的
什么时候开始疼的	When（什么时候）	这种响声持续了多久
之前吃过什么东西	Why（什么原因）	是否只有在某种操作时才会响
别人吃了有没有问题	Who（谁）	是您还是家人乘坐时听到的
疼的厉害吗	How（程度如何）	这种响声是尖锐的还是轻微的
是一直疼还是间断的疼	How much（什么频率）	这种响声是持续性的还是间歇性的

示例 1：发动机抖动（工作不稳）

故障出现时的发动机状况是怎样的？（怠速下、温度、转速、运动还是静止）

这种现象什么时候出现？（怠速时、中速、高速、低速运转时或具体的转速、急加速、收油门时等）

这种现象出现时车速是多少？（静止、高速、中速、低速行驶或具体速度）

这种现象出现时发动机温度是多少？（温度高、温度低或具体温度）

这种故障现象在几挡时出现？（1、2、3、4、5、R、N、P 或所有挡位）

定期保养情况：您上次是什么时候、在哪里、进行的什么保养？

使用的油品：您经常到什么地方加油？加多少号的汽油（国营、民营、私营，中石油、中石化加油站）

其他：故障出现时故障警示灯是否亮起？是什么样的警示灯？

示例 2：发动机异响

故障出现的频率：这种现象是一直都有还是偶尔出现？

异响出现的部位：异响出现在什么地方？（发动机前部、中部、下部、后部）

对现象的详细描述：您能详细描述一下是什么样的声音吗？（隆隆声、滴答声、沉闷的金属声、磨碎声、嘶嘶声、敲击声、咯咯声、辘辘声、吱吱声、长而尖的声音、啸叫声等）

发出的声音是连续的还是断续的？是有规律的还是无规律的？

示例 3：动力传动系统异响

您能描述一下是什么样的异响吗？（铛铛声、嗒嗒声、刺啦声、哐当声等）

这个声音的发出部位是哪里？（发动机舱、底部、左前、右前等）

您是什么时候发现这个声音的？（时间或里程）

这个异响发生的频率是怎样的？（一直都有还是偶尔出现，是间歇的还是周期性的）

这个异响一般什么时候出现？（换挡时、匀速行驶时、滑行时、制动时、加速时等）

这个异响在什么挡位出现？（1、2、3、4、5、P、R、N、D 挡）

出现异响时是在什么路面行驶？（所有路面、平直路面、颠簸路面）

在什么行驶状况下出现最频繁？（直线、转弯、高速、低速、上坡等）

出现异响时是否有什么其他现象？（故障灯亮、抖动等）

（2）封闭式提问：用于总结并向客户印证。

4）切：感受车辆状况，通过测量获取车辆数据。有些时候客户反映的是他的感受，服务顾问必须通过实际的体验，来了解客户体会到的到底是什么症状。例如，客户反映车辆空调不制冷，那么就要去试一下到底是什么情况。

总结：对于不同的故障类型，应该使用适合的问诊方式，有时还要综合使用多种方法，以便找到客户车辆故障的具体现象。

课后自测（可扫描二维码在线完成）

在线测试
任务 1
客户接待
问诊

1. 在进行一般维修客户接待时，如果客户说他要直接找维修技师说，服务顾问还需要做车辆故障问诊吗？（　　　）
   A. 需要　　　　　　　　　　　　B. 不需要
2. 汽车常见故障问诊时的注意事项包括（　　　）。
   A. 使用通俗易懂的语言　　　　　B. 积极倾听
   C. 马上告知客户故障的解决方案　D. 使用 5W2H 提问方式
3. 客户汽车出现常见故障来维修时，作为服务顾问，能做的工作有（　　　）。
   A. 通过 5W2H 开放式提问和封闭式提问获取故障信息
   B. 详细记录客户描述故障的原话
   C. 直接判断故障并给出解决方案
   D. 直接找车间技术人员来解决

任务 2　维修客户车辆检查

课前热身

微课视频
举升机的
使用

请观看"举升机的使用"微课，开启本次的课前热身之旅！（可扫描二维码观看）

任务描述

李想作为一汽大众 4S 店的一名服务顾问，已经在店里工作半年多了。通过前面对汽车常见故障的问诊学习，李想开始接待一般维修客户。

李想的任务：能够按照一般维修客户接待的流程，接待预约到店的王先生。王先生的车辆是迈腾，行驶里程 60 300km，反映制动有异响。

任务分析

认真阅读任务描述，小组讨论分析填写完成本次工作任务的关键点和难点。
关键点：_____
_____
_____
_____

难点：＿＿＿＿＿＿＿＿＿＿＿＿＿＿＿＿＿＿＿＿＿＿＿＿＿＿＿＿
＿＿＿＿＿＿＿＿＿＿＿＿＿＿＿＿＿＿＿＿＿＿＿＿＿＿＿＿＿＿＿＿＿＿
＿＿＿＿＿＿＿＿＿＿＿＿＿＿＿＿＿＿＿＿＿＿＿＿＿＿＿＿＿＿＿＿＿＿
＿＿＿＿＿＿＿＿＿＿＿＿＿＿＿＿＿＿＿＿＿＿＿＿＿＿＿＿＿＿＿＿＿＿
＿＿＿＿＿＿＿＿＿＿＿＿＿＿＿＿＿＿＿＿＿＿＿＿＿＿＿＿＿＿＿＿＿＿

任务分组

建议 2～3 人为一小组，分工协作，共同完成维修客户车辆检查部分的信息收集、计划制订、决策及任务实施，并将任务分工情况记录在表 3-5 中。

表 3-5　任务分配表

任务 2	维修客户车辆检查	班级		组别	
小组组名		组长		成绩	
组员	姓名		任务分工		

微课视频
维修车辆
环车检查 1

微课视频
维修车辆
环车检查 2

获取信息

引导问题

1）维修客户车辆检查分哪几个区域进行？
＿＿＿＿＿＿＿＿＿＿＿＿＿＿＿＿＿＿＿＿＿＿＿＿＿＿＿＿＿＿＿＿＿＿
＿＿＿＿＿＿＿＿＿＿＿＿＿＿＿＿＿＿＿＿＿＿＿＿＿＿＿＿＿＿＿＿＿＿
＿＿＿＿＿＿＿＿＿＿＿＿＿＿＿＿＿＿＿＿＿＿＿＿＿＿＿＿＿＿＿＿＿＿

2）维修客户车辆检查时的顺序是怎样的？

3）维修客户车辆检查每个区域的要点是什么？检查过程中有哪些注意事项？

拓展问题：维修客户车辆检查过程中，你是将客户要解决的问题检查放在首位还是按照流程步骤来执行检查？为什么？

📋 知识小贴士

示例：　车载蓝牙电话无法使用问题的接待话术

（1）王先生，欢迎光临一汽大众 4S 店，您一路上辛苦了。我是本次接待您的服务顾问李想，这个是我的名片。麻烦车钥匙给我一下，我帮您停车并锁好车门，里面请。

（2）王先生，我们这边有白开水、红茶和咖啡，请问您想喝点什么？

（3）王先生，请问车主和售后联系人都是您吗？手机号是 136×××× 4567，对吗？

（4）王先生，这是用您车钥匙读取的钥匙数据，您的保养刚做完，请问本次有什么可以帮您呢？

（5）王先生，您是说你的车载蓝牙电话无法使用了？为了能一次性帮您解决问题，我可以问一下故障原因吗？请问您是从什么时候开始无法使用的？请问当时是您开的车吗？请问您现在的手机以前连接过车辆、使用过蓝牙电话吗？请问以前有没有维修过蓝牙电话信号方面的问题？好的，感谢您的回答。我跟您再次确认一下，是您开的车，以前也连接过手机，是今天发现无法使用的，以前没维修过这方面的问题。您看我反馈得准确吗？

（6）王先生，我们一起去登记一下车辆情况，在实车上再次确认一下蓝牙的问题。有贵重物品麻烦您带一下。为了保持您的车辆清洁，我给车辆铺上三件套，接下来，我将接通电源，先查看一下您的车辆蓝牙是否开启。嗯，已经开启。您的车辆只能连接三个手机，嗯，只连接了两个。麻烦您出示一下手机，咱们来现场连接一下（一分钟后，显示连接不成功）。对于您的这个问题，我们需要开单给技师用计算机诊断一下，看是不是蓝牙信号的问题，或者是电路方面的问题。接下来我将检查一下车辆内饰和主要功能（从副驾、主驾、后排、尾箱、发动机舱、半举升、全举升）。这些功能都是正常的，除了蓝牙功能，电话不能使用，也不能听音乐。接下来我们一起检查下车辆外部（油漆、玻璃、后视镜、轮胎、钢圈等），您的车辆保养得真好，一看您就是爱车人士。

（7）王先生，辛苦您了。如果您对预检单结果没异议的话，麻烦您在车辆预检单上签名。

（8）王先生您车牌是鲁A2×××，手机号是135×××5678，车型是迈腾，现在行驶的里程数是 60 300km，本次维修项目是车载蓝牙功能不能正常使用。因为此项目需要检查，大概半个小时后出诊断结果，到时我将会给您报价。

（9）王先生，请问您的付款方式是什么？是否需要开发票？发票抬头是开车牌号还是公司名称？

（10）王先生，请问旧件是否需要保留？

（11）王先生，请问您的车辆是否需要清洗？

（12）王先生，请问车辆在维修期间您是需要外出还是在店等待？

（13）王先生，请问您是否需要代步车？

（14）王先生，麻烦您帮忙在工单上签名，这是您的取车凭证，麻烦您过来取车的时候一同带上。

（15）王先生，现在我带您去休息室休息，这是我的联系方式。在车辆维修期间有什么问题随时欢迎您咨询我，这边是我们店的精品区域，您也可以逛一下。

📋 工作计划

一、制订维修客户车辆检查的话术

技能视频
环车检查
（一般维修）

服务顾问扮演者		客户扮演者	
工作重点环节	话术内容		
问候、做自我介绍			
核对客户信息及车辆信息			
邀请客户一同检查车辆			
引导客户上车，一同验证车辆的维修问题			

续表

工作重点环节	话术内容
与客户一同检查车辆的每个区域，并小结、反馈	
在过程中保持提问、反馈，解决客户的疑虑	
总结确认此次车辆检查的总体情况（漆面、油量等）	
引导客户签字确认	

注：制订维修客户车辆检查话术时可参考知识链接内容以及技能视频。

二、列出维修客户车辆检查时所需的设备、工具、单据和耗材清单

序号	名称	型号与规格	单位	数量	备注

三、组内检查

序号	工作计划内容	工作计划完成情况（在对应选项打"√"）			
		优秀	良好	一般	较差
1	维修客户车辆检查的话术				
2	检查时所需的设备、工具、单据和耗材清单				
其他					
存在的问题及建议		组长签字			

进行决策

（1）各小组上传工作计划方案。

（2）进行小组方案互评。

（3）教师进行点评和总结。

（4）各小组结合自身情况修改并完善工作计划方案。

工作实施

建议2～3人为一小组，轮流扮演服务顾问和客户、观察员进行维修客户车辆检查演练，并完成汽车销售服务公司客户接待检查表的填写。

评价反馈

各组派代表上台完成维修客户车辆检查展示，并完成表3-6维修客户车辆检查评价表。

表 3-6　维修客户车辆检查评价表

综合评定	分值	评价												
		自评	互评（组别）						师评（组别）					
			1	2	3	4	5	6	1	2	3	4	5	6
1.准备工作完善（仪容仪表、养护用品、示范图片、工具）	5													
2.运用FAB或FBI销售法则且流畅	5													
3.全程保持尊称客户、与客户沟通	5													
4.能运用资源进行现场展示	5													
5.规范完成客户登记表的填写	5													
活动检查	分值	评价												
		自评	互评（组别）						师评（组别）					
			1	2	3	4	5	6	1	2	3	4	5	6
1.工作准备完善，执行有序	10													
2.主动、积极接待客户	5													
3.准确了解预约情况并执行相应流程	10													
4.完整执行一般维修客户接待的流程	10													

续表

活动检查	分值	评价												
		自评	互评（组别）						师评（组别）					
			1	2	3	4	5	6	1	2	3	4	5	6
5. 全程尊称客户，使用敬语和建议性语气	5													
6. 始终保持沟通	10													
7. 车辆功能操作准确且有序	5													
8. 车辆检查流程完整且高效	10													
9. 全程有温馨提示和用车建议	5													
10. 边检查边填写车辆检查表	5													
总计	100													

本组优势：

诊断改进：（遇到的问题、原因分析以及今后改进的方法）

知识链接

举升机旁车辆检查的顺序及要点

为全面、高效地进行车辆的检查，避免出现遗漏，建议按以下顺序进行车辆检查。

1. 检查的顺序

1）检查顺序一：副驾驶侧—主驾驶侧—发动机舱—后排空间—行李舱—半举升—全举升。

2）检查顺序二：副驾驶侧—主驾驶侧—后排空间—发动机舱—行李舱—半举升—全举升。

2. 举升机旁车辆检查各区域的检查要点

1）副驾驶侧检查。

建议可以为客户开车门。

副驾驶侧检查车门外观、玻璃外观、门内饰、车门储物格、右化妆镜灯、杯架、副驾驶座椅记忆与调节、安全带、副驾驶座椅、手套箱（关注贵重物品，检查前征得客户同意）。

从副驾驶走到主驾驶时顺便看一下前风窗玻璃、前脸、发动机舱盖漆面，抄下车架号。

2）主驾驶侧检查。

主驾驶侧检查内容较多，为便于高效有序地检查，将项目分左、右手侧来分别检查，其中右手侧又按上、中、下三条线的顺序进行检查。

（1）左手侧。

左手侧检查车门外观、玻璃外观、门内饰、车门储物格，进车前套上三件套，检查主驾驶座椅、安全带、主驾驶座椅记忆与调节（座椅调节之前一定要记忆，不能调节后再记忆，并将记忆位置记在接车检查单上），着车，查看仪表报警信息，记录量程、油量，检查电动车窗、后视镜（查看后视镜调节、折叠功能）、后风窗遮阳帘、外部灯光（大灯、雾灯、转向灯）、方向盘调节、小储物格。

（2）右手侧-上线

检查左化妆镜灯、阅读灯、天窗。

（3）右手侧-中线。

检查喇叭、刮水器（查刮水器时顺便看一下前风窗玻璃）、空调出风口。

（4）右手侧-下线。

检查中控、双闪、空调（空调看制冷或制热效果、出风量、有无异味等，最好能检查后排空调）、前后风窗除雾、座椅加热、倒车雷达、点烟器（看看在不在，有几个）、手刹、iDrive（CD数量及所在位置、收音机频率、电视所在频道，这三项应记录在接车检查表上；为客户介绍CBS宝马车况保养服务系统、检查控制信息）、中央扶手（看有没有贵重物品，打开前征得客户同意）。

3）后排空间（右侧）检查。

检查后排电动车窗开关、门内饰、车门储物格、安全带、座椅皮面、中央扶手（存放空间、杯架、冰箱）、娱乐系统、前排座椅调节、小桌板或报纸杂志袋、CD存放格、点烟器、座椅加热、遥控存放处、后排iDrive、后排化妆镜灯、阅读灯、后排座椅调节、儿童锁。

4）行李舱检查。

（1）打开前，征得客户同意。

（2）随车工具：宝马5系、7系在行李舱盖上面；宝马3系在右边；宝马X3左边有个小翻板。清点随车工具数量，不要在检查单上画钩，可写有几件工具，也可写出缺几件工具，如果写全缺什么工具更好。

（3）急救包：看有没有急救包，还要看急救包的有效期。

（4）备胎：常见的车型有备胎；无备胎的有宝马E90 3系、宝马E81 1系、宝马E70 X5、宝马F02新七系；宝马X3的备胎在车架下面。想了解备胎情况，可以看用户手册，也可以看实车。

检查备胎时注意同时检查防盗螺钉（提醒客户要放在车上，拆轮胎时需要用）、千斤顶。

（5）贵重物品。

除此之外，还有一些检查项目因车而异。

（6）导航光盘、CD。

（7）照明灯。

5）后排空间（左侧）检查

检查后排电动车窗开关、门内饰、车门储物格、安全带、后排娱乐系统。

6）发动机舱检查。

（1）油水渗漏：检查装机油、制动液等的容器，不探究原因，只记录。

（2）液位：根据条件允许，不必所有液位都检查，机油油量查看机油尺或在车内看多功能显示屏。

（3）传动带：有没有磨损、裂纹。

（4）冷却风扇：看看有没有异物进去，有无损伤。

（5）隔音棉：有无动物咬破。

（6）发动机舱盖拉线、液压顶杆：看是否生涩，是否漏油。

（7）大灯支架：检查大灯支架是否有断裂的情况。

（8）给予建议（如哪里是加机油的，哪里加刮水器液，哪里加防冻液，哪里高温高压不建议客户自己打开，以免烫伤等）。

7）半举升位置检查。

（1）位置：大灯中心线与客户视线持平。

（2）测刹车片：用量规，4个都量，单位：mm，建议记录在接车单上。

（3）测轮胎：花纹深度量4个，单位：mm，接车检查表上有要求记录；钢圈轮胎外观、气门嘴帽有无缺失。

（4）减震。

（5）灯：尤其是雾灯、尾灯。

（6）漆面：裙边、保险杠、其他部位。

（7）提醒客户注意安全　在查这个区域与前面所列的区域还不一样，需要用举升机举升车辆，涉及安全问题，必须提醒客户注意安全。

8）全举升检查

（1）位置：高于客户头顶，关注客户"在全举升时，客户一起到了车子下部，由于夏天比较热，会有空调水滴下来，问一下客户愿不愿意一起检查，如果愿意，提醒注意安全"。

（2）前桥：明显的损伤、渗漏，胶套有没有破损，肉眼能看到的。

（3）后桥：与前桥差不多。

（4）管路：看有无损伤、渗漏。

（5）护板、小部件、支车胶块。

（6）排气系统。

（7）底盘损伤、保险杠下面有无刮擦。

（8）轮胎、钢圈内侧。

9）外观检查

小结：先后顺序没有一定之规。引领客户坐到副驾驶位——请客户上车——从车头绕到驾驶位置——下车，打开发动机舱盖——后排——行李箱——两个举升位置。

以上所列都是从服务顾问的角度如何检查更仔细，那怎么才能在整个过程中不冷落客户？最简单的是与客户时刻保持交流，沟通。检查过程中发现问题，随时确认，随时记录，记录在接车检查表上。

在线测试
任务2
维修客户
车辆检查

课后自测（可扫描二维码在线完成）

1. 一般维修客户接待前应准备的工具有（　　　　）。
   A. 三件套　　　　B. 预检单　　　　C. 量规　　　　D. 工单夹
2. 下列关于一般维修客户接待描述正确的选项有（　　　　）。
   A. 在车旁询问客户车上是否有贵重物品
   B. 环车检查单需要客户签字确认
   C. 在打开客户私密空间前需要征得客户同意
   D. 如果只是少量现金可以不进行记录
3. 下列关于一般维修客户接待环车检查描述正确的选项有（　　　　）。
   A. SA自己进行车辆确认
   B. 边查车边记录车辆检查单
   C. 需要积极邀请客户一同进行环车检查
   D. 在上车前铺三件套

任务3　维修增项处理

微课视频
维修增项
处理

课前热身

请观看"维修增项处理"微课，开启本次的课前热身之旅！（可扫描二维码观看）

任务描述

李想接待完王先生后，送王先生到客户休息区休息，接着通知车间调度将王先生的车辆送入车间维修。在维修刹车异响问题时，技师发现火花塞、燃油滤清器需要更换，并且需要做燃油系统清洗。

李想的任务：能够根据车间技师反馈的车辆增项项目，制作增项单，并与王先生沟通增项问题，最终取得客户授权。

任务分析

认真阅读任务描述，小组讨论分析填写完成本次工作任务的关键点和难点。

关键点：＿＿＿＿＿＿＿＿＿＿＿＿＿＿＿＿＿＿＿＿＿＿＿＿＿＿＿＿＿＿＿

＿＿＿＿＿＿＿＿＿＿＿＿＿＿＿＿＿＿＿＿＿＿＿＿＿＿＿＿＿＿＿＿＿＿＿＿＿

＿＿＿＿＿＿＿＿＿＿＿＿＿＿＿＿＿＿＿＿＿＿＿＿＿＿＿＿＿＿＿＿＿＿＿＿＿

＿＿＿＿＿＿＿＿＿＿＿＿＿＿＿＿＿＿＿＿＿＿＿＿＿＿＿＿＿＿＿＿＿＿＿＿＿

＿＿＿＿＿＿＿＿＿＿＿＿＿＿＿＿＿＿＿＿＿＿＿＿＿＿＿＿＿＿＿＿＿＿＿＿＿

难点：＿＿＿＿＿＿＿＿＿＿＿＿＿＿＿＿＿＿＿＿＿＿＿＿＿＿＿＿＿＿＿＿＿

＿＿＿＿＿＿＿＿＿＿＿＿＿＿＿＿＿＿＿＿＿＿＿＿＿＿＿＿＿＿＿＿＿＿＿＿＿

＿＿＿＿＿＿＿＿＿＿＿＿＿＿＿＿＿＿＿＿＿＿＿＿＿＿＿＿＿＿＿＿＿＿＿＿＿

＿＿＿＿＿＿＿＿＿＿＿＿＿＿＿＿＿＿＿＿＿＿＿＿＿＿＿＿＿＿＿＿＿＿＿＿＿

＿＿＿＿＿＿＿＿＿＿＿＿＿＿＿＿＿＿＿＿＿＿＿＿＿＿＿＿＿＿＿＿＿＿＿＿＿

任务分组

建议 2～3 人为一小组，分工协作，共同完成维修增项处理部分的信息收集、计划制订、决策及任务实施，并将任务分工情况记录在表 3-7 中。

表 3-7　任务分配表

任务 3	维修增项处理	班级		组别	
小组组名		组长		成绩	
组员	姓名		任务分工		

获取信息

引导问题 1

1）维修增项的处理流程是怎样的？

_____

_____

_____

2）维修增项前需要做哪些准备？

_____

_____

_____

_____

3）客户的授权方式有哪些？最有效的是哪种方式？

_____

_____

_____

_____

_____

4）如果客户拒绝维修增项，该怎么处理？

_____

_____

_____

_____

_____

知识小贴士 1

业务部接到车间关于追加维修项目的信息后，应立即与客户进行联系，征求对方对维修增项的意见。同时，应告之客户由维修增项引起的工期延长。得到客户明确答复后，立即转达到车间。如客户不同意追加维修项目，业务接待员即可口头通知车间并记录通知时间和车间接收人；如同意追加，即开具维修增项单，立即交车间主管或调度，并记录交单时间。

追加维修项目处理流程如图 3-2 所示。

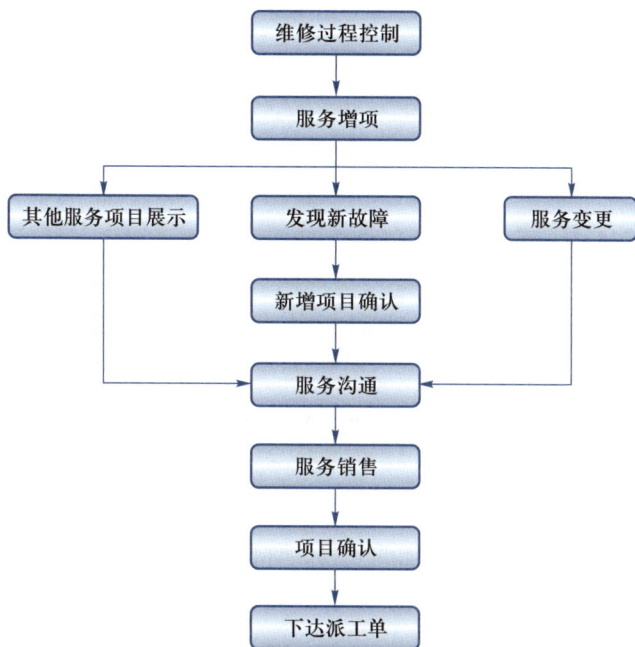

图 3-2　追加维修项目处理流程

维修增项要客户授权，最好的方式是什么方式？其次是什么方式？常用的是什么方式？

（1）最好就是客户在休息区当面签字。

（2）要有凭证，就要有客户签字。当然传真签字确认也可以。

（3）如果没有传真，只能退而求其次，通过电话录音，以确保有沟通记录，但采用这种形式要事先告之客户。

（4）如果是短信或微信确认的，必须要有明确的客户回复确认。

（5）在接车时向客户取得预授权。在接车检查单上注明可以直接维修的价格范围。

（6）如果客户外出，坐飞机或有重要事情不能接电话，要有代理人。

注意：通过电话取得客户授权后，要在维修增项单上标注"×月×日×时已通过电话确认"；如果增项金额很高，建议尽量得到客户的签字认可，以降低争议风险。

（7）如果各种方式都联系不上客户，在没有拿到客户授权之前，不管维修价格是多少，都不能擅自维修，因为这样是不具法律效力的。需要给客户发短信说明，等客户到店后再与客户当面沟通。

如果存在的增项是在三包车保修项目中的，应及时通知客户并做维修确认，因为增项维修时长是计入维修累计时长，并且是从联系客户开始计算的。对于短信或电话录音应存档，以作为处理三包期间争议的有力依据。

引导问题 2

1）维修增项单应该有哪些内容?

_____
_____
_____
_____

2）车间技师所列的维修增项项目，一定要要求客户做吗?

_____
_____
_____
_____

3）如何在现场与客户沟通增加的项目，你的计划是怎样的?

_____
_____
_____
_____

4）拨打维修增项电话的流程是怎样的?

_____
_____
_____
_____

知识小贴士 2

一、拨打维修增项电话时的要点

（1）按汽车企业标准问候语问候，注意现在是打电话给客户，应确认客户身份，并表示歉意。

（2）说明故障现象、故障原因、不修的后果、修后的好处，并提出专业的建议。

（3）报价，包含维修增项的工时、零件、总价以及所有维修项目的总价。

（4）主动提供新的交车时间。

（5）总结要点，包括本次维修增项的项目、维修增项后的总价、所有项目的总价。

（6）询问旧件处理方式。

（7）询问有无其他需要。

（8）道别。

注意：整个过程中，注意微笑及保持尊称。

二、客户拒绝维修增项的处理

如果客户不同意维修增项，应及时通知车间，让车间不维修增项项目，完成正常维修项目。

但若维修增项涉及安全，要附上免责协议，在交车时请客户签字。免责协议给客户传递这样的信息：车辆已经出现了故障，有安全隐患，以后开车得注意。由此产生的后果，由客户自行承担。免责条款一般单独签字。

对涉及安全等项目客户不维修的，除签署免责协议外，还应当列到工单中。这样，其他的经销商通过 DMS（Dealer Management System，汽车经销商管理系统）可以看到这样的记录，从而掌握主动权。

🔧❄ 拓展问题

怎么做能够提升维修增项的成功率？

_____

_____

_____

📋 工作计划

一、制订维修增项处理的话术

服务顾问扮演者		客户扮演者	
工作重点环节	话术内容		
开场时注意礼仪，向客户阐述报修项目的状态			
增项内容说明			
报价			
处理客户异议			
不同意增项的处理			
同意增项的处理（旧件处理方式、总结、客户确认、道别）			
完成增项后续工作			

技能视频
增项处理

注：制订维修增项处理话术时可参考知识链接内容以及技能视频。

二、列出维修增项处理时所需的设备、工具、单据和耗材清单

序号	名称	型号与规格	单位	数量	备注

三、组内检查

序号	工作计划内容	工作计划完成情况（在对应选项打"√"）			
		优秀	良好	一般	较差
1	维修增项处理话术				
2	检查时所需的设备、工具、单据和耗材清单				
其他					
存在的问题及建议		组长签字			

进行决策

（1）各小组上传工作计划方案。
（2）进行小组方案互评。
（3）教师进行点评和总结。
（4）各小组结合自身情况修改并完善工作计划方案。

工作实施

　　建议 2~3 人为一小组，轮流扮演服务顾问和客户、观察员进行维修增项处理演练，并完成表 3-8 维修增项表的填写。

表 3-8 ×××汽车销售服务公司维修增项表

车牌号：　　　　　　　客户姓名：　　　　　　委托书号：　　　　　　时间：

序号	项目名称	预计工时费用	预计备件费用	有无备件	如无备件，请填写备件预计到货时间	客户选择
1				有□　无□		维修□　不维修□
2				有□　无□		维修□　不维修□
3				有□　无□		维修□　不维修□
4				有□　无□		维修□　不维修□
5				有□　无□		维修□　不维修□
6				有□　无□		维修□　不维修□
7				有□　无□		维修□　不维修□
8				有□　无□		维修□ 不维修□
9				有□　无□		维修□ 不维修□
10				有□　无□		维修□ 不维修□

根据客户维修要求，维修费用和时间将相应增加，具体如下

预估增加工时费用：　　　　预估增加备件费用：　　　　预估增加总费用：　　　　预估增加时间：

客户确认签名：　　　　　　　　　　服务顾问签名：

维修技师签名：　　　　　　　　　　质量检查员签名：

备注：以上为我站检查发现的维修项目，凡是与车辆安全有关的问题，客户如不同意进行维修，引发的责任客户自负

业务接待员：　　　　　　　　　　　　　　　　　　　　　　_____年___月___日

评价反馈

各组派代表上台完成维修增项处理展示，并完成表 3-9 维修增项处理评价表。

表 3-9 维修增项处理评价表

综合评定	分值	评价												
		自评	互评（组别）						师评（组别）					
			1	2	3	4	5	6	1	2	3	4	5	6
1. 准备工作完善（仪容仪表、客户信息、维修增项信息、车辆信息）	5													
2. 运用与客户沟通的标准流程	5													
3. 全程保持尊称客户、与客户沟通	5													
4. 能运用资源进行展示（现场或微信）	5													
5. 规范完成维修增项单的填写	5													

续表

活动检查	分值	评价													
		自评	互评（组别）						师评（组别）						
			1	2	3	4	5	6	1	2	3	4	5	6
1. 工作准备完善，执行有序	10														
2. 主动、积极联系客户	5														
3. 准确了解维修增项信息、客户信息、车辆信息	10														
4. 完整填写维修增项单	10														
5. 全程尊称客户，使用敬语和建议性语气	5														
6. 始终保持沟通	10														
7. 有做到先重要增项后次要增项	5														
8. 能主动告知价格、维修时长、整体交车时间	10														
9. 有提及旧件的处理方式	5														
10. 获得了客户的授权并在增项单上注明了方式及授权时间	5														
总计	100														

本组优势：

诊断改进：（遇到的问题、原因分析以及今后改进的方法）

知识链接

一、维修增项接待流程

在车辆维修过程中，应关注车辆的维修进度，如果有车辆维修增项，要与客户进行有效且高效的沟通，并反馈车间。服务顾问身上不但担负着让客户满意的责任，还有产值的压力，而车辆的产值更多来源于维修增项。

维修增项共分为 4 个流程：

第 1 个流程是信息的录入及流转。车间维修增项在技术检查结果出来后才能产生，技师会将检查结果填写在维修增项单上，然后将单据流转至车间调度或车间主管以确认维修项目的必要性和准确性，然后到零件部门填写零件相关信息（是否有库存、价格、到货时间），最后流转到服务顾问，信息的录入要求清晰、全面、准确。

　　第 2 个流程是服务顾问在维修增项单添加工时数和价格，并与客户沟通。沟通时会有两种情况，联系上客户和联系不上客户。联系客户不成功的，服务顾问先保留相关资源；成功联系上客户的，就可以和客户洽谈维修增项事宜了。

　　第 3 个流程是客户确认维修增项。服务顾问与客户沟通维修增项情况后，客户可能同意维修增项或不同意维修增项，不管是哪种情况，都需要客户在维修增项单上签字确认，然后服务顾问在 DMS 系统根据客户的确认情况做出维修、提醒或删除的标注（不建议删除，便于下次客户进店提醒），并通知车间调度增项结果。

　　第 4 个流程是通知车间维修增项结果，车间调度根据服务顾问的通知安排车间技师工作，更新 DMS 及车间看板。

二、维修增项前的信息准备

1. 维修增项信息

（1）故障现象（什么地方断了或渗漏了）、原因（是老化了还是使用不当）、后果（仅影响美观还是影响驾驶）、建议，客户需要了解这些信息来决定做不做维修增项。

（2）价格（工时、零件、小计、总计）。

（3）时间（维修增项时间、最终交车时间）。除维修增项所需时间外，还需根据车间的产能状况，确定交车时间。

（4）规范填写维修增项单。填写增项原因、工时价格，涉及安全相关的零件注明更换的重要性，并签字。

（5）取得客户授权。客户签字或备注客户授权形式。

（6）风险等级、技术难度、保修情况等。

以上信息可通过维修技师和维修增项单了解。

2. 客户信息

了解客户的背景、是否有投诉经历、客户性格等，做到知己知彼，提前预判维修增项时可能发生的问题，从而有时间做充分的准备。比如客户是否是原车主，如果客户是刚接手的二手车，那就要弄清楚这辆二手车的客户是被动接收的还是因为喜欢大众品牌，是由于经济能力有限才先买的二手车。对于这两种情况，客户在维修时的预期和预算是完全不一样的。服务顾问与客户提出维修增项的时候也要注意自己的方法。以上信息可以通过销售同事、售后同事、DMS 系统及与客户交谈了解。

3. 车辆信息

了解用车环境、加装情况、公车还是私车、车龄（属于第几个车龄段）、车况现状、维修历史（查询全国维修历史记录）。以上信息都可以通过与客户交谈、车辆环检、DMS 系统了解。

三、维修增项客户沟通的流程

（1）沟通之前一定要先热场，进行问候和寒暄，紧接着就是告诉客户车辆目前的状态。如果是电话联系客户，应使用大众标准问候语，确认客户身份，并表示歉意。

（2）维修增项内容说明，要用准备话术时的增项逻辑。

按照预先设定好的顺序，从故障现象、故障原因、不修的后果、修后的好处、提出的专业建议等方面进行说明。

（3）报价，包含维修增项的工时、零件、总价，以及所有维修项目的总价。

报价要说明单项价格、合计价格、总计价格，同时也要注重报价的技巧（价值说明、价格最小化等）。

（4）估时（给出维修增项新增时间、总的时间，并主动提供新的交车时间）。

（5）客户也许听到报价就会提出异议，也有可能会在听后一段时间后再提出异议，需要正确应对异议，勿用否定词或与客户争吵。

（6）明确客户意向，不同意要告知客户需与其签订免责协议，同意要询问客户旧件如何处理。

（7）总结，将增项情况、价格、时间等进行总结，与客户确认，询问客户有无其他需求，与客户做最终确认。

（8）道别，还是要关注礼仪，比如让客户先挂电话。

课后自测（可扫描二维码在线完成）

在线测试
任务3
维修增项
处理

1. 如果出现维修增项，服务顾问需要知道哪些要素，然后再给客户打电话告知？（　　）
   A. 零件库存状况　　　　　　　B. 新故障产生的原因
   C. 客户是否有此预算　　　　　D. 新的价格和交车时间
2. 对车辆健康检查的解释，下列哪些说法是正确的？（　　）
   A. 更多的增项确实是增加售后产值最直接有效的途径
   B. 应该本着一个原则，经过健康检查后，这个维修项目是客户的刚需，而非经销商的过渡销售
   C. 应该站在客户的角度，真诚而专业地给出维修建议
   D. 利用 VHC（车辆健康检查），能展示服务顾问的专业性，从而获得客户的信任
3. 维修增项流程涉及四个岗位，按流程的工作顺序依次是（　　）。
   A. SA—技师—调度—零件　　　B. 技师—调度—零件—SA
   C. 调度—技师—零件—SA　　　D. 技师—零件—调度—SA
4. 维修增项取得客户的授权方式有（　　）。
   A. 当面签字　　　　　　　　　B. 传真签字
   C. 短信/微信明确回复　　　　　D. 电话录音
5. 维修增项前服务顾问可以通过（　　）了解维修增项信息？
   A. 技师　　　B. 车间主管　　　C. 维修增项单　　　D. DMS 系统

任务 4 🚗 质量检验

🔋 课前热身

微课视频
服务顾问
终检

请观看"服务顾问终检"微课，开启本次的课前热身之旅！（可扫描二维码观看）

⚙ 任务描述

李想接待了王先生的车辆，之前跟王先生约定的交车时间是 17：30，现在已到 16：30 了，李想去车间了解车辆的维修情况，确保车辆能准时交车，并计划于 17：00 通知王先生，让其提前做好取车的准备。

李想的任务：能够向王先生描述车辆车间质量检查的过程，并做好一般维修的终检，让王先生对维修质量放心，以提升王先生的满意度及忠诚度。

⏱ 任务分析

认真阅读任务描述，小组讨论分析填写完成本次工作任务的关键点和难点。
关键点：_____

_____

_____

_____

_____

难点：_____

_____

_____

_____

_____

🛠 任务分组

建议 2～3 人为一小组，分工协作，共同完成质量检验部分的信息收集、计划制订、决策及任务实施，并将任务分工情况记录在表 3-10 中。

表 3-10 任务分配表

任务 4	质量检验	班级		组别	
小组组名		组长		成绩	
组员	姓名		任务分工		

获取信息

引导问题 1

1）车间的三级检验流程是怎样的？检验过程中可能会存在哪些隐患？

_____

_____

_____

_____

2）返工有什么影响？服务顾问能做些什么来减少返工呢？

_____

_____

_____

_____

3）服务顾问应该如何避免重复维修？

_____

_____

_____

_____

知识小贴士 1

一、三级质检

汽车维修服务企业须实施三级质检制度，包括维修技师的自检、维修班组的互检和质检员的终检。

1. 维修技师的自检

（1）根据修理的作业内容做各方面的检查。

（2）检查客户要求的服务内容是否全部完成，尤其应细致地检查维修作业项目，看是否存在问题。

（3）如果存在问题，并且将影响到交车时间、维修项目及费用，须及时反馈给服务顾问。

（4）完成检验后，在维修服务委托书上签字。

（5）将维修服务委托书、更换的备件（随车）、车钥匙交给本班/组的班/组长。

2. 班/组长的检验

（1）按规定对所完成的维修项目进行检验，并核对有无遗漏的服务项目。

（2）重要修理、安全性能方面的修理、返修等应优先检验。

（3）当发现有问题时，必须采取措施进行纠正。

（4）检验结果反馈给维修技师，以提高维修技师的技术水平，避免再次出现同样的问题。

（5）完成检验后，在维修服务委托书上签字。

3. 质检员检验

竣工检验由检验员专职进行。必须严格按汽车二级维护竣工出厂技术条件逐项进行检验验证，必要时进行路试。竣工检验的结果应逐一填写在质量检验合格证上，如图 3-3 所示。质量检验未合格的车辆不得送检测站检测，不得出厂。

质量检验合格证

编号：

车牌号：　　车型：

维修&保养项目：________

____

____

以上施工项目检验合格，准予出厂。

检验员（章）：

年　月　日

友情提示：

您的车辆下次保养日期/里程是：

年　月　日/　　km

本公司将竭诚为您服务！

经我们的检查，您的车辆还需注意以下问题：

____

联系电话：0579-8663××××　联系人：________

地　　址：××市兴平东路××号

××广通汽车服务有限公司

永远值得您选择和信赖！

图 3-3　车辆质量检验合格证

完工的维修项目不符合维修技术标准，则需要返修。车间质检员给出返修原因及返修指令，由车间主管重新分配工作，并将每天发生的返修记录并上报服务站长。

二、返工处理

质量检查这个环节，从维修质量方面来看，是最后一关（服务顾问的终检更多的是站在客户的角度，而不是在技术方面）。如果车辆交给客户以后，客户发现没修好，又再次来店，这就通常所说的返工，要走返工处理的流程。

第一个问题，什么是返工？

通常意义上的返工，是由于第一次维修不成功，再次到店维修。这里说的返工不太一样，所指的不一定是首次维修不成功，整体的定义是：相同或类似的故障，在短期内再次来店。对于"短期"的期限并没有固定标准，可能是一个月或一千公里。如果短期内因为相同的原因导致相同或类似的故障，均按返工流程操作。

第二个问题，返工车辆需要在工单添加返工标志，是不是就在工单上直接写"返工"两字？

"返工"两字只是内部标志，让车间知道是返工的，便于指定相关人员负责，且提示优先级最高，如果手上有工作，必须停下来，先做返工车辆。

第三个问题，这种工单与普通工单有什么不一样？

返工车辆客户等待时，不再适用普通工单跟进的方法，需要每30min向客户告知最新的维修情况。

返工车辆来店后，如果是在三包期的车辆，服务顾问应首先查看DMS系统内三包有限期内车辆保修维修情况。如果发现车辆保修维修情况符合三包法规的，需要第一时间将信息汇总至部门主管，并报告客户关怀经理和售后服务经理。

接下来是对车辆进行检查。每30min内就要与客户沟通，告知检查结果，确认是否维修。因为三包法规对车辆的维修时间有严格的规定，所以需要客户确认进行维修再开工单。在维修过程中每30min与客户沟通，让客户感觉到受关注。

首次返工和二次返工有什么区别？

（1）告知人员不一样，首次返工通知车间，二次返工通知服务经理和客户关怀专员，二次返工时客户已经处在想投诉的边缘状态了。

（2）维修人员不一样，首次返工是相同的技师、技师团队，二次返工是最好的技师团队。

小结：对于返工处理与服务顾问有关的就是前两个步骤，而且服务顾问的任务是告知。服务顾问要做的就是做返工标志，并与客户做好沟通，如有些问题解释不清楚，找车间技师来沟通，让客户看到努力解决问题的态度。

🔧❄ 引导问题2

1）服务顾问终检的必要性。

2）服务顾问终检的内容有哪些？

3）终检时应携带哪些单据？站在谁的角度进行？

📖 **知识小贴士 2**

服务顾问终检的相关内容详见学习情境一任务 4 "知识小贴士 1" 中的内容。

🔧❄ **拓展问题**

服务顾问在终检时，怎么做可以提升客户满意度和忠诚度？

📋 **工作计划**

一、制订质量检查的话术

服务顾问扮演者	
工作重点环节	检查要点
阐述准备的单据及工具	
检查每一项维修项目是否完工	
检查车内清洁（前部、后部、烟灰缸、地板和脚垫）	

技能视频
维修质量
检验

续表

工作重点环节	检查要点
核对客户的贵重物品是否复位	
恢复客户的个性化设置（收音机频道、电视频道、座椅记忆位置、转向盘位置）	
检查行李舱的清洁及核对随车工具数量、旧件是否放置在相应位置	
核对并检查车辆外观及清洁情况	
终检单签字确认	

注：制订质量检查话术时可参考知识链接内容以及技能视频。

二、列出质量检查时所需的设备、工具、单据和耗材清单

序号	名称	型号与规格	单位	数量	备注

三、组内检查

序号	工作计划内容	工作计划完成情况（在对应选项打"√"）			
		优秀	良好	一般	较差
1	维修增项处理话术				
2	检查时所需的设备、工具、单据和耗材清单				
其他					
存在的问题及建议		组长签字			

进行决策

（1）各小组上传工作计划方案。
（2）进行小组方案互评。
（3）教师进行点评和总结。
（4）各小组结合自身情况修改并完善工作计划方案。

工作实施

建议 2~3 人为一小组，轮流扮演服务顾问、观察员进行质量检验演练，并完成表 3-11 车辆检查终检表的填写。

表 3-11　×××汽车销售服务公司车辆检查终检表

业务接待员：　　　　　　　　　　　　　　　　　　　　　　年　　　月　　　日

工单号：	车架号：	车牌号：				
服务顾问终检						
检验开始时间：			年	月	日	时　分
检查工单工作是否全部完成						
1. 检查工单内容与客户要求相符			□是　□否　备注			
2. 工单中涉及的配件全部出齐			□是　□否　备注			
3. 如有配件需订货，按要求订购			□是　□否　备注			
4. 检查结算单的项目、类别正确			□是　□否　备注			
5. 检查所有单据、签字齐全			□是　□否　备注			
6. 路试后的公里数合理			□是　□否　备注			
7. 喷漆车辆无色差、橘皮、脏点			□是　□否　备注			
8. 钣喷车辆缝隙合适			□是　□否　备注			

续表

车辆检查
1. 仪表信息显示正常 □是 □否 备注
2. 车辆内部无遗落的工具 □是 □否 备注
3. 车内清洁（灰尘、油污手印、烟灰缸、顶棚、仪表台、座椅） □是 □否 备注
4. 顾客登记的物品无缺失或破损 □是 □否 备注
5. 按照工单要求留存的旧件 □是 □否 备注
6. 车辆外观与进场时相比较无异常 □是 □否 备注
建议、说明：
未完成的工作及原因：
关于此次维修（或保养）的特殊说明，及下次维修（或保养）的建议：
服务顾问签字： 　　　　　　　　年　　月　　日	客户签字： 　　　　　　　　年　　月　　日

评价反馈

　　各组派代表依次上台完成服务顾问质量检验展示，并完成表 3-12 车辆质量检验评价表。

表 3-12 车辆质量检验评价表

综合评定	分值	评价												
		自评	互评（组别）						师评（组别）					
			1	2	3	4	5	6	1	2	3	4	5	6
1. 准备工作完善（仪容仪表、车辆预检单、终检单、结算单、抹布）	5													
2. 运用质量检查的标准流程	5													
3. 全程流程高效、流畅	5													
4. 能运用资源进行展示（车辆、贵重物品、旧件）	5													
5. 规范完成终检单的填写	5													

续表

综合评定	分值	评价												
		自评	互评（组别）						师评（组别）					
			1	2	3	4	5	6	1	2	3	4	5	6
1. 工作准备完善，执行有序	10													
2. 认真、高效地完成终检	5													
3. 准确了解车辆进厂状态、维修项目、结算的信息	10													
4. 完整填写终检单	10													
5. 认真检查每一项的维修项目	5													
6. 边检查边填写终检单	10													
7. 能主动恢复个性化设置	5													
8. 能主动检查车辆内外的清洁状况	10													
9. 有提及旧件的处理或展示旧件	5													
10. 终检单上有客户、服务顾问签名	5													
总计	100													

本组优势：

诊断改进：（遇到的问题、原因分析以及今后改进的方法）

课后自测（可扫描二维码在线完成）

在线测试
任务 4
质量检验

1. 进行维修工作时，谁负责将维修的详细情况填写在维修工单上？（　　　）
   A. 技术人员　　　　　　　　　B. 服务顾问
   C. 服务经理 / 质量经理　　　　D. 客服中心
2. 谁负责检查车辆的清洁情况？（　　　）
   A. 技术人员　　　　　　　　　B. 服务顾问
   C. 技术经理或质检员　　　　　D. 客服中心
3. 车辆维修时，谁负责与在休息区等候的顾客沟通？（　　　）
   A. 技术人员　　　　　　　　　B. 服务顾问
   C. 服务经理　　　　　　　　　D. 质量经理
4. 服务顾问车辆检查是检查哪些内容？（　　　）
   A. 车辆清洁　　　　　　　　　B. 车辆维修项目

C. 进厂状态　　　　　　　　　　D. 旧件

5. 车辆检查前需要持哪些单据？（　　　）

A. 车辆预检单　　　　　　　　　　B. 车辆检查终检单

C. 结算预览单　　　　　　　　　　D. 零件出库单

综合任务三　一般维修客户接待

客户信息卡：

经销商：齐鲁天众（简称）	服务热线电话：5858××××	
客户：赵康（先生）	联系方式：139×××4567	
车牌号：鲁 A23×××	保养车型：大众迈腾	
里程：28 933km	油表：1/2	蓄电池电压：12V
预约进店时间：具体日期根据实际情况确定（周六 10：00）		

子任务 1　车辆跑偏故障客户接待

客户赵先生直接开车来店，反映车辆最近行驶有些跑偏。客户告知服务顾问，在前段时间曾经与朋友一起，到周边省份自驾游，行程约 3 500km，路上走过高速公路、乡村公路和山路，还遭遇过沙尘暴。

任务要求：请各小组自行查询资料，按照标准流程，完成车辆跑偏故障客户的接待工作，要求从客户接待开始，到完成回访结束，并依次交换角色进行，小组内每人必须担任一次服务顾问。其中维修增项部分可根据场景自行设定。

阅读任务书，小组讨论分析填写完成本次工作任务的关键点和难点。

关键点：_____

_____

_____

_____

_____

难点：_____

_____

_____

_____

_____

子任务 2　发动机起动困难故障客户接待

赵先生是个体企业老板，非常爱护车辆，近期由于天气温度降低，明显感觉车辆的起动没以前那么灵敏，会延迟起动，直接影响驾驶体验。因此赵先生非常着急地打电话到店里咨询是什么原因。李想需要解决赵先生的疑问，并为赵先生做预约登记及安排。经与赵先生沟通确认，赵先生的车辆将于周五 9：30（具体日期可以根据实际情况确定）来店做维修检查，并提前一天发送预约提醒短信或打电话再次提醒客户，确保客户准时到店。

任务要求：请各小组自行查询资料，按照标准流程，完成发动机起动困难客户的接待工作，要求从客户接待开始，到完成回访结束，并依次交换角色进行，小组内每个人必须担任一次服务顾问。

阅读任务书，小组讨论分析填写完成本次工作任务的关键点和难点。

关键点：____

____

____

____

____

难点：____

____

____

____

____

子任务 3　变速箱异响故障客户接待

打电话提醒客户赵先生进行 30 000km 保养时，客户反映最近车辆换挡时总有异响，尤其是在市区道路，经常加速减速，1 挡 2 挡 3 挡来回切换的时候有“哐啷哐啷”的声音，过减速带，踩制动踏板减速降挡时这种异响尤为明显。经与赵先生沟通确认，赵先生的车辆将于周五 9：30（具体日期可以视情况确定）来店做 30 000km 保养和维修检查。提前一天发送预约提醒短信或电话提醒客户，确保客户准时到店。

任务要求：请各小组自行查询资料，按照标准流程，完成变速箱异响客户的接待工作，要求从客户接待开始，到完成回访结束，并依次交换角色进行，小组内每人必须担任一次服务顾问（其中维修增项部分可根据场景自行设定。

阅读任务书，小组讨论分析填写完成本次工作任务的关键点和难点。

关键点：____

_____

_____

_____

_____

难点：_____

_____

_____

_____

任务分组

建议 3~5 人为一小组，分工协作，共同完成一般维修业务接待的信息收集、计划制订、决策及任务实施，并将任务分工情况记录在表 3-13 中。

表 3-13　任务分配表

综合任务三	一般维修客户接待	班级		组别	
小组组名		组长		成绩	
组员	姓名	任务分工			

工作计划

一、结合客户及车辆信息编写一般维修业务接待流程的全部话术

请在 3 个子任务中自选或随机抽取 1 个子任务，详细阅读客户及车辆信息，并运用所学知识设计一般维修业务接待全部话术。

_____

_____

_____

_____

_____

_____

_____

_____

二、列出接待时所需的设备、工具、单据和耗材清单

序号	名称	型号与规格	单位	数量	备注

三、组内检查

序号	工作计划内容	工作计划完成情况（在对应选项打"√"）			
		优秀	良好	一般	较差
1	子任务 1 话术				
2	子任务 2 话术				
3	子任务 3 话术				
4	接待时所需的设备、工具、单据和耗材清单				
其他					
存在的问题及建议		组长签字			

进行决策

（1）各小组上传工作计划方案。

（2）进行小组方案互评。

（3）教师进行点评和总结。

（4）各小组结合自身情况修改并完善工作计划方案。

工作实施

建议3～5人为一小组，轮流扮演服务顾问和客户、观察员，进行一般维修业务接待流程的演练，并完成相关表格的填写（相关表格见附录）。

实施要求：

（1）汽车仿真实训室（装有汽车维修业务接待管理软件）。

（2）小组讨论一般维修客户接待需要进行的准备（资料、工具、相关部门人员、话术）。

（3）每人均完成一次一般维修客户接待实训。

（4）每人均完成受理预约电话登记表、客户接待登记表、车辆检查单、终检表、结算单的填写。

评价反馈

各组派代表（或随机抽取小组）上台完成一般维修业务接待，并完成表3-14一般维修客户接待评价表。

表3-14　一般维修客户接待评价表

序号	考核要点	综合评定	分值	评价（只记录扣分项）													
				自评	互评（组别）						师评（组别）					
					1	2	3	4	5	6	1	2	3	4	5	6
1	礼仪规范	着装整洁、正确，符合安全工作规范（2分）；仪表端庄，表情和蔼可亲，眼神自然真诚（2分）；指引手势规范，姿态正确，自然大方（2分）；吐字清晰，语速适中，语句流畅（2分）	8													
2	5S管理	工作前进行灭火器检查、车辆检查等（2分）；及时进行场地、设备的清洁和整理（2分）；不打断客户谈话，解答客户的疑问，专业自信（2分）；各类单据填写完整且规范（2分）	8													

续表

序号	考核要点	综合评定	分值	评价（只记录扣分项）														
				自评	互评（组别）						师评（组别）					
					1	2	3	4	5	6	1	2	3	4	5	6
3	团队合作	团队配合默契，任务分工合理，工作高效（4分）	4													

序号	考核要点	活动检查	分值	评价（只记录扣分项）														
				自评	互评（组别）						师评（组别）					
					1	2	3	4	5	6	1	2	3	4	5	6
1	礼迎客户	引导客户停车，帮客户开门，礼貌请顾客下车（1分）	6													
		问候客户，做自我介绍，递送名片，问清来意及是否预约（2分）														
		应用引导礼，引导客户到维修服务接待前台落座；为客户提供三种以上饮品供选择，并礼貌地递送；确认客户基本信息，带领客户去检查车辆（3分）														
2	车内检查	与客户保持沟通，记录座椅位置，按照规定顺序当着客户的面铺设好三件套，三件套的铺设熟练（2分）	7													
		根据预检表上的检查项目进行检查，项目应无遗漏；体现出个性化、差异化检查重点，检查的同时保持和客户的沟通，沟通效果好（3分）														
		提醒客户带走贵重物品，检查手套箱、扶手箱等封闭空间时事先征得客户同意（2分）														
3	环车检查	1位：检查左前方，唱检左前门、左前翼子板、左前轮胎、左刮水器等，并记录（2分）	15													
		2位：检查正前方，唱检发动机舱盖、进气栅格、保险杠，并记录（2分）														
		2位：打开发动机舱盖，唱检发动机舱内部，并记录（4分）														
		3位：检查右前方，唱检右前门、右前翼子板、右前轮胎、右刮水器等，并记录（2分）														
		4位：检查右后方，唱检右后门、右后翼子板、右后轮胎等，并记录（1分）														

续表

序号	考核要点	活动检查	分值	评价（只记录扣分项）													
				自评	互评（组别）						师评（组别）						
					1	2	3	4	5	6	1	2	3	4	5	6
3	环车检查	5位：检查正后方，唱检行李舱盖、后保险杠等，并记录（1分）	15													
		5位：打开行李舱盖检查行李舱内部，并记录（2分）														
		6位：检查左后方，唱检左后门、左后翼子板、左后轮胎等，并记录（1分）														
4	问诊	仔细聆听客户需求，不能打断客户，分析故障现象，总论表字迹清晰，不得漏项（6分）	6													
5	维修项目确认	再次确认客户要求，附加维修项目是否说明，确认客户是否签字，预检单是否将一联交给客户（3分）	9													
		向客户说明维修内容，向客户说明维修价格，客户有疑义时的解释是否让客户满意（3分）														
		询问客户是否需要洗车，旧件是否需要保留，向客户说明预计交车时间，客户有疑义时的解释是否让客户满意（3分）														
6	打印工单	打印工单并让客户签字，估价单是否将一联交给客户（5分）	5													
7	客户休息安顿	引导客户到休息室休息（语言、动作、茶水），每小时进度（2分）	2													
8	车间作业	增项维修确认说明，再次报价，请客户签字确认（2分）	2													
9	交车车准备	按照终检单要求，检查工单工作是否全部完成，进行交车前车辆检查，礼貌专业地通知顾客可以交车（2分）	2													
10	结算时维修内容说明	针对结算单向客户解释维修的内容，客户是否满意，是否具有专业性（3分）	3													

续表

序号	考核要点	活动检查	分值	评价（只记录扣分项）														
				自评	互评（组别）						师评（组别）					
					1	2	3	4	5	6	1	2	3	4	5	6
11	结算	向客户解释价格的内容工时、材料费，解释是否专业（3分）；礼貌地请顾客核对结算单，并在结算单上签字时结算单是否交给客户（1分）；是否引导客户到收银台结算（1分）；礼貌地请顾客按结算单结账，交接发票和出门证（1分）	6													
12	交车检查	礼貌规范地邀请顾客查看竣工车辆，告知已为其洗车，让顾客满意，向顾客解释常规保养项目（2分）	9													
		打开发动机舱进行项目说明（2分）														
		打开行李舱进行项目说明，展示旧件并询问处理方式（2分）														
		向顾客解释精品服务项目，查看附赠的精品服务，让顾客满意（2分）														
		请顾客在维修工单上签字（1分）														
13	保养及回访提示	当面取下车辆防护用品，向顾客建议下次保养时间，并征得顾客同意后，张贴保养提醒贴（2分）	3													
		向顾客解释回访的目的，征求客户意见并确认回访时间，规范礼貌地引导顾客上车（1分）														
14	客户送别	感谢顾客光临，礼貌地询问对于本次服务的满意程度，与顾客道别，目送顾客开车远去（2分）	2													
15	客户回访	回访完工后车辆的使用情况，对服务顾问的服务态度、维修保养内容及维修费用的解释是否清楚，对店内的其他服务是否满意（3分）	3													
	总计		100													

本组优势：

诊断改进：（遇到的问题、原因分析以及今后改进的方法）

课后思考题

1. 汽车发动机的常见故障有哪些？

2. 当针对常见故障问诊时，主要是围绕哪些方面？

3. 问诊的方法有哪些？

4. 一般维修客户接待的环车检查与常规保养项目接待的环车检查有哪些区别（至少列举 5 点区别）？

5. 如何快速处理维修增项？

6. 车辆维修三级质检由谁负责，主要检测哪些内容？

7. 服务顾问终检的主要内容有哪些？

8. 作为一名合格的服务顾问，如何做好维修质量与维修延时的解释？

学习情境四
事故车维修客户接待

情境描述

　　李想在一汽大众 4S 店做事故车接待专员助理已经有一段时间了。这天，客户王先生的大众迈腾轿车发生了交通事故，被拖至李想所在的 4S 店，但客户王先生不太了解理赔流程。师傅让李想独立接待客户王先生，李想很兴奋，开始了解客户的信息及事故详情。李想需要按照事故车接待流程和考核标准来接待客户王先生，做到客户满意。一般事故出险索赔流程如图 4-1 所示。

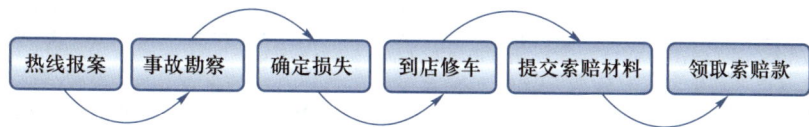

热线报案 → 事故勘察 → 确定损失 → 到店修车 → 提交索赔材料 → 领取索赔款

图 4-1　一般事故出险索赔流程

学习目标

知识目标	能力目标	素质目标
1.掌握事故车维修客户接待的专业知识； 2.掌握事故车接车服务的流程； 3.熟悉保险理赔流程及所需单证	1.能够独立完成事故车的接待工作； 2.能够根据汽车保险条款，初步告知客户理赔范围； 3.能够与保险公司定损员一起确定维修项目，配合理赔员完成接车工作； 4.能够运用所学会知识协调公司、客户以及保险公司间的关系； 5.能够运用所学知识独立完成客户异议或投诉的处理	1.具有良好的职业道德和职业素养； 2.具有良好的身心素质和人文素养； 3.正确认识事故车服务接待岗位工作

任务 1 🚗 事故车接车服务

微课视频
最新交强险
条款解读

课前热身

请观看事故车接车服务相关微课，开启本次的课前热身之旅！（可扫描二维码观看）

任务描述

微课视频
汽车商业险
条款解读

王先生为自己的大众迈腾轿车在中国人保购买了车辆的全险（交强险、车损险、三者险等）。今天王先生驾车时与一辆轿车在行驶过程中发生追尾，王先生的车前部严重受损。王先生在现场报告给交警和保险公司，交警判断王先生负全责，现场查勘员进行了事故现场及两车受损部位拍照，但需进一步拆解定损，现王先生的轿车被拖至李想所在的4S店。

李想的任务：基于以下客户信息，完成此次事故车客户的接车服务。

客户信息卡：

经销商：银座汽贸（简称）	服务热线电话：053188727588	
客户：王先生	联系方式：130×××1958	作业项目：事故维修
车牌号：鲁A12×××	车型：大众迈腾	
里程：32 565km	油表：1/2	
维修部位：前保险杠、风扇、水箱等部位		
进店时间：具体日期根据实际情况确定		保险公司：中国人保

微课视频
事故车接
车流程

任务分析

认真阅读任务描述，小组讨论分析填写完成本次工作任务的关键点和难点。

关键点：_____

_____

_____

_____

_____

难点：_____

_____

_____

_____

_____

任务分组

建议 2～3 人为一小组，分工协作，共同完成事故车接车部分的信息收集、计划制订、决策及任务实施，并将任务分工情况记录在表 4-1 中。

表 4-1 　任务分配表

任务 1	事故车接车服务	班级		组别	
小组组名		组长		成绩	
组员	姓名		任务分工		

获取信息

引导问题 1

1）什么是交强险？交强险的赔偿限额分别是多少？

_____

_____

_____

_____

2）商业险是否为强制购买？商业险根据保障的责任范围可分为哪些险种？

_____

_____

_____

3）附加险主要包括哪些险种？

_____

_____

_____

_____

4）完成事故车接车任务还需要了解哪些保险知识？

_____

_____

_____

_____

_____

📖 **知识小贴士 1**

常见的车辆保险险种及条款

1. 机动车交通事故责任强制保险

机动车交通事故责任强制保险（简称交强险），是指由保险公司对被保险机动车发生道路交通事故造成本车人员、被保险人以外的受害人的人身伤亡、财产损失，在责任限额内予以赔偿的强制性责任保险。依据此保险的规定：

（1）该强制性保险只承保机动车上的人员、被保险人之外的第三人所遭受的损害；

（2）第三人所遭受的损害包括人身损害和财产损失，但不包括精神损害；

（3）该强制性保险有一定的责任限额，保险人只在该责任限额内承担支付保险金的责任。

交强险责任限额是指被保险机动车发生道路交通事故，保险公司对每次事故所有受害人的人身伤亡和财产损失所承担的最高赔偿金额。交强险在全国范围内实行统一的责任限额。交强险责任限额如图 4-2 所示。

2. 商业机动车保险

我国的强制机动车责任保险采取限额保险制，在强制险之外，还有商业机动车保险。根据保障的责任范围，商业机动车保险分为基本险和附加险。基本险主要包括车辆损失险和第三者责任险，但也有的保险公司把全车盗抢险和车上人员责任险列入基本险。附加险包括全车盗抢险、车上责任险、无过错责任险、车载货物掉落责任险、玻璃单独破碎险、车辆停驶损失险、自燃损失险、新增加设备损失险、不计免赔特约险。

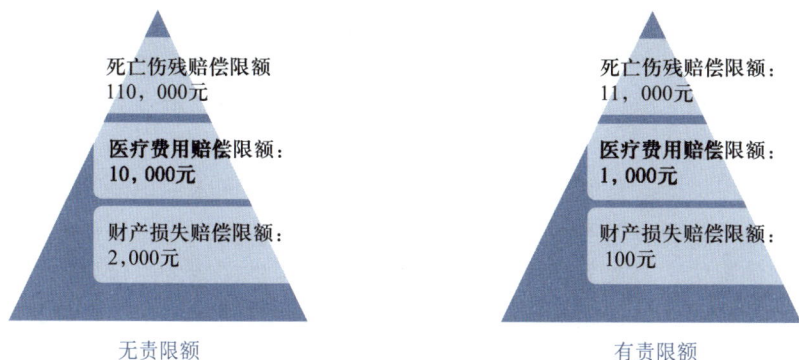

死亡伤残赔偿限额：110,000元

医疗费用赔偿限额：10,000元

财产损失赔偿限额：2,000元

无责限额

死亡伤残赔偿限额：11,000元

医疗费用赔偿限额：1,000元

财产损失赔偿限额：100元

有责限额

图 4-2　交强险责任限额

（1）车辆损失险。在我国，车辆损失险是包括碰撞在内的一种综合险，其保险标的是机动车辆本身。车辆损失险是保险人对于投保人投保的机动车辆，因保险责任范围内的事故所致的毁损、灭失予以赔偿的保险。这是车险中最主要的险种。花钱不多，却能获得很大的保障。

（2）商业第三者责任险。负责赔偿保险车辆因意外事故，致使第三者遭受人身伤亡或财产的直接损失，保险人依照保险合同的规定给予赔偿。与机动车交通事故责任强制保险不同，此险种是自愿保险。消费者可根据自身的需要，在投保交强险基础上选择投保不同档次责任限额的商业第三者责任险，以便享受更高的保险保障。

（3）全车盗抢险。该险种负责赔偿车辆因被盗窃、被抢劫造成的全部损失，以及被盗窃、被抢劫期间由于车辆损坏或车上零部件、附属设备丢失所造成的损失。

（4）车上人员责任。该险种负责赔偿车辆发生意外事故造成车上人员的人身伤亡（包括司机和乘客）和所载货物的损失。

（5）无过失责任。机动车辆与非机动车辆、行人发生交通事故造成对方人身伤亡、财产损失，虽然保险车辆无过失，但根据《道路交通事故处理办法》第44 条的规定，仍应由被保险人承担 10% 的经济补偿。对于 10% 以上的经济赔偿部分，如被保险人为抢救伤员等已经支付而无法追回的费用，保险人按《中华人民共和国道路交通事故处理办法》规定的标准按合同的有关规定在保险赔偿限额内负责赔偿。

（6）车上货物掉落责任险。车上货物掉落导致他人受损，该责任属于车载货物掉落责任险范畴，即对车载货物从车上掉下来造成他人（即第三者）人身伤亡、财产的损失，保险公司予以赔偿。

（7）玻璃单独破碎险。在全国条款中，玻璃单独破碎险是专门为前后风窗玻璃和车窗玻璃设计的险种。玻璃单独破碎险是指车辆在停放或使用过程中，其他部分没有损坏，仅风窗玻璃和车窗玻璃单独破碎，保险公司负责赔偿。高档车辆买这个险种很有必要。

（8）车辆停驶损失险。车辆停驶损失险负责赔偿保险车辆发生保险事故造成的车辆损坏，因停驶而产生的损失。保险人在双方约定的修复时间内按保险单约定的日赔偿金额乘以从送修之日起至修复竣工之日止的实际天数计算赔偿。对于从事专业营运的大型客货车辆及营运出租轿车，由于事故后的维修耽误营运，间接损失较大，是有必要投保的。

（9）自燃损失险。自燃损失险是负责赔偿保险车辆因本车电器、线路、供油系统发生故障及运载货物自身原因起火燃烧造成的损失。而对于由于外界火灾导致车辆着火造成的损失，不属于自燃损失险责任范围。虽然车辆发生自燃的概率相对较小，但自燃往往导致较严重的经济损失，因此在条件许可的情况下，建议车主投保自燃损失险。

（10）新增加设备险。新增加设备险负责赔偿车辆发生保险事故时所造成的车上新增加设备的直接损失。当车主自己为车辆加装了制冷、加氧设备、清洁燃料设备、CD及电视录像设备、真皮或电动座椅等不是车辆出厂所带的设备时，应考虑投保新增加设备损失险。否则当这些设备因事故受损时，即使投保了车辆损失险，保险公司也是不赔偿的。

（11）不计免赔特约险。不计免赔特约险仅针对车辆损失险和第三者责任险范围内的损失，不适用附加险的免赔规定。根据条款规定，一般情况下，上述险种范围内的每次保险事故与赔偿计算履行按责免赔的原则，车主须按事故责任大小承担一定比例的损失（称为免赔额）。但如果投保了不计免赔特约险，发生保险事故后，保险公司不再按原免赔规定进行免赔，而按规定计算的实际损失给予赔付。

🔧❄ 引导问题 2

1）事故车车主进店后理赔专员与客户的沟通内容有哪些？

_____

_____

_____

_____

2）事故车车主进店后理赔专员与查勘员的沟通内容有哪些？

_____

_____

_____

_____

3）事故车车主进店后理赔专员需查看客户哪些证件？

_____

_____

_____

_____

知识小贴士 2

事故车业务接待沟通

1. 与客户的沟通

客户车辆出险后，根据客户对保险索赔流程了解程度的不同，客户会做出不同的反应。一些客户会主动和保险公司联系，一些客户会和自己品牌的 4S 店联系。当客户出险后和 4S 店联系时，服务顾问要做好客户的安抚与引导。单方事故时报保险公司，双方事故时先报交警再报保险公司，客户如需拖车服务，服务顾问要确定客户事故车辆所在的位置及现场人员的联系方式并及时安排拖车。

当事故车车主自行开车进站后，事故组理赔员与客户沟通，话术示例如下：

请问您有商业保险吗？（有，无）

您的车险是哪家公司买的？报案了吗？（×× 公司，未报案或已报案）

保险公司与我公司是否有协议、能否转款？

出险时是单方事故，还是双方事故？

是否已通知交警，有人受伤吗？

是否需要办理委托转款？

2. 与查勘员的沟通

定损单上扣残情况，是否要照复勘照片，要求客户提供派出所、高速公路等部门的书面文书或单证，并确定是否可以直接转款。

3. 对客户证件的查看

（1）查看报案司机姓名与驾驶人是否一致，并且在有效期内；

（2）查看行驶证是否在有效期（此处注意查看行车证副本）；

（3）查看驾照及行驶证副本背面的审验日期；

（4）查看被保险人身份证；

（5）查看出险证明，路上出险需提供交通管理局事故调解书；

（6）查看接车后报案前要查询车辆的投保险种；

（7）查看确认划痕险是否已使用过。

引导问题 3（参考微课视频"事故车接车流程"）

1）事故车进厂后，服务顾问或理赔员首先对车辆做哪些工作？

_____

_____

_____

_____

2）请查阅相关资料并阐述在事故车接车过程中还需要注意哪些事项？

_____

_____

_____

_____

拓展问题

客户出险后致电 4S 店，服务顾问或理赔专员应为客户做些什么？

_____

_____

_____

_____

工作计划

一、制订事故车接车话术

理赔接待专员扮演者		客户扮演者	
工作重点环节	话术内容		
问候、做自我介绍			
询问客户投保信息及出险情况			
与客户一起查看车辆的受损部位及受损情况，并提醒客户收好贵重物品			
与查勘员沟通相关事项			
查看客户相关证件及定损单，与客户约定交车时间，同时制订任务委托书			
客户回访，询问车辆的使用情况，及时记录客户的反馈信息，并跟进处理			

二、列出接车时所需的设备、工具、单据和耗材清单

序号	名称	型号与规格	单位	数量	备注

三、组内自查

序号	工作计划内容	工作计划完成情况（在对应选项打"√"）			
		优秀	良好	一般	较差
1	事故车接车话术				
2	接车时所需的设备、工具、单据和耗材清单				
其他					
存在的问题及建议		组长签字			

进行决策

（1）小组派代表展示话术设计方案。
（2）进行小组方案互评。
（3）教师进行点评和总结。
（4）各小组结合自身情况修改并完善工作计划方案。

工作实施

建议 2～3 人为一小组，互为服务顾问或理赔专员与客户和查勘员进行事故车接车演练，并完成接车单和委托书登记表的填写（从附录中自行选择）。

评价反馈

　　各组派代表上台完成事故车辆接车工作，并完成表4-2事故车接车服务考核评价表。

表4-2　事故车接车服务考核评价表

序号	考核要点	综合评定	分值	评价（只记录扣分项）														
				自评	互评（组别）						师评（组别）							
					1	2	3	4	5	6	1	2	3	4	5	6		
1	礼仪规范	着装整洁、正确，符合安全工作规范（2分）；仪表端庄，表情和蔼可亲，眼神自然真诚（2分）；指引手势规范，姿态正确，自然大方（2分）；吐字清晰，语速适中，语句流畅（2分）	8															
2	5S管理	工作前进行灭火器检查、车辆检查等（2分）；及时进行场地、设备的清洁和整理（2分）；不打断客户谈话，解答客户的疑问，专业自信（2分）；各类单据填写完整且规范（2分）	8															
3	团队合作	团队配合默契，任务分工合理（4分）	4															

序号	考核要点	活动检查	分值	评价（只记录扣分项）														
				自评	互评（组别）						师评（组别）							
					1	2	3	4	5	6	1	2	3	4	5	6		
1	礼迎客户	引导客户停车，帮客户开门，礼貌请客户下车（2分）	10															
		问候客户，做自我介绍，递送名片，问清来意（2分）																
		应用引导礼，引导客户到维修服务接待前台落座（2分）；为客户提供三种以上饮品供选择，并礼貌地递送（2分）；确认客户基本信息，带领客户去检查车辆（2分）																
2	车内检查	与客户保持沟通，记录座椅位置，按照规定顺序当着客户的面铺设好三件套，三件套的铺设熟练（3分）	8															
		根据预检表上的检查项目进行检查，项目应无遗漏；体现出个性化、差异化检查重点，检查的同时保持和客户沟通，沟通效果好（3分）																

续表

序号	考核要点	活动检查	分值	评价（只记录扣分项）													
				自评	互评（组别）						师评（组别）						
					1	2	3	4	5	6	1	2	3	4	5	6	
2	车内检查	提醒客户带走贵重物品，检查手套箱、扶手箱等封闭空间时事先征得客户同意（2分）	8														
3	环车检查	检查事故车本次受损部位，记录并告知客户（18分）	30														
		检查其他部位有无损伤，记录并告知客户（10分）															
		再次提醒客户是否有贵重物品并放好（2分）															
4	问诊	仔细询问客户事故定损情况，并聆听客户需求，不能打断客户，总论表字迹清晰，不得漏项（3分）	2														
5	维修项目确认	再次确认本次事故维修部位及客户要求，附加维修项目是否说明，确认客户是否签字，预检单是否将一联交给客户（5分）	5														
6	维修费用说明	向客户说明本次事故维修内容，向客户说明维修费用是否垫付，客户有疑义时的解释是否让客户满意（5分）	5														
7	预计交车时间说明	向客户说明预计交车时间，客户有疑义时的解释是否让客户满意（5分）	5														
8	打印工单	打印委托书并让客户签字，委托书是否将一联交给客户（10分）	10														
9	车主安顿	向客户说明事故维修时间较长，可引导客户暂到休息室休息（语言、动作、茶水）或离店，说明每天进度（5分）	5														
总计			100														

本组优势：

诊断改进：（遇到的问题、原因分析以及今后改进的方法）

📚 **知识链接**

　　事故车在车辆出险后，客户会十分着急，客户对车辆维修及保险条例均不是十分了解，希望得到比较满意的维修服务，以及周到的保险服务。这就需要汽车维修企业做好保险代赔以及故障车辆的维修服务工作。

　　目前投保车险的方式多种多样，有很多渠道可供选择。越来越多的客户为了省时省力会选择在购车时经销售顾问介绍在汽车经销商购买保险，或者是通过汽车维修商代理投保。目前，很多汽车经销商、汽车维修商都通过与保险公司签订协议，成为保险公司的代理。客户可以通过代理来购买保险，投保车辆出险后直接在指定专营店进行维修，这种方式快捷高效并值得信赖。

事故车业务接待流程

　　事故车的维修工作较为复杂，在索赔过程中时常伴随着客户与保险公司的纠纷，因此对事故车辆维修接待人员的素质要求较高。为方便事故车的理赔工作，许多品牌售后服务部都开辟了"事故车维修接待处"，并聘请熟悉事故车的接待、理赔等各项流程，对事故车的定损、理赔等经验丰富，熟悉代理上牌、续保业务流程，有较强事故车业务拓展能力以及客源关系较好的服务顾问负责事故车的接待及索赔工作，某汽车 4S 店事故车接待流程如图 4-3 所示。

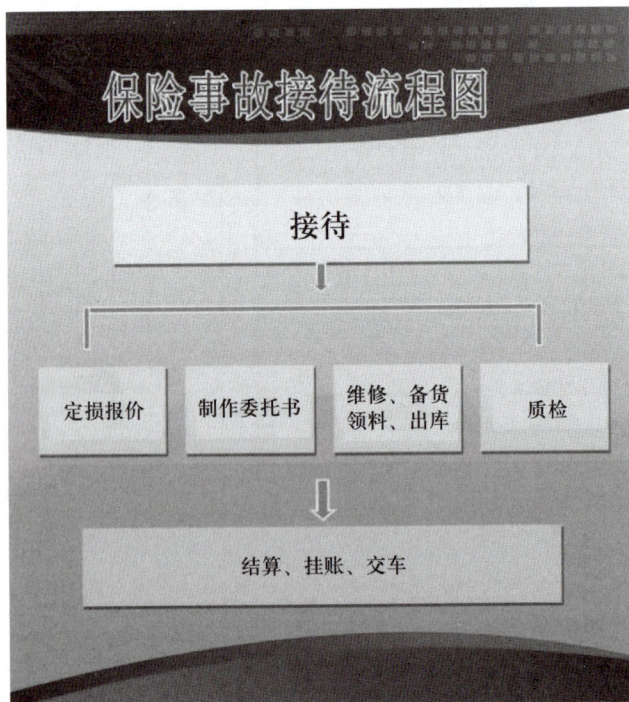

图 4-3　某汽车 4S 店事故车业务接待流程

1. 进行外观检测、定损和估价

1）外观检测

事故车进厂后，首先做车辆外观检查并拍照，填写车辆外观检查报告，对车辆信息、外观、受损部位、行驶里程、油表示数等登记。经客户同意后，陪同客户对车内及行李舱内物品进行确认，提醒客户带走贵重物品，并让客户在外观检测报告上签字确认。

2）定损

（1）保险车辆进厂后应确定是否需要保险公司进行受损车辆损伤鉴定，若需要，由业务经理负责联系保险公司进行鉴定。切不可不经保险公司而直接进行鉴定，以免引起纠纷。

（2）若保险公司已估价，且与维修店估价出入较大，则应与保险公司协商。

（3）保险公司鉴定结束后，由车间主任负责安排班组进行拆检。各班组长将拆检过程中发现的损伤件列在表中，并通知车间主任或业务经理。

（4）服务主管将损伤件列在表中后联系保险公司，对车辆进行全面定损并协商保险车辆维修工时费。定损时应由业务经理陪同，业务经理不在，应提前向业务接待员交代清楚。

3）估价

将定损单所列材料项目按次序填入汽车零部件报价单，报价单必须注明车牌号、车型、单位、底盘号，然后与配件管理人员确定配件价格，并转给备件主管审查。在备件主管确定备件价格、数量、项目后，向保险公司报价，并负责保险公司价格的返回。将保险公司返回价格交备件主管审核，如价格有较大出入，由业务经理同保险公司协调，协调后的回价单复印后，将复印件转交备件主管。

2. 制作维修委托书

业务接待根据保险公司定损单下达维修任务委托书，请客户确认维修项目，并且在委托维修派工单上签字。客户有自费项目，应征得客户同意，并另开具一张维修任务委托书，然后将维修任务委托书交由车间主管安排维修。根据车间的修理进度，与客户商定取车时间，并标注在委托维修派工单上。事故车维修工单制订的操作如下。

（1）工单类型选择，如图 4-4 所示。

（2）维修类型：保险转账客户选"事故车（无积分）"，自费维修客户选择"事故车（非保险）"，如图 4-5 所示。

（3）选择保险公司，如图 4-6 所示。

3. 维修、备货、领料、出库

对于定损时没有发现的车辆损失，由业务经理协调保险公司，由保险公司进行二次查勘定损。如有客户要求自费更换的部件，必须由客户签字后方可到备件库领料。事故车维修过程中如所需配件缺货，配件部应进行紧急订购，服务顾问需与客户做好解释工作。

4. 质检

（1）保险车维修完毕后应严格检验，确保维修质量。

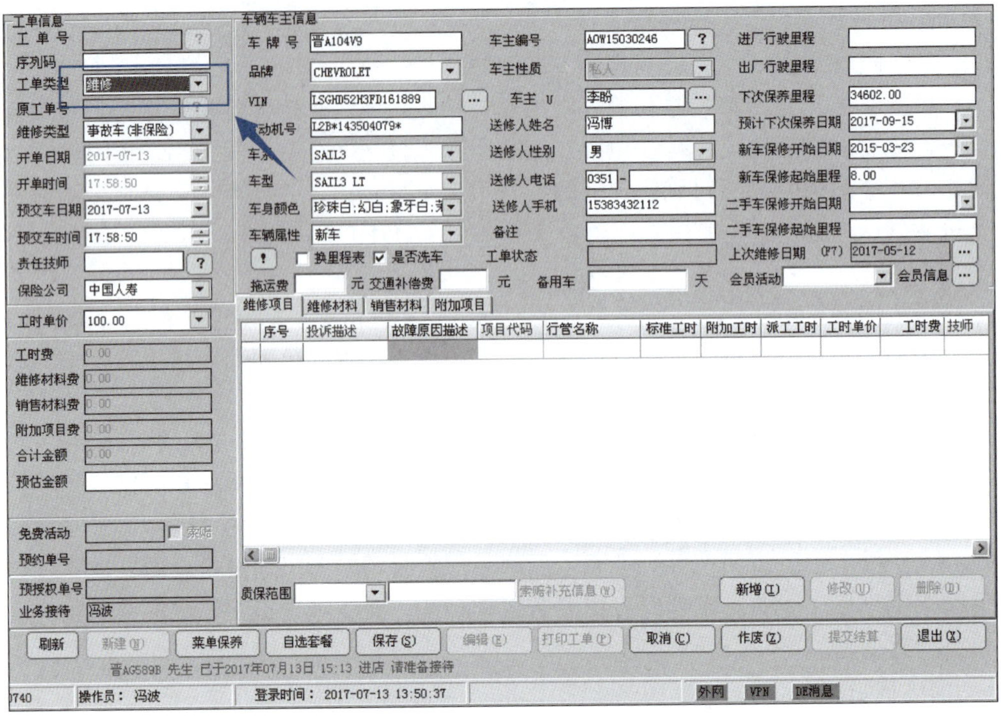

图 4-4　工单类型选择

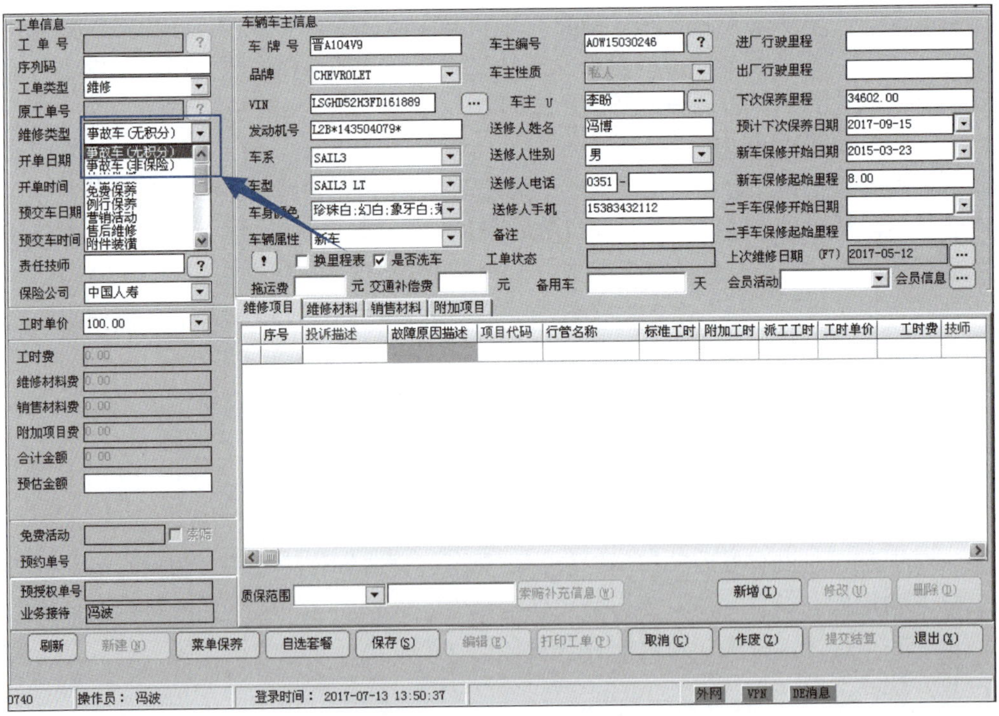

图 4-5　维修类型选择

图 4-6　保险公司选择

完成维修项目后，必须按规定进行完工检查。完工检查对照维修工单进行，检验维修过的所有项目，以及维修、调试过程中的其他项目，并将检验结果记录在案。检验结果有两种情况，一是检验合格，则直接通知维修顾问进入下一道工序结算、交车；二是检验不合格，则必须返工，返工作业完成后，重新进入完工检查程序。

（2）维修车间将旧件整理好，以便保险公司或顾客检查。

（3）检验合格后，维修任务委托书转业务接待员审核，注明顾客自费项目。

5. 结算、挂账、交车

1）服务顾问查看派工单是否有质检员签字，若没有则退回车间再交车。

2）服务顾问按照委托书上实际维修项目输入计算机，并同时输入工位号、主修人，打印结算单。

3）按照约定时间通知客户提车。

4）向客户介绍维修的情况，并请客户验车。

5）在客户满意后，办理提车手续（收回客户提车联），客户自己垫付的，需按照结算单上的维修金额交费，财务人员开具维修发票。

6）若是直接与保险公司结算的，则在计算机结算后，打印结算清单并请客户签字认可，会计单财务留存备查，结算单提交保险公司，如客户需要，可以给客户提供复印件。相关资料服务部留存。检查客户提供的文件是否齐全、正确、有效。客户索赔档案资料如下。

（1）结算结果报告。

（2）施工单。

（3）接车问诊单。

（4）估价单。

（5）保险事故车辆损失情况确认书。

（6）机动车保险事故现场查勘记录（附事故经过描述及车主签字）。

（7）被保险人驾驶证、行驶证、身份证复印件等。

7）保险公司结算流程。

（1）将客户的索赔档案移交给保险内勤员，核对手续的完整性并在整理索赔档案的同时记录到保险事故车理赔报表中。

（2）将保险索赔资料交保险公司审核，留下客户的银行账号。

（3）在索赔款到账后，根据索赔款申请表与财务部逐一核对，两部门确认后存档。

（4）根据索赔档案填写"支出单"，并由财务人员审核，总经理签字确认后，通知客户取款。

6. 客户回访

电话回访客户对维修工作的满意程度，应在客户取车之后 1～3 天内进行。回访任务结束后，将当日的回访记录交给服务经理，并及时将跟踪结果向维修经理汇报。如有问题，维修经理与客户联系，属于服务质量问题的，将车开回进行维修，属于服务态度问题的，向顾客表示歉意，直至顾客满意。

在线测试
任务 1
事故车接
车服务

✐ 课后自测（可扫描二维码在线完成）

1. 交强险财产损失赔偿限额为（　　　）。
   A. 11 万元　　　　　B. 10 万元　　　　　C. 1.1 万元　　　　　D. 2 000 元
2. 车损险赔偿的对象为（　　　）。
   A. 标的车　　　　　B. 对方车
3. 根据行业示范条款规定，被保险机动车的损失应当由第三方负责赔偿的，无法找到第三方的，实行（　　　）的绝对免赔额。
   A. 10%　　　　　B. 20%　　　　　C. 25%　　　　　D. 30%
4. 根据保障的责任范围，商业机动车险分为（　　　）和（　　　）。
   A. 基本险　　　　　B. 附加险　　　　　C. 交强险　　　　　D. 车损险

5. 下列工作中不属于 4S 店理赔专员任务的有（　　　）

　　A. 事故现场勘查　　B. 制作委托书　　　　C. 交车结算　　　　　D. 事故车到店接待

任务 2　事故车交车服务

课前热身

请观看事故车交车服务相关微课，开启本次的课前热身之旅！（可扫描二维码观看）

微课视频
不同性质的车险事故理赔

任务描述

王先生的大众迈腾轿车与另一辆轿车在行驶过程中发生追尾，王先生的车前部严重受损。王先生在现场报告给交警和保险公司，交警判断王先生负全责，现场查勘员进行了事故现场及两车受损部位拍照，王先生的轿车被拖至李想所在的 4S 店。经过一周的维修轿车已维修完毕，接下来需要通知王先生来取车。

李想的任务：完成此次事故车交车服务。

客户信息卡：

微课视频
事故车交车服务

经销商：银座汽贸（简称）	服务热线电话：0531-88727588	
客户：王先生	联系方式：130×××× 1958	作业项目：事故维修
车牌号：鲁 A12×××	车型：大众迈腾	
里程：32 565km	油表：1/2	
维修部位：前保险杠、风扇、水箱等部位		
进店时间：具体日期根据实际情况确定		保险公司：中国人保

请阅读任务书，小组讨论分析填写完成本次工作任务的关键点和难点。

关键点：_____

_____

_____

_____

难点：_____

_____

_____

任务分组

建议 2~3 人为一小组，分工协作，共同完成事故车交车服务部分的信息收集、计划制订、决策及任务实施，并将任务分工情况记录在表 4-3 中。

表 4-3　任务分配表

任务 2	事故车交车服务	班级		组别	
小组组名		组长		成绩	
组员	姓名		任务分工		

获取信息

引导问题 1

1）事故车交车前理赔服务顾问应对车辆做哪些方面检查?

2）事故车交车前理赔服务顾问应与保险公司沟通哪些事项?

3）运用所学知识，发挥你的想象，你认为未来的保险理赔流程会是什么样的?

_____

_____

_____

_____

_____

知识小贴士 1

进行维修及交车时的要求及注意事项

在任务委托书签订后,服务顾问通知维修班组,按定损单上确认的项目,进行车辆修复过程。

1. 维修过程对服务顾问要求

(1)掌握内部沟通流程,落实责任。

(2)确保定损单上,各项目准确、统一、清晰。

(3)拟定维修过程,合理协调维修班组。

(4)解决维修技师对维修项目存在的异议。

(5)掌握车辆所需备件库存、订件周期及辅料。

(6)在维修过程中发现增减项,及时与客户沟通。

(7)掌握每天车辆维修动态(早晚)。

(8)对车辆维修负责质检控制。

(9)交车前一天给车主回电确认交车

2. 维修过程对维修技师要求

(1)按定损单上的维修项目进行维修。

(2)制订维修计划和方案。

(3)了解车辆所需备件和订件周期。

(4)做好内部班组间的协调工作。

(5)发现增减项及时上报服务顾问并追踪回馈。

(6)保障维修质量,实施三检。

(7)控制维修辅料的合理利用。

(8)保留维修旧件。

3. 维修过程中的注意事项

(1)各个岗位保障内部流程的有效沟通。

(2)不同岗位制订不同维修计划,确保合同有效。

(3)服务顾问为统领整个维修过程的第一责任人。

(4)必须监控维修进度。

(5)维修过程中的增减项及时做好内外反馈。

(6)必须实施三检,确保维修质量。

(7)提前与车主确认沟通取车事宜

在维修工作结束后，通过对车辆总体维修过程汇总，核对定损单与实际维修项目、费用是否有差异，检验合格后通知客户，并告知结算费用和方式。客户来取车时，先陪同客户取车，主动告知本次维修项目，解释维修费用构成（维修项、建议项），进行交费、代赔、旧件说明，让客户检查，满意后陪同客户结账，并告知客户赔款须知、所需证件、资料等（包括驾驶证、行驶证、被保险人身份证、被保险人开户的银行卡和维修发票原件）。

🔧❄ 引导问题 2

1）在交车过程中若客户对维修质量及维修后行驶的安全性存在疑问，服务顾问应如何解释？

_____

_____

_____

2）交车后客户发现维修部位与其他部位存在色差，发起投诉，服务顾问应如何解决？

_____

_____

_____

_____

3）你认为在事故车交车过程中服务顾问或理赔员需要做哪些工作及有哪些注意事项。

_____

_____

_____

_____

✍ 知识小贴士 2

事故车维修中的把控

在事故车维修的过程中，需要把握两个点，一是时间进度，二是质量管控。其中，质量管控更为重要。如果在维修过程中不对质量进行管控，等结束后再验收就成了空谈。对每辆进场的事故车建立质量管控登记表，对重点维修部位必须检验合格后才能实施下一阶段工作。

服务经理每两天应该对在修事故车进行一次全面检查，及时了解维修进度以及维修质量，合理把控。要建立一车一负责人制度，一旦出现问题，检验员为质量管控第一责任人，该车负责人为时间节点管控第一责任人。

在管控过程中需要注意以下两点：

（1）辅料的领取。由于辅料对保险公司一般是按大包干以工时费形式给公司结算的，因此，怎么样节约和有效利用辅料是需要关注的。

（2）配件的领取。车辆维修结束并检验合格后，在结算前要认真和前期的定损明细核对，特别是配件领取，有不符合情况的必须搞清楚，最后经保险专员、配件经理、责任人、服务经理共同签字确认再进行结算，确保准确无误。

维修交车不是 4S 店服务的结束，而是服务的开始。4S 店通过系统会发现，有很多事故车是首次进站；通过系统中客户流失维修项目"最后一次维修类型"也可以发现，很多不再进场的车辆也是结束于事故车维修。

由此可见，在事故车维修结束后如何把这些进场车辆留在 4S 店就显得尤为重要，通过差异化的优质服务，把客户留下来，最后形成良性循环。

📋 工作计划

技能视频
交车服务

一、制订事故车交车的话术

理赔接待专员扮演者		客户扮演者	
工作重点环节	话术内容		
与车间维修工人、客户及质检员沟通车辆维修情况并检测竣工车辆			
通知客户取车，告知取车所需资料，商定取车时间			
检查客户取车资料，并邀请客户一起查看竣工车辆，向客户介绍及展示维修成果，同时告知维修旧件处理方案			
客户发现车辆维修部位与其他部位漆面存在一定色差，与客户沟通相关事项			
结算（分公司垫付和不垫付）			
交车，主动提醒客户会进行服务回访，询问最佳回访时间，礼貌送别客户			

续表

工作重点环节	话术内容
客户回访，询问车辆的使用情况，及时记录客户的反馈信息，并跟进处理	

注：制订交车话术时可参考知识链接内容以及技能视频。

二、列出交车时所需的设备、工具、单据和耗材清单

序号	名称	型号与规格	单位	数量	备注

三、组内自查

序号	工作计划内容	工作计划完成情况（在对应选项打"√"）			
		优秀	良好	一般	较差
1	事故车交车话术				
2	交车时所需的设备、工具、单据清单				
3					
其他					
存在的问题及建议		组长签字			

进行决策

（1）小组派代表展示话术设计方案。

（2）进行小组方案互评。

（3）教师进行点评和总结。

（4）各小组结合自身情况修改并完善工作计划方案。

工作实施

建议 2～3 人为一子小组，互为服务顾问或理赔专员与客户和查勘员进行交车演练，并完成接结算单登记表填写（从附录中选择）。

评价反馈

各组派代表上台完成事故车接车服务展示，并完成表 4-4 事故车接车服务评价表。

表 4-4　事故车接车服务考核评价表

序号	考核要点	综合评定	分值	评价（只记录扣分项）													
				自评	互评（组别）						师评（组别）						
					1	2	3	4	5	6	1	2	3	4	5	6	
1	礼仪规范	着装整洁、正确，符合安全工作规范（2 分）；仪表端庄，表情和蔼可亲，眼神自然真诚（2 分）；指引手势规范，姿态正确，自然大方（2 分）；吐字清晰，语速适中，语句流畅（2 分）	8														
2	5S 管理	工作前进行灭火器检查、车辆检查等（2 分）；及时进行场地、设备的清洁和整理（2 分）；不打断客户谈话，解答客户的疑问，专业自信（2 分）；各类单据填写完整且规范（2 分）	8														
3	团队合作	团队配合默契，任务分工合理，工作高效（4 分）	4														

序号	考核要点	活动检查	分值	评价（只记录扣分项）													
				自评	互评（组别）						师评（组别）						
					1	2	3	4	5	6	1	2	3	4	5	6	
1	车间作业	如本次事故导致增项维修，与保险公司说明（5 分）	5														
2	交车准备及检查	按照本次事故定损单及客户要求，检查委托书上工作是否全部完成，进行交车前车辆检查，礼貌专业地通知客户可以交车（10 分）	30														
		礼貌规范地邀请客户查看竣工车辆，告知已为其洗车，让客户满意，向客户解释本次维修部位，并对色差运用专业知识做出合理解释（12 分），告知维修旧件的处理方案并询问有无其他需求（4 分）															
		请客户在交车单上签字（4 分）															

续表

序号	考核要点	活动检查	分值	评价（只记录扣分项）													
				自评	互评（组别）						师评（组别）						
					1	2	3	4	5	6	1	2	3	4	5	6	
3	结算时维修内容说明	针对结算单向客户解释维修的内容，解释是否让客户满意，是否具有专业性（5分）	5														
4	结算	非垫付类：向客户解释价格的内容工时、材料费，解释是否专业（10分）；礼貌地请客户核对结算单，并在结算单上签字，结算单是否交给客户（4分）；是否引导客户到收银台结算（2分）；礼貌地请客户按结算单结账，交接发票和出门证（4分）。垫付类：暂不结算	20														
5	回访提示	当面取下车辆防护用品，介绍维修部位使用注意事项（5分）	10														
		向客户解释回访的目的，征求并确认回访时间，规范礼貌地引导客户上车（5分）															
6	客户送别	感谢客户光临，礼貌地询问客户对于本次服务的满意程度，并与顾客道别，目送客户开车远去（5分）	5														
7	客户回访	回访客户完工后车辆的使用情况，对服务顾问的服务态度、维修内容及维修费用的解释是否清楚，对店内的其他服务是否满意（5分）	5														
总计			100														

本组优势：

诊断改进：（遇到的问题、原因分析以及今后改进的方法）

知识链接

不同性质的车险事故理赔程序

一、不涉及有人受伤的交通及意外事故

报案：单方事故可直接向保险公司通报或直接走交警快速理赔（部分保险公司

对损失金额在 3 000 元或 5 000 元以下的事故，交警可现场定损），定损完毕后分两种情况：一种是客户要求把钱打给个人，保险公司会在 5～7 个工作日直接把赔付款转给被保险人，然后车主拿着索赔款去维修店修车；另一种情况是保险公司与车主协商后，车主到协商好的修理店直接修车，维修费用由保险公司直接打给维修店，维修完毕后车主无须缴费直接取车离店即可。如损失较大可由保险公司确认是向当地警察局报案，还是由保险公司到现场查勘。

发生涉及第三方事故，应及时向交警报案，并在 48 小时内向保险公司通报（越早越好），并尽量减少损失。

定损：经交警确认本车在事故中所承担的责任，并报请保险公司进行查勘。由当事人配合保险公司查勘人员查勘、确认损失。如在修理过程中发现还有其他损失，则马上请保险人复查。

索赔：尽快收集索赔单证，15 天内向保险公司申请索赔，一般所需单证如下：

（1）加盖公章的出险通知书（私车需盖私章）；

（2）交通事故仲裁机关出具的调解书、责任认定书或政府有关职能部门的证明；

（3）保险公司的定损单；

（4）车辆的修理发票及维修清单、施救费；

（5）第三者车损修理发票及维修清单、施救费、物损发票；

（6）如有一次性赔偿的，需提供一次性赔偿凭证；

（7）肇事车辆的行驶证正、副本及司机驾驶执照正、副本复印件（私车还要提供被保险人身份证复印件）；

（8）保单复印件；

（9）赔款通知书上加盖公章及写上公司账号（私车由被保险人签字）；

（10）如所汇款单位或个人与被保险人不符，还需提供被保险人的委托书。

二、伤亡事故

报案：立即向警方报案，并抢救伤者，同时在 48 小时内向保险公司报案（越早越好），尽量减少损失。

定损：向保险公司咨询有关第三者或车上人员的伤残或死亡赔偿标准，如有必要可与保险公司调查员到医院了解伤者情况，到事故处理部门进行责任认定和事故调解。人受伤入院不必垫付过多的医疗费用，以免被动，可在核实责任后，向保险人咨询确认。

索赔：尽快收集索赔单证，15 天内向保险公司申请索赔，一般所需单证如下：

（1）加盖公章的出险通知书（私车需盖私章）；

（2）交通事故仲裁机关出具的调解书、责任认定书或政府有关职能部门的证明；

（3）对于伤残事故，需要伤者诊断证明、伤残鉴定报告、出院小结、医疗病历、一次性赔偿凭证；

（4）对于死亡事故，需要死亡证明、一次性赔偿凭证、被抚养人的户籍证明仅限直系亲属（残疾或死亡事故所需）；

（5）医疗费、家属的交通费、住宿费；

（6）肇事车辆的行驶证正、副本及司机驾驶执照正、副本复印件（私车还要提供被保险人身份证复印件）；

（7）保单复印件；

（8）赔款通知书上加盖公章及写上公司账号（私车由被保险人签字）；

（9）如所汇款单位或个人与被保险人不符，需提供被保人委托书。

课后自测（可扫描二维码在线完成）

在线测试
任务 2
事故车交车
服务

1. 事故车更换的配件的质保期为（　　　）？
   A. 随整车质保
   B. 从开发票起 1 年
   C. 不质保

2. 事故车维修完毕且已与客户完成交车，客户在使用车辆的过程中发现维修部位有问题，需要重新维修，客户需联系（　　　）。
   A. 保险公司　　　　B. 原维修店　　　　C. 汽车生产商

3. 在交车过程中客户发现事故中保险公司判定的损坏部件没有更换，客户很生气并打算投诉，你作为事故专员应该如何处理这件事。（　　　）
   A. 给客户说已经更换，是客户看错了
   B. 安抚客户，重新安排给客户更换
   C. 置之不理任由客户投诉

4. 发生事故时如果有人受伤，首先要（　　　）。
   A. 通知保险公司定损
   B. 通知交警，并根据伤者情况通知急救中心
   C. 根据伤者情况通知急救中心，并通知交警

5. 三者事故无人受伤时，下列做法正确的是（　　　）。
   A. 通知保险公司定损，并通知交警出现场，然后根据保险公司规定流程处理执行
   B. 通知交警出现场，并通知保险公司定损、然后根据保险公司规定流程处理执行
   C. 通知交警出现场，并根据保险公司规定流程处理执行

综合任务四　事故车维修客户接待

客户信息卡：

经销商：银座汽贸（简称）	服务热线电话：0531-8872××××	
客户：王先生	联系方式：130××××1958	作业项目：事故维修
车牌号：鲁A12×××	车型：大众迈腾	
里程：32 565km	油表：1/2	
维修部位：根据任务而定		
进店时间：具体日期根据实际情况确定	保险公司：中国人保	

子任务1　单方事故车辆且对喷漆色差不满客户接待

王先生有一辆大众迈腾轿车，购车三年来一直为车辆购买全险，三年未发生过交通事故。有一天车辆在行驶时不小心撞到路中央隔离带，王先生的车辆右前部严重受损，隔离带损坏处约5米。王先生在现场报告交警和保险公司，交警判定王先生负全责，现场查勘员进行了事故现场勘查并拍摄了现场隔离带受损照片，并告知王先生车辆维修费用及隔离带维修费用都由保险公司承担，现王先生的轿车被拖车送至李想所在的4S店。

任务要求：请各小组自行查询资料，按照标准流程，完成事故维修客户的接待工作，要求从客户接待开始，到完成回访结束，并依次交换角色进行，小组内每人必须担任一次事故接待服务顾问（客户到店时非常郁闷，且在提车时发现维修部位漆面颜色与其他部位存在一点色差，为此很不满意）。

阅读任务书，小组讨论分析填写完成本次工作任务的关键点和难点。

关键点：_____

_____

_____

_____

_____

难点：_____

_____

_____

_____

子任务2   对维修时间过长不满客户接待

　　王先生有一辆大众迈腾轿车，有一天在驾车上班路上被后方轿车追尾，由于王先生与前车距离较近，同时王先生又撞到了前方车辆，王先生的车辆前、后部严重受损。王先生和后方车辆车主在现场报告了交警和保险公司，交警判定王先生和后方车辆车主负同等责任（后方车辆车主负责维修王先生车辆后部和自己车辆前部，王先生负责维修前方车辆后部和自己车辆前部），现场查勘员进行了事故现场勘查并拍摄了现场受损照片，但王先生的车辆需进一步拆解定损，现王先生的轿车被拖车送至李想所在的4S店。

　　任务要求：请各小组自行查询资料，按照标准流程，完成事故车维修客户的接待工作，要求从客户事故后致电4S店开始，包括到店接待，到完成回访结束，并依次交换角色进行，小组内每人必须担任一次事故理赔服务顾问（在经过两周的紧张维修后，王先生的车辆维修完毕，但在提车时王先生认为维修时间过长，对此不满）。

　　阅读任务书，小组讨论分析填写完成本次工作任务的关键点和难点。

　　关键点：_____

_____

_____

_____

　　难点：_____

_____

_____

_____

_____

子任务3   两车事故且有增项维修客户接待

　　王先生有一辆大众迈腾轿车，买车不到一年，从没有发生过交通事故，王先生非常爱护车辆。有一天王先生下班路上由东往西行驶至一十字路口时，与一辆由南向北行驶的轿车相撞，王先生的车辆左前部严重受损。事故发生后王先生和对方车主在现场都报告了交警和保险公司，交警判定两车负同等责任，双方保险公司现场查勘员进行了事故现场查勘并拍摄了现场车辆外部受损照片，但王先生的车辆需进一步拆解定损，现王先生的轿车被保险公司请拖车送至李想所在的4S店。

　　任务要求：请各小组自行查询资料，按照标准流程，完成事故车维修客户的接待工作，要求从客户到店接待开始，到完成回访结束，并依次交换角色进行，小组内每人必须担任一次理赔服务顾问（1.在维修的过程中发现车辆受撞击后发电机损坏，你需要完成与保险公司就增加维修项目的沟通；2.在交车时发现右后门上有划痕，接车单上未标注）。

阅读任务书，小组讨论分析填写完成本次工作任务的关键点和难点。

关键点：_____

_____

_____

_____

_____

难点：_____

_____

_____

_____

_____

任务分组

建议 3～5 人为一小组，分工协作，共同完成事故车维修业务接待的信息收集、计划制订、决策及任务实施，并将任务分工情况记录在表 4-5 中。

表 4-5　任务分配表

综合任务四	事故车维修客户接待	班级		组别	
小组组名		组长		成绩	
	姓名			任务分工	
组员					

工作计划

一、结合客户情况及车辆信息，制订事故车维修业务接待流程的话术

请根据客户信息和任务 1、2、3 抽签选中的一个任务，运用所学知识制订事故车维修业务接待话术。

_____
_____
_____
_____
_____
_____
_____
_____
_____
_____

二、列出接待时所需的设备、工具、单据和耗材清单

序号	名称	型号与规格	单位	数量	备注

三、组内检查

序号	工作计划内容	工作计划完成情况（在对应选项打"√"）			
		优秀	良好	一般	较差
1	任务 1 话术				
2	任务 2 话术				
3	任务 3 话术				

续表

序号	工作计划内容	工作计划完成情况（在对应选项打"√"）			
		优秀	良好	一般	较差
4	检查时所需的设备、工具、单据清单				
其他					
存在的问题及建议		组长签字			

进行决策

（1）小组派代表展示话术设计方案。
（2）进行小组方案互评。
（3）教师进行点评和总结。
（4）各小组结合自身情况修改并完善工作计划方案。

工作实施

建议3～5人为一小组，互为服务顾问或理赔专员与客户和查勘员进行事故车辆综合接待工作演练，并完成相关表格的填写。

评价反馈

各组派代表上台完成事故车维修业务接待工作，并完成表4-6事故车维修业务接待考核评价表。

表4-6　事故车维修业务接待考核评价表

序号	考核要点	综合评定	分值	评价（只记录扣分项）													
				自评	互评（组别）						师评（组别）						
					1	2	3	4	5	6	1	2	3	4	5	6
1	礼仪规范	着装整洁、正确，符合安全工作规范（2分）；仪表端庄，表情和蔼可亲，眼神自然真诚（2分）；指引手势规范，姿态正确，自然大方（2分）；吐字清晰，语速适中，语句流畅（2分）	8													

序号	考核要点	综合评定	分值	自评	互评（组别）						师评（组别）					
					1	2	3	4	5	6	1	2	3	4	5	6
2	5S管理	工作前进行灭火器检查、车辆检查等（2分）；及时进行场地、设备的清洁和整理（2分）；不打断客户谈话，解答客户的疑问，专业自信（2分）；各类单据填写完整且规范（2分）	8													
3	团队合作	团队配合默契，任务分工合理（4分）	4													

序号	考核要点	活动检查	分值	自评	互评（组别）						师评（组别）					
					1	2	3	4	5	6	1	2	3	4	5	6
1	礼迎顾客	引导客户停车，帮客户开门，礼貌请客户下车（1分） 问候客户，做自我介绍，递送名片，问清来意（1分） 应用引导礼，引导客户到维修服务接待前台落座（1分）；为客户提供三种以上饮品供选择，并礼貌地递送（1分）；确认客户基本信息，带领客户去检查车辆（1分）	5													
2	车内检查	与客户有沟通，记录座椅位置，按照规定顺序当着客户的面铺设好三件套，三件套的铺设熟练（2分） 根据预检表上的检查项目进行检查，项目应无遗漏；体现出个性化、差异化检查重点，检查的同时保持和客户的沟通，沟通效果好（2分） 提醒客户带走贵重物品，检查手套箱、扶手箱等封闭空间时事先征得客户同意（4分）	8													
3	环车检查	1.检查事故车本次受损部位，记录并告知客户（6分） 2.检查其他部位有无损伤，记录并告知客户（6分） 3.再次提醒客户是否有贵重物品，并记得收取（2分）	14													

续表

序号	考核要点	活动检查	分值	评价（只记录扣分项）														
				自评	互评（组别）						师评（组别）					
					1	2	3	4	5	6	1	2	3	4	5	6
4	问诊	仔细询问客户事故定损情况，聆听客户需求，不能打断客户，总论表字迹清晰，不得漏项（2分）	2													
5	维修项目确认	再次确认本次事故维修部位及客户要求，附加维修项目是否说明，确认客户是否签字，预检单是否将一联交给客户（2分）	2													
6	维修费用说明	向客户说明本次事故维修内容，向客户说明维修费用是否垫付，客户有疑义时的解释是否让客户满意（2分）	2													
7	预计交车时间说明	向客户说明预计交车时间，客户有疑义时的解释是否让客户满意（2分）	2													
8	打印工单	打印委托书并让客户签字，委托书是否将一联交给客户（5分）	5													
9	车主安顿	向客户说明因事故维修时间较长，引导客户暂时到休息室休息（语言、动作、茶水）或离店，说明每天进度（2分）	2													
10	车间作业	因本次事故导致的增项维修，与保险公司确认并说明（2分）	2													
11	交车准备及检查	按照本次事故定损单及客户要求，检查委托书上工作是否全部完成，进行交车前车辆检查，礼貌专业地通知顾客可以交车（2分）	16													
		礼貌规范地邀请顾客查看竣工车辆，告知已为其洗车，让顾客满意，向顾客解释本次维修部位，因色差、时间过长不满意及车辆维修期间新增损伤等情况运用专业知识向客户做出合理解释（10分）询问有无其他需求（2分）														
		请顾客在交车单上签字（2分）														
12	结算时维修内容说明	针对结算单向客户解释维修的内容，客户是否满意，是否具有专业性（4分）	4													

续表

序号	考核要点	活动检查	分值	评价（只记录扣分项）													
				自评	互评（组别）						师评（组别）						
					1	2	3	4	5	6	1	2	3	4	5	6
13	结算	非垫付类：向客户解释内容工时、材料费，解释是否专业（2分）；礼貌地请顾客核对结算单，并在结算单上签字，结算单是否交给客户（2分）；是否引导客户到收银台结算（1分）；礼貌地请顾客按结算单结账，交接发票和出门证（1分）。 垫付类：暂不结算	6													
14	回访提示	当面取下车辆防护用品，介绍维修部位使用注意事项（2分）	4													
		向客户解释回访的目的，征求并确认回访时间，规范礼貌地引导顾客上车（2分）															
15	客户送别	感谢客户光临，礼貌地询问客户对于本次服务的满意程度，并与客户道别，行目送礼目送客户开车远去（2分）	2													
16	客户回访	回访客户完工后车辆的使用情况，对服务顾问的服务态度、维修内容及维修费用的解释是否清楚，对店内的其他服务是否满意（4分）	4													
		总计	100													

本组优势：

诊断改进：（遇到的问题、原因分析以及今后改进的方法）

课后思考题

1. 简述事故车的接车流程。

2. 常见的汽车保险险种有哪些？

3. 服务顾问在车辆定损过程中应注意哪些问题？

4. 维修过程中，如果发现水箱受损，出现维修增项，应如何处理？

5. 设想在交车过程中会遇到哪些问题，作为服务顾问或理赔员应如何应对？

学习情境五
保修索赔客户接待

素养园地

诚信篇

　　汽车保修索赔业务的接待中经常会出现抱怨甚至投诉，在处理投诉问题时，服务顾问需站在客户的角度，设身处地地以解决问题的初衷看待客户的处境，理解客户的内心感受，关怀客户。服务顾问需要熟知国家汽车三包法，和企业一起以诺践行，高效帮助客户处理好相关汽车保修索赔事宜。

情境描述

　　西安奔驰车主"车顶维权"事件是比较典型的车辆索赔案例，只是这种案例相对少见。经销商经常碰到的是客户车辆在保修期内出现问题。客户对此都会有各种不愉快的情绪，从而或者抱怨或者投诉。作为服务顾问，经常需要接待车辆在保修期内出现质量问题的客户。服务顾问不仅要处理好保修期内车辆的问题，还要照顾到客户的情绪，同时要对保修政策了然于心，才能更好地应对此类车辆和客户问题。另外，还要对保修车辆采用预警机制，帮助其他部门同事更好的处理保修车辆，提高客户的满意度。

学习目标

知识目标	能力目标	素质目标
1. 掌握国家汽车三包政策的具体条款；	1. 能独立完成保修车辆的业务接待；	1. 具备主动学习新政策、新业务的学习能力和意识；
2. 了解不同品牌、不同区域的三包政策和保修范围；	2. 能独立完成返修车辆的业务接待；	2. 具备归纳总结，梳理工作的职业意识；
3. 明确返修与重复维修的概念和区别；	3. 能正确处理客户抱怨和投诉	3. 具备较强的质量意识和责任意识；
4. 掌握保修车辆业务接待的要点；		4. 具备较强的压力管理能力和团队协作意识；
5. 掌握投诉客户接待的原则和步骤		5. 具备良好的语言表达和沟通能力

微课视频
国家三包
法规解读

任务 1　保修车辆客户接待

课前热身

　　请观看"国家三包法规解读"微课视频，开启本次的课前热身之旅！（可扫描

二维码观看）

🔧 任务描述

　　客户王先生的车是一年前在店里买的，最近发现挂倒挡的时候变速箱异响以及存在空调不制冷等问题，于是到店来维修，顺便做保养。王先生不理解为什么才开了一年多的车变速箱就会异响。请关注保修政策，按规定完成整个的接待服务流程。注意沟通话术，注意客户情绪。

　　基于以下客户信息（可以自拟客户信息），参照微课视频分小组按照服务流程进行演练，注意客户情绪及保修车辆的关注点。

　　客户信息卡：

经销商：北京华顺大众销售服务有限公司	服务热线电话：010-1234××××
客户：王先生	联系方式：138×××5678
车牌号：京 A12×××	车型：迈腾 2020 款 330TSI 豪华版
里程：15 780km	油量：1/2
发票日期：2020 年 11 月 5 日	VIN：LD23456
客户反映：挂倒挡时变速箱有声音，空调不制冷	
进店时间：13：00	

⏱ 任务分析

　　阅读任务书，根据视频及微课里的信息，小组讨论分析填写完成本次工作任务的关键点和难点并完成任务分工。

　　关键点：_____

_____

_____

_____

_____

　　难点：_____

_____

_____

_____

任务分组

建议 2～3 人为一小组，分工协作，共同完成保修车辆业务接待部分的信息收集、计划制订、决策及任务实施，并将任务分工情况记录在表 5-1 中。

表 5-1　任务分配表

任务 1	保修车辆客户接待	班级		组别	
小组组名		组长		成绩	
组员	姓名	任务分工			

获取信息

引导问题

1）国家三包是指什么?

_____

_____

_____

_____

2）什么情况下可以无偿退、换整车?

_____

_____

_____

_____

3）什么情况下可以有偿退、换整车?

_____

_____

_____

_____

4）保修的定义是什么?请列举 3 种以上品牌的整车保修期和零件保修期。

_____

_____

_____

_____

5）哪些是易损件?易损件的保修与普通零件保修期一样吗,请举例说明。

_____

_____

_____

_____

6）浙江三包里规定什么情况下可以免费退、换整车?

_____

_____

_____

_____

7）浙江三包与国家三包的区别之处在哪里,对客户和经销商有什么影响?

_____

_____

_____

_____

8）针对保修期内的车辆接待,服务顾问需要做好哪些准备和预警?

_____

_____

_____

_____

9）你认为完成这个任务还需要了解哪些信息?

_____

_____

_____

📖 **知识小贴士**

一、汽车保修期和三包有效期

包修期也就是我们俗称的保修期，是指在厂家规定的 3 年或者 60 000km 范围内，指定部件出现质量问题，厂家免费维修。这里的指定部件一般厂家都会在随车保修手册上面罗列清楚，比如有的刮水片、车辆灯泡等一些易损件的保修期限只有三个月等。汽车三包法规规定的汽车包修期限是最低标准，也就是说汽车生产厂家规定的包修期限及里程不能低于汽车三包法。在汽车三包法规出台之前，有一些汽车厂家只包修 24 000km，汽车三包法规出台之后，就至少要 3 年或 60 000km 了，也有的生产厂家包修 4 年或 100 000km 的，包修时间及里程越长对消费者来说当然越好。

三包有效期是指汽车指定部件在 2 年或 50 000km 内享受免费修理、免费更换、退货。从这里可以看出，三包有效期享有比包修期更多的权限，除了免费修理外，还可以免费更换或者退货。对符合规定更换、退货条件的，消费者凭三包凭证、购车发票等由销售者更换、退货。所以说三包有效期实际上是一个汽车退换货的最后截止日期，过了 2 年或者 50 000km 的范围，厂家仍然需要对其销售的汽车履行保修的责任，但是只能修不能换了。

二、三包有效期重要条款——包退、包换

1. 国家三包法规重要条款

国家三包法规规定，三包有效期为 2 年或者 50 000km，以先到为准。国家三包法规里明确规定了家用汽车产品退、换的具体情况。表 5-2 所示是国家三包法规的细节。

表 5-2 国家三包法规家用汽车产品退、换情况

三包责任	期限	条件	说明
免费更换发动机总成	60 日或 3 000km	发动机主要零件出现质量问题	缸体、缸盖、曲轴、凸轮轴、气门、活塞、连杆、轴承、轴瓦
免费更换变速箱总成	60 日或 3 000km	变速箱主要零件出现质量问题	箱体、液力变矩器、箱内传动部件、液压元件、齿轮、轴类阀体
免费退、换整车	60 日或 3 000km	制动系统失效、转向系统失效、燃油泄漏、车身开裂	—
有偿退、换整车	2 年或 50 000km	严重安全性能故障，累计修理 2 次以上未排除或出现新问题	—

续表

三包责任	期限	条件	说明
有偿退、换整车	2 年或 50 000km	发动机或变速箱，累计更换总成 2 次后仍不能正常使用	发动机与发动机主要零件不累计计算，变速箱与变速箱主要零件不累计计算。不跨系统累计计算
		发动机或变速箱同一主要零件因质量问题，累计更换 2 次后仍不能正常使用	
		制动系统、转向体系、悬架系统、前后桥、车身的同一主要零件因质量问题，累计更换 2 次后，仍不能正常使用	同一主要零件，不跨系统计算
有偿更换整车	2 年或 50 000km	维修时间累计超过 35 天	—
		同一质量问题，累计维修超过 5 次以上	—

需要说明的是，对符合更换条件的，更换新车是指更换合格的同品牌同型号家用汽车产品；若无同品牌同型号家用汽车产品可供更换的，销售者应当及时向消费者更换不低于原车配置的家用汽车产品；如果销售者无同品牌同型号汽车产品，也无不低于原车配置的家用汽车产品向消费者可供更换的，消费者可以选择退货，销售者应当负责为消费者退货。

对于有偿更换整车，消费者要根据车辆使用的时间给销售者合理的补偿费或者使用费。其计算公式为：[（车价款（元）× 行驶里程（km））/1 000］×n。使用补偿系数 n 由生产者根据家用汽车产品使用时间、使用状况等因素在 0.5% 至 0.8% 之间确定，并在三包凭证中明示。

对于有偿更换整车的条款：（1）维修时间不足一天的按一天算；（2）每次维修时间（包括等待修理备用件时间）超过 5 日的，应当为消费者提供备用车，或者给予合理的交通费用补偿；（3）需要根据车辆识别代号（VIN）等定制的防盗系统、全车线束等特殊零部件的运输时间不算在维修时间内，特殊零部件的种类范围由生产者明示在三包凭证上；（4）外出救援路上所占用的时间不算在维修时间内。

2. 浙江省三包重要条款

国家三包法规的三包有效期是最低标准，国家鼓励厂家在此基础上延长有效期。有效期延长也会增加消费者的购买信心。浙江省于 2017 年 5 月 1 号通过了《浙江省实施〈中华人民共和国消费者权益保护法〉办法》修订稿，简称"浙江三包"。"浙江三包"在国家三包法规的基础上深化了退换车的条款，更向消费者倾斜。具体条款见表 5-3。

表 5-3　浙江三包法规重要条款

三包责任	期限	条件	说明
免费退、换整车，并赔偿损失	60 日或 3 000km	发动机主要零件出现质量问题	缸体、缸盖、曲轴、凸轮轴、气门、活塞、连杆、轴承、轴瓦

续表

三包责任	期限	条件	说明
免费退、换整车，并赔偿损失	60 日或 3 000km	变速箱主要零件出现质量问题	箱体、液力变矩器、箱内传动部件、液压元件、齿轮、轴类阀体
		制动系统失效、转向系统失效、燃油泄漏、车身开裂、安全装置失效、车辆自燃或者因其他质量问题引起车辆失控的情形	—
免费退、换整车，并赔偿损失	2 年或 50 000km	严重安全性能故障，累计修理 2 次以上未排除或出现新问题	—
		发动机或变速箱整体更换两次后仍不能正常使用	发动机与发动机主要零件可以累计计算，变速箱与变速箱主要零件可以累计计算。不跨系统
		发动机、变速箱整体或者其主要零件分别或合计更换两次后仍不能正常使用	
		制动系统、转向体系、悬架系统、前后桥、车身的主要零件因质量问题，分别更换 2 次后，仍不能正常使用	这五个系统零件故障不限同一零件。但不跨系统累计。
有偿更换整车	2 年或 50 000km	维修时间累计超过 35 天	—
		同一质量问题，累计维修超过 5 次以上	—

　　浙江三包法规用故障现象来表述严重的安全事故，是法规的重大突破。明显可以看出浙江三包法规退换车的条件更加宽松，对生产和销售方的要求更高。

　　由于浙江出台更严格的地方三包法规，有可能其他省份也会效仿，因此，作为售后服务人员，我们除需要了解国家三包政策外，也要知道各地出台的地方政策。尤其注意车辆的三包有效期开始时间从销售者开具机动车销售统一发票之日算起。时间和公里数以先到为准。

三、善意维修

　　有些客户的车辆刚过保修期就出现了质量问题，为了提高客户满意度，提升客户对产品的信心，一些品牌会提出善意维修的概念。简单说就是帮客户减免一部分的维修费用来维持客户对品牌和产品的信心。举个极端例子，客户的车辆出了保修期 3 天后出了质量问题，这个时候客户一定很难接受，甚至会怀疑车辆的质量。为此，可以根据实际情况给客户做善意维修。善意维修并不是所有品牌都会支持的一种行为，需要厂商、经销商和客户共同分担维修和零件的费用，一般中高端品牌会给出自己的善意维修范围，善意维修是厂商和经销商共同维系客户关系的一种方式。

　　善意维修是经销商的自愿行为，需要注意两点：（1）需要维修的问题仍然属于质量问题，且超出保修期；（2）善意维修不在任何合同或法律所规定的责任范畴内。

四、延保服务包

基于一些极端例子，客户车辆出了保修期没多久就出现故障了。为此很多品牌推出了保修到期前的免费检查，一方面是确保车辆没有问题，另一方面也是提高客户满意度。还有很多厂家会推出延长保修的服务包。不同厂家推出的延保产品内容不尽相同，目的是为了让客户车辆出保修期后依然能享受保修服务，以提高客户满意度，保持客户忠诚度。

延保产品类似保险，车辆在延保期内有任何质量问题可以在购买延保的经销商处享受和原厂保修一样的服务。需要强调的是，非原厂零件不在保修范围内（包括店里改装的非原车备件，例如轮毂等），新车三包手册所列易损耗零部件也不在保修范围内。车辆享有保修和延长保修的合计年限一般是 4~10 年。一般车辆只有在保修期内才能购买延保，而且要求车辆的保养记录是完整的。购买前要对整车做严格的检查，符合经销店的购买条件才能售出。

╳⚙ 拓展问题

延保产品能给经销商、服务顾问和客户带来什么好处？

对经销商：

_____

_____

_____

_____

_____

对服务顾问：

_____

_____

_____

_____

_____

对客户：

_____

_____

_____

_____

_____

工作计划

一、制订从服务接待到交车全套话术

服务顾问扮演者		客户扮演者	
工作重点环节	话术内容		
客户接待			
情况问诊			
安抚客户			
推荐延保产品			
结账交车			

二、列出服务流程所需的设备、工具、单据和耗材清单

序号	名称	型号与规格	单位	数量	备注

三、组内自查

序号	工作计划内容	工作计划完成情况（在对应选项打"√"）			
		优秀	良好	一般	较差
1	保修期车辆业务接待话术				
2	安抚客户情绪话术				
3	延保销售话术				

续表

序号	工作计划内容	工作计划完成情况（在对应选项打"√"）			
		优秀	良好	一般	较差
4	所需的设备、工具、单据和耗材清单				
其他					
存在的问题及建议		组长签字			

进行决策

（1）各小组上传工作计划方案。
（2）进行小组方案互评。
（3）教师进行点评和总结。
（4）各小组结合自身情况修改并完善工作计划方案。

工作实施

建议 2～3 人为一小组，互为服务顾问、客户和观察员进行保修车辆业务接待的演练，完成单据的填写。

评价反馈

各组派代表完成保修车辆业务接待展示，并完成表 5-4 保修车辆业务接待考核评价表。

表 5-4　保修车辆业务接待考核评价表

序号	考核要点	综合评定	分值	评价（只记录扣分项）													
				自评	互评（组别）						师评（组别）						
					1	2	3	4	5	6	1	2	3	4	5	6	
1	礼仪规范	着装整洁、正确，符合安全工作规范（2 分）；仪表端庄，表情和蔼可亲，眼神自然真诚（2 分）；指引手势规范，姿态正确，自然大方（2 分）；吐字清晰，语速适中，语句流畅（2 分）	8														

序号	考核要点	综合评定	分值	评价（只记录扣分项）													
				自评	互评（组别）						师评（组别）						
					1	2	3	4	5	6	1	2	3	4	5	6	
2	5S管理	工作前进行灭火器检查、车辆检查等（2分）；及时进行场地、设备的清洁和整理（2分）；不打断客户谈话；各类单据填写完整且规范（2分）	6														
3	保修条款	清楚保修条款，正确应对客户疑虑（6分）	6														

序号	考核要点	活动检查	分值	评价（只记录扣分项）													
				自评	互评（组别）						师评（组别）						
					1	2	3	4	5	6	1	2	3	4	5	6	
1	礼迎顾客	引导客户停车，帮客户开门，礼貌请客户下车（2分） 问候客户，做自我介绍，递送名片，问清来意（2分） 应用引导礼，引导客户到维修服务接待前台落座（2分）；为客户提供三种以上饮品供选择，并礼貌地递送（2分）；确认客户基本信息，主动安抚客户情绪（2分）	10														
2	车辆检查	与客户有沟通，按照规定顺序当着客户的面铺设好三件套（2分），车辆检查熟练、完整、高效，针对客户车辆问题有重点检查，接车单填写完整（6分）	8														
3	问诊	照顾客户情绪，积极倾听，开放式问题和封闭式相结合进行问诊，逻辑清晰，5W1H六项每项2分（12分）反馈清晰明确，回答客户问题有理有据，能让客户信服（4分）	16														
4	销售机会挖掘	针对客户实际情况给予建议，推荐适合客户需求的延保产品（5分）	5														
5	保修或维修项目确认	再次确认客户要求，确认保修或维修项目，明确保修条款，不自行承诺保修（5分）有说明附加维修项目，确认客户签字，预检单有一联交给客户（3分）	8														

续表

序号	考核要点	活动检查	分值	评价（只记录扣分项）														
				自评	互评（组别）						师评（组别）						
					1	2	3	4	5	6	1	2	3	4	5	6
6	作业前价格说明	向客户说明本次作业的内容、价格，说明保修的内容和费用（4分）客户有异议时的解释能让客户满意（2分）	6													
7	维修作业跟进	向客户说明预计交车时间，工单上有预警，打印工单并让客户签字，估价单有一联交给客户，能跟进维修进度，能解释客户异议（6分）	6													
8	客户休息安顿	引导客户到休息室休息（语言、动作、茶水），每小时进度跟进汇报（5分）	5													
9	车辆终检	仔细检查车辆维修的情况，车辆清洁状况，恢复个性化设置和提醒带走贵重物品，终检单填写完整（6分）	6													
10	交车	展示车辆维修情况，特别说明保修项目，旧件展示，正确解释账单，提供用车建议，单据整理好，体现关怀（10分）	10													
	总计		100													

本组优势：

诊断改进：（遇到的问题、原因分析以及今后改进的方法）

知识链接

一、保修条款

除了三包有效期，最重要也是与服务顾问关系最紧密的保修条款是三包里的包修。尽管车辆在售出前经过严格的出厂检验，但仍然不能保证每一辆车都不会存在材料问题或装配缺陷。而且汽车是损耗品，在使用的过程中不能完全避免质量问题。所以有了 3 年或者 60 000km 的汽车保修期，除了三包有效期里涉及的问题之外的所有质量问题在保修期内都提供免费修理。

3年或者60 000km是国家规定的最低标准，很多厂家都在此基础上做了或多或少的延长。比如，宝马的保修期是3年或100 000km，奥迪也是3年或100 000km，吉利汽车的保修期是4年或100 000km。另外，汽车的普通零件保修期是2年不限里程。除此之外，汽车上还有很多易损件，比如刮水器，用一段时间就需要更换，是不可能保修三年的。因此，对于不同的易损件保修时间是不一样的，厂家要将特殊零件和易损件的保修期明示且告知客户。

不同厂家会有自己的易损件保修明示，不同车辆的易损件也不尽相同，表5-5所示是某品牌汽车常规易损件的保修期。

表5-5　某品牌汽车常规易损件的保修期

易损件名称	质量担保期限/里程	易损件名称	质量担保期限/里程
离合器片	6个月/5 000km	刮水片	2个月/1 000km
附件传动带夹	10 000km	灯泡	2个月/5 000km
制动片	6个月/5 000km	融丝	1个月
火花塞	6个月/5 000km	蓄电池	1年/20 000km
机油滤清器	3个月/5 000km	汽油滤清器	1年/5 000km
空气滤清器	1个月/5 000km	遥控器电池	12个月
轮胎	5 000km	喇叭	1年/30 000km

二、索赔

这里说的索赔是指在厂家规定的范围内，车辆因为质量问题由经销商向厂家提出的索赔。按照国内一些汽车厂家的规定，新车可以索赔，维修时更换的零部件也可以索赔。前提条件是，这个零部件必须是在厂家的特约维修站购买并安装的，并且确实是有质量问题。图5-1所示是索赔基本流程。这里需要注意的是，判断是否是质量问题一般由技术经理完成，如果确认是质量问题，再由索赔专员提交索赔申请。对于不同金额的索赔情况，不同品牌经销商有各自的处理权限，超过一定金额需要给厂家提交申请。审批通过后进行车辆保修，然后进行索赔结算，保修费用不需要客户支付。如果涉及退换车，则流程更加复杂，最后是否能退换车以厂家的批复为准。

整个索赔过程不需要服务顾问参与，服务顾问只需要将处理结果告知客户，帮助客户顺利完成保修或者正常维修即可。

三、服务顾问注意事项

前面提到，2年或者50 000km内的车辆维修时间累计不能超过35天，不足24小时的按1天算，超过了时间，客户可以要求换车。同一质量问题累计维修5次以上客户也可以要求更换车辆。因此，服务顾问需要对三包期内的车辆有足够的重视。具体要做到如下几点：

```
                    ┌──────┐
                    │ 开始 │
                    └──────┘
                        │
                        ▼
              ◇ 技术经理确认 ◇ ──否──┐
                        │           │
                        是          │
                        ▼           │
              ┌──────────┐          │
              │ 索赔专员申报│         │
              └──────────┘   ┌──────────────────┐
                        │    │ 正常维修或者善意保修│
                        ▼    └──────────────────┘
                  ◇ 审批 ◇ ──否──┘
                        │
                        是
                        ▼
              ┌──────────┐
              │ 车辆保修 │
              └──────────┘
                        │
                        ▼
              ┌──────────┐
              │ 索赔款结算│
              └──────────┘
                        │
                        ▼
                    ┌──────┐
                    │ 结束 │
                    └──────┘
```

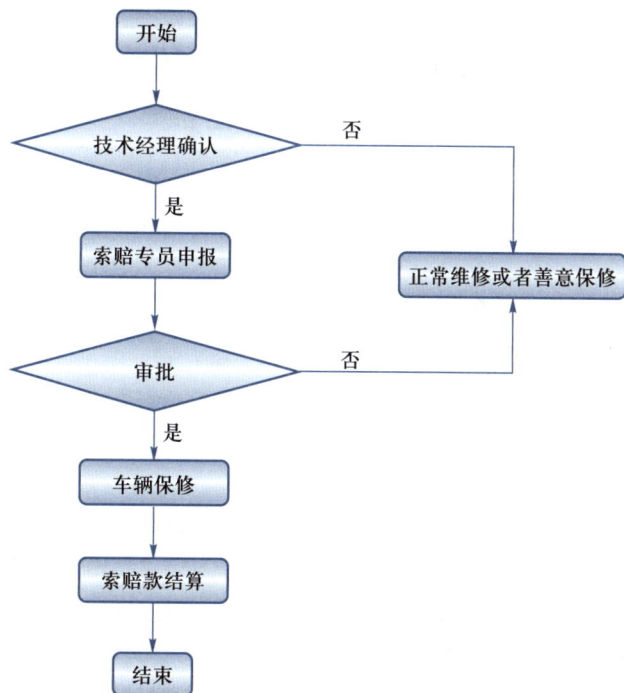

图 5-1　索赔基本流程

（1）每次接待车辆时都要在查车单和工单上记录好车辆的里程数和开发票日期。

（2）对于在保修期内的车辆要有敏感度，在工单中注明车辆在保修期内或者三包有效期内。

（3）在接车检查单和工单上要记录客户原话，详细问诊并记录下客户描述的故障现象。

（4）在确保所有准备工作完成的情况下，比如零件已到货，技师工位已准备好，再安排车辆进场维修。车辆维修时间是从车辆进场的时间开始计算，如果车辆已经进场，并且等了两天零件才开始维修（需要 VIN 码才能订货的特殊零件等待时间不算在内），则等待时间都算在维修时间内。

（5）每个服务顾问工位上都配有抛锚专用章，如果车辆是抛锚车辆，需要在工单上盖章，并特别注明进出场时间。外出救援时间不算在维修时间内。

（6）车辆维修有保修增项需及时通知客户并做维修确认（如果通过录音电话或短信、微信方式通知取得授权需要录音或截屏存档）。

（7）服务顾问要关注 DMS 系统内在三包法规有效期内车辆的保修维修情况。对维修时间累加超过 20 天的车辆要在系统里预警，以便提醒其他售后人员。

（8）服务顾问不自行承诺保修。一般车辆的问题是不是质量问题导致的，需要保修专员或者技师来判断，服务顾问不要进行判断，专业人员确定了再给客户按保修报价和结算。涉及保修的，工单上需要保修专员签字。

（9）接车检查单、工单、增项单上一定要有客户签名。

（10）服务顾问每天将三包期内的车辆维修信息汇总上报给部门主管，抄送至客户关怀部，并报至售后服务经理处，做到提前预警。

四、常见问题

【案例一】首保在其他4S店做的，这次没有带保养手册，可以在店里保养维修吗？

分析：目前很多品牌车辆都不再提供保养手册，只要在厂家授权的服务站做的保养或者维修，所有经销商的系统内都能查到车辆记录。因此，不用担心客户没有携带保养手册，只要能在系统内查到客户车辆的记录就能按正常流程提供服务。

【案例二】客户车辆在路上坏了，临时处理了一下才能把车开回来，后来服务站发现不是原来的零件，客户还能享受保修吗？

分析：根据描述，零件更换的不是原厂零件。根据三包法规判断，属于产品质量问题发生后客户自行处置不当。非原厂零件，不能提供零配件保修服务。

【案例三】客户自己自费更换的零件，在保修期内又坏了，那么现在更换的零件能享受新零件同等时效的保修期吗？

分析：客户自费更换的零件，可以享受正常的保修期限，如果在保修期内又出现质量问题，可以免费更换。但此次更换的零件保修期限与上次更换零件的保修期限合并，也就是从上次自费更换零件的时间算起，不能累计，因此免费更换的零件不与新零件享有同等时效保修期。若零件是客户自费更换的，更换零件享有正常保修，且保修期从更换之日算起，与新零件享有同等长度的保修期。

原厂零件在保修期内有任何质量问题都是由4S店免费处理的，而免费更换的新件只是延续原先零件的保修期。换句话说，保修是客户的权利，权利是通过付费获得的。

再举个例子，享受2年不限里程质保的零件自开发票日之后第10个月坏了，属于保修，给予免费更换。之后第23个月又因质量问题免费更换了，可是第25个月后又坏了，这时零件的保修期已经过了，不能免费更换，不享受保修。但若25个月时客户自己花钱更换了，则更换的零件可以享受2年不限里程保修。

📝 课后自测（可扫描二维码在线完成）

在线测试
任务 1
保修车辆
客户接待

一、判断对错

1. 保修期内交通事故引起的损坏可赔。（　　　）

2. 间接损失不赔。（　　　）

3. 由于特约服务站维修过程中操作不当造成的损失在保修索赔范围。（　　　）

4. 没有正常保养的车辆不能享受三包政策。（　　　）

5. 保修中免费更换的备件重新开始计算保修期。（　　　）

6. 用户在索赔时必须出示保养手册，否则不赔。（　　　）

二、不定项选择题

1. 三包包括。（　　　）
   A. 包退　　　　　　B. 包换　　　　　　C. 包赔　　　　　　D. 保修
2. 下列哪些零件享有 2 年不限里程的保修期。（　　　）
   A. 轮胎　　　　　　B. 灯泡　　　　　　C. 气门室盖罩　　　　D. 熔断器

任务 2　返修投诉车辆客户接待

课前热身

请观看"客户抱怨及投诉处理"微课，开启本次的课前热身之旅！（可扫描二维码观看）

微课视频
客户抱怨及
投诉处理

任务描述

王先生的车上个月刚在店里维修过空调，李想是接待王先生的服务顾问。当时的故障是空调不制冷，一个月后发现车辆空调又出问题了，这次是空调出风很小，起不到制冷效果。王先生觉得是上次维修根本就没有解决问题，对此他很气愤，因此直接到 4S 店要投诉李想。面对这种情况，你该如何处理？

请各小组结合任务书设计客户基本信息。参照微课视频，小组共同商讨应对投诉客户的处理方法，完成返修投诉客户的服务接待完整流程和客户回访工作。

客户信息卡：

经销商：	服务热线电话：
客户：	联系方式：
车牌号：	车型：
里程：	油量：
发票日期：　　年　　月　　日	VIN：
客户反映：空调出风量小，没有制冷效果	
过往车辆维护情况：一个月前因为空调的问题进店维修过	
上次进店时间：	
本次进店时间：	

🕐 任务分析

阅读任务书，结合视频及微课里的信息，小组讨论分析填写完成本次工作任务的关键点和难点。

关键点：_____

_____

_____

_____

_____

难点：_____

_____

_____

_____

_____

🔧 任务分组

建议 2~3 人为一小组，分工协作，共同完成返修投诉车辆业务接待部分的信息收集、计划制订、决策及任务实施，并将任务分工情况记录在表 5-6 中。

表 5-6　任务分配表

任务 2	返修投诉车辆客户接待	班级		组别	
小组组名		组长		成绩	
组员	姓名		任务分工		

获取信息

引导问题

1）什么叫返修？什么叫重复维修？二者有什么区别？

_____

_____

_____

_____

2）你认为客户会因为哪些问题产生抱怨或者投诉？请举例说明。

_____

_____

_____

_____

3）你认为客户投诉的目的是什么？

_____

_____

_____

_____

4）面对客户的抱怨和投诉，你觉得怎么处理更妥当，请罗列出思路。

_____

_____

_____

_____

5）你认为完成这个任务还需要了解哪些信息？

_____

_____

_____

_____

拓展问题

如果客户诉诸媒体，如何应对媒体采访？

_____

_____

📖 知识小贴士

返修基本知识

返修，一般指同一故障问题没有妥善解决或者一次维修没有解决所有故障问题而导致的再次返厂。返修是比较敏感的话题，涉及返修，通常都会引起客户的不满情绪，甚至投诉。因此，返修车辆一定要第一时间处理，尽量避免客户情绪升级导致投诉或者投诉升级。

返修分为两种情况，一种是内部返修，一种是外部返修。

1. 内部返修

内部返修是指车辆在交给客户之前发现还有没有完成的工作，或者仍有报警信息。这个时候车辆还没交付给客户，可以补救。服务顾问发现问题后立即通知质检员，由质检员填写内部返修单并交还工单至车间调度，然后交给技师重新工作重新打卡。如果在与客户约定的交车时间内无法完工交车，需要第一时间告知客户，此时客户一般还不会有太大的不满。对客户说明原因，并告知车辆修理情况和新的交车时间。如果客户此时已到店，一定照顾好客户情绪，尽量安排客户到休息区休息或者参观一下新车、精品附件等，避免客户在售后大厅等待而情绪不好。如果是保修期内的车辆，工单上要注明，维修时间累计达到 20 天时要上报服务经理预警。

2. 外部返修

外部返修是车辆已经交到客户手中，客户当场发现问题或者回去后发现问题而再次到店。这时客户的情绪多半会很糟糕，碰到这样的情况，不仅要安抚客户情绪，还要解决客户的问题。外部返修涉及到的人员有很多，如服务顾问、技师和技术主管等。上次接待客户的服务顾问、技师和技术主管或者质检员要分析上次服务咨询的内容和维修的情况，商议解决方案，工单上要注明为"返修"工单，必要时上报售后经理。此时外部返修车辆的优先级高于其他车辆，要集中店内最优秀的技师团队来解决故障。

处理外部返修时服务顾问要做到以下几点：

（1）涉及三包的车辆，服务顾问应首先查看维修历史记录和 DMS 系统中三包有限期内车辆保修维修情况。如果发现车辆保修维修情况符合三包法规，需要第一时间将信息汇总至部门主管，并报告客户关怀部和售后服务经理，做好预警。

（2）对车辆进行检查维修。在维修过程中每 30 分钟与客户沟通，如果涉及技术问题解释不了，可以找技师来沟通，让客户感受到关怀。维修技师不能是原来的技师，要换成高级技师，以保证能解决问题，必要时可以向厂家技术部门申请支持。期间，服务顾问根据情况向客户告知车辆最新修理情况，同时注意措辞。如果质检过程中车辆仍然存在故障，质检员要通知服务顾问推迟交车时间，服务顾问通知客户延期，并向客户解释返修的原因和解决方案。

（3）如果是客户第二次返修或者抱怨严重的客户，服务顾问要通知售后服务经理和客户关怀专员，将客户介绍给售后服务经理，并对可能存在的媒体风险和投诉升级风险及时向市场部或者厂家相关部门汇报预警。

所有返修车辆的交车，服务顾问可以邀请客户至车辆旁，由技术主管陪同客户一同交车，重点说明返修故障的处理，再进行后续服务，直至送别客户离店。最后做好服务跟进和回访。客户关怀专员在 24 小时内跟进返修的车辆，服务顾问填写返修记录，服务经理要填写意见，车间经理、技术主管和售后服务经理、内训师等要分析、制订改善计划，尽量避免下次此类事件的发生。

3. 重复维修

重复维修，是从客户的角度提出的一个概念。返修是同一故障没有一次修理好。而平时的工作中，经常会遇到一些客户上个月保养来过店里，这个月又来了，还是车辆报警或者做检查维修的情况，或者上次客户预约来维修，但是由于所需的零件还没有到货，客户不得不再次过来的情况。本次任务中王先生就是这种情况。让客户频繁来 4S 店，容易招致客户抱怨甚至投诉。这些不是同一故障问题导致的客户多次到店，但客户却会因此不满。从客户的角度看，原因就是一次没有把问题解决完。因此，这类的问题虽然不属于返修，但它属于重复维修的范畴。

一旦属于重复维修的范畴，那么服务站的所有人员都应该高度重视，并力争彻底解决问题。其工作流程跟外部返修工作流程一样，可以由原技师或者调度另外派技师来完成工单。期间的修理进度也要跟进并告知客户。

导致重复维修的原因有很多，可能是由于车间维修的大意，没有将报警信息复位；可能是由于零件检查不仔细或者订货不及时；还有可能是服务顾问工作不到位，没有跟客户解释清楚维修的具体项目或者没有展示旧件等。重复维修对工作有很大影响，对客户来说会浪费时间，影响心情；对经销商来说会增加额外内部支出，占用车间产能，客户满意度降低，品牌忠诚度下降；对服务顾问来说，会降低工作效率，增加工作负担，增加投诉风险等。所以，平时工作中注意细节，尽量减少重复维修。

工作计划

一、制订应对方案和话术

服务顾问扮演者		客户扮演者	
工作重点环节	具体内容		
客户接待话术			
投诉应对话术			

续表

工作重点环节	具体内容
解决方案	
工单处理过程	
终检交车话术	
电话回访话术	

二、列出服务流程中所需的设备、工具、单据和耗材清单

序号	名称	型号与规格	单位	数量	备注

三、组内自查

序号	工作计划内容	工作计划完成情况（在对应选项打"√"）			
		优秀	良好	一般	较差
1	投诉应对话术				
2	工单处理话术				
3	终检交车话术				
4	回访话术				
其他					
存在的问题及建议		组长签字			

进行决策

（1）各小组上传工作计划方案。
（2）进行小组方案互评。
（3）教师进行点评和总结。
（4）各小组结合自身情况修改并完善工作计划方案。

工作实施

各小组成员完成客户投诉的处理，并完成表 5-7 投诉处理记录表。

表 5-7　投诉处理记录表

抱怨（投诉）人姓名：	联系电话：
车型：	公里数：
车架号：	发动机号：
车牌号码：	上次进站日期：
保修开始时间：	是否有延保：　　　Y　　　　N
顾客抱怨（投诉）来源：　顾客□　　　　CRM□　　　　其他□	
顾客抱怨（投诉）日期：　　　年　　　月　　　日　　　时　　　分	
客户投诉内容　质量□　　服务□　　备件□　　销售□　　其他□	
调查结果： 　　　　　　　调查人：　　　　　日期：	
处理方案： 　　　　　　　处理人：　　　　　日期：	
电话回访结果：非常满意□　　满意□　　一般□　　不满意□　　很不满意□	
抱怨（投诉）原因分析： 	
改进措施： 	
填表人：	

📁 **评价反馈**

　　各组派代表完成返修投诉车辆业务接待展示，并完成表 5-8 返修投诉车辆业务接待考核评价表和表 5-9 客户回访评价表。

表 5-8　返修投诉车辆业务接待考核评价表

序号	考核要点	综合评定	分值	评价（只记录扣分项）													
				自评	互评（组别）						师评（组别）					
					1	2	3	4	5	6	1	2	3	4	5	6
1	礼仪规范	着装整洁、正确，符合安全工作规范（1分）；仪表端庄，表情和蔼可亲，眼神自然真诚（1分）；指引手势规范，姿态正确，自然大方（1分）；吐字清晰，语速适中，语句流畅（1分）	4													
2	5S 管理	工作前进行灭火器检查、车辆检查等（1分）；及时进行场地、设备的清洁和整理（1分）；不打断客户谈话，解答客户疑问专业自信（1分）；各类单据填写完整且规范（1分）	4													
3	方案合理	处理投诉及时，解决方案合理合法，单据记录清楚明晰（12分）	12													

序号	考核要点	活动检查	分值	评价（只记录扣分项）													
				自评	互评（组别）						师评（组别）					
					1	2	3	4	5	6	1	2	3	4	5	6
1	礼迎顾客	问候客户，做自我介绍，递送名片，问清来意（2分） 及时自然隔离客户，缩小影响范围（3分） 诚恳道歉，主动安抚客户情绪，完成提供饮品等服务，防止矛盾升级（5分）	10													
2	了解情况	积极倾听，开放式问题与封闭式问题相结合，及时反馈，多方求证，积极高效了解事情真相（5分）话术简洁，能照顾客户情绪（5分）	10													
3	解决问题	给出两套合理的解决方案，引导客户做决定，采纳其中一种方案达成和解，双方共赢（6分）态度积极温和，客户能接受并配合（4分）	10													
4	车辆检查	与客户保持沟通，按照规定顺序当着客户的面铺设好三件套（2分），车辆检查熟练完整高效，针对客户车辆问题有重点检查，接车单填写完整（6分）	8													

续表

序号	考核要点	活动检查	分值	自评	互评（组别）						师评（组别）					
					1	2	3	4	5	6	1	2	3	4	5	6
5	维修项目确认	再次确认客户要求，确认维修项目，明确保修条款（5分）有说明附加维修项目，确认客户签字，预检单有一联交给客户（3分）	8													
6	作业前价格说明	向客户说明本次作业的内容、价格，说明保修或善意保修的内容和费用（4分）客户有异议时的解释能让客户满意（2分）	6													
7	维修作业跟进	向客户说明预计交车时间，工单上有预警，打印工单并让客户签字，估价单有一联交给客户，能跟进维修进度，能解释客户异议（6分）	6													
8	车主休息安顿	引导客户到休息室休息（语言、动作、茶水），每小时进度跟进并汇报（5分）	5													
9	车辆终检	仔细检查车辆维修的情况，车辆清洁状况，恢复个性化设置和提醒客户贵重物品，终检单填写完整（6分）	6													
10	交车	展示车辆维修情况，特别说明保修项目，展示旧件，正确解释账单，提供用车建议，整理好单据，体现关怀（10分）	10													
	总计		100													

本组优势：

诊断改进：（遇到的问题、原因分析以及今后改进的方法）

表 5-9　客户回访评价表

综合评定	分值	自评	互评（组别）						师评（组别）					
			1	2	3	4	5	6	1	2	3	4	5	6
1. 语调温和、语句清晰	6													
2. 保持客气和礼貌	6													
3. 使用浅显易懂的语言提问	6													
4. 不打断客户谈话	6													
5. 做了回访记录	6													

续表

活动检查	分值	评价													
		自评	互评（组别）						师评（组别）						
			1	2	3	4	5	6	1	2	3	4	5	6
1. 报出公司名称、自己姓名并说清楚打电话的意图	10														
2. 说明所占用的时间，询问客户是否方便接听	5														
3. 询问客户车辆功能的使用情况	10														
4. 询问客户车辆使用的其他问题	5														
5. 给出使用建议	10														
6. 发出活动邀请或者预约提醒等	10														
7. 其他提高客户黏性的话术	5														
8. 询问服务的满意程度	10														
9. 向客户致谢，结束谈话	5														
总计	100														

本组优势：

诊断改进：（遇到的问题、原因分析以及今后改进的方法）

📚 知识链接

对服务的不满都会引起客户的负面情绪，轻则导致客户抱怨，重则会引起客户投诉，可能是投诉个人、公司、厂家，或者消费者协会也可能是各种媒体等等。作为服务人员，我们当然不希望收到客户的抱怨和投诉。那么该如何处理呢？

一、抱怨与投诉的基本认知

我国消费者协会的定义，抱怨是指客户消费者对商家的产品品质或服务状况有所不满，而直接或间接提出退货、换货、减价、免费维修、赔偿、取消订单、技术改善、品质改善等要求或建议。投诉是由消费者因为对商家的产品质量问题，服务态度等各方面的原因，向上级部门或者消费者协会或者媒体等反应情况，检举问题，并要求得到相应补偿的一种手段。两者最主要的区别在于诉求对象和执行主体不同，前者为商家，后者为上级或管理部门。

现在更多商家尤其是合资品牌对抱怨和投诉并没有严格区别。他们将消费者提出的任何负面评论都视为投诉。因为任何负面的评论都有潜在的风险，都可能给商家带来实际损失。奔驰事件就是一个很典型的由抱怨升级到投诉的事件。所以，我们这里将抱怨和投诉都视为投诉，只为不断提升商家的服务水平，超越客户期望。

从另一个侧面看，客户愿意投诉，对产品或者服务提出批评或者负面言论说明对商家还有期待，希望我们能解决问题。因此，面对客户投诉者我们要抱着积极的心态去处理事情，争取客户的信任，赢得客户的认同，展现主动积极的服务形象，不能消极逃避或者踢皮球，这样反倒可能让事态升级。同时，在处理投诉中我们可以发现问题，进行改善，提升服务质量，从而提升客户满意。有数据显示，如果投诉处理得好，投诉客户甚至可能成为忠诚客户，表 5-10 显示只要投诉处理得好，绝大多数客户都会继续选择我们，成为忠诚客户。

表 5-10 客户不同选择下对应的流失率

客户选择	客户流失率
不去投诉	91% 不回来
投诉没有解决	81% 不回来
投诉得到解决	25% 不回来
投诉很快解决	15% 不回来

二、售后客户投诉的类型

售后的常规投诉，我们可以从售后服务和配件大致分为两类。

1. 服务类

服务质量：在服务客户时，未能达到客户的期望值，如服务态度不好、接待流程不规范、未能及时接待、维修时间长等。

售后索赔：由于未明确沟通保修索赔条件等。

产品质量：由于设计、制造或装配不良所产生的质量缺陷，如车辆批量发动机渗油，燃油表不准，故障灯常亮等。

维修技术：维修人员因技术或其他原因未一次将车辆故障修复，或者维修人员操作不当、故障判断不准确等原因造成车辆二次进厂维修等。

2. 配件类

配件供应：在维修过程中，未能及时供应车辆所需配件。

配件价格：客户主观认为配件价格过高或收费不合理。如维修项目与收费标准没和客户沟通说明清楚，客户认为太贵，或者相关项目费用收取客户表示不接受等。

配件质量：配件的外观质量或耐久性有问题等。

具体针对不同类型，不同客户我们的处理方法可能无法统一，但都可以遵循以下的处理原则和步骤进行处理。

三、售后客户投诉处理的原则

1. 保持良好心态

任何投诉的客户都或多或少带有不良情绪，说话会不礼貌，甚至很难听。对服务顾问来说，我们要注意避免正面冲突，不要跟客户吵架。心态摆正，客户不是冲你个人发火，而是冲你这个岗位。无论客户说什么，只把有用的信息留下来，其他的全抛开。保持心态平和。

2. 积极面对

面对客户的投诉要积极面对，不要逃避。客户投诉发火是想要解决问题，寻求帮助。作为面对客户的第一道防线，我们不能逃避客户的指责。记录下客户反映的问题并积极应对，让客户的情绪在我们这里得到缓解，避免矛盾激化。

3. 换位思考

在与客户的沟通中，要注意换位思考，并注意措辞。站在客户的角度表达对客户情绪的理解，给予恰当的表情并坦诚沟通，更有助于事情的处理和问题的解决。

4. 防止扩散

对于客户投诉我们还应注意一个重点，是否会对我们公司及品牌带来负面的影响，防止扩散，隔离处理对我们来说极为重要。

5. 统一发言

为了避免在客户投诉处理过程中众口不一，给处理客户投诉带来不必要的麻烦，统一发言也相当重要。在服务顾问不能处理时，要及时上报上级部门来处理。

四、售后客户投诉处理的步骤与技巧

1. 隔离

来投诉者，往往都是个例，为了不影响其他客户，保持公共场所的正常秩序，我们尽量第一时间将客户带到安静的会议室或者洽谈室。

2. 安抚客户情绪

把顾客带到单独的场所之后，应该立即请顾客坐下，让顾客的情绪平静下来，给客户饮品等基本的关爱，这是解决问题的前提。接着对于占用客户时间让客户再跑一趟等客观事实道歉，表达对客户心情的理解。此时对事情的过程并不清楚，不宜直接就事情道歉。

也有少部分情绪稳定的客户，不吵不闹，直接要求解决问题。这类客户称为挑战客户，可以直接进入后面的步骤，但一定要真诚，如果有怠慢很可能会导致投诉升级。

3. 调查情况

客户情绪稳定后，可以进入调查环节，询问情况，了解事情的原委。情况调查先从倾听开始，积极的倾听是解决问题的开始。投诉既然已经发生，十有八九包含着比较复杂的情况。当顾客已经消气坐下来以后，我们一定要仔细询问情况，认真

倾听，积极反馈。向客户解释他所表达的意思，并请教客户我们的理解是否正确。这也给了客户一个机会去重申他没有表达清晰的地方。在听的过程中，要认真做好记录，确保客户所要表达的意思不能理解有误，注意捕捉客户的投诉要点，以做到对客户需求的准确把握，为下一步对症调解打好基础。

记录完顾客的陈述之后，应该请顾客坐着稍等（如果可能，可以找来一些报纸杂志等让顾客打发时间），自己立即找到当事人核实情况。如果当事人的核实结果与顾客陈述有较大出入，应该再次核实。但是如果几次核实之后，出入仍然较大，也可不必刨根问底，以免激怒顾客。接下来应该是实际核查，也就是亲自陪同顾客，去检查车辆实际情况，如果有必要，请带上专业技术人员同去。

简单说，调查有四方面的内容：认真倾听客户投诉；记录顾客陈述；找当事人核对；亲临现场实际考证。

4. 请示

请示是解决投诉的重要步骤。当然，如果投诉解决难度不大，采取的措施又在自己的职权范围之内，不经请示能够直接处理，是最好不过。反之，如果遇到疑难投诉，则应该请示相关领导。这样做有几个好处：第一，让领导知道这件事情的详情，询问处理办法的底线，以免两头不讨好；第二，如果领导能够当即拍板，则免去了很多麻烦；第三，如果问题过于棘手，也为在最后关头请领导出面埋下伏笔。

5. 满足客户的合理需求

满足客户提出的合理需求是解决投诉的关键办法。对于确实是因为我方原因导致的问题，我们要在合理范围内给予客户补偿。这时候可以给出两个，最多不超过三个解决方案，让客户自己选择。而如果确实不是我方原因导致的问题，需要跟客户详细说明清楚，同时也可以视情况给予客户一些小优惠，为的是能留住客户。始终记得留住一个老客户比开发一个新客户的成本低得多。当然，也要记得，不合理的要求是不能答应客户的。在表达我方绝不让步的意思时，要注意两点，一是立场坚定，不要让对方再有非分之想；二是有理有据有节，语气和用词注意分寸，既要让对方知难而退，又要让对方保全面子。必要的时候可以请律师。

6. 跟踪回访

对客户进行跟踪服务。处理完客户投诉送走客户后，除了客服部门正常的回访之外，服务顾问也要自己回访客户，而且要在客服回访之前。一来是尽量让客户有更良好的售后体验，二来服务顾问可以趁此机会进一步拉近与客户之间的关系，提高客户黏性。大多数投诉客户处理好后会转化成忠实客户。作为服务顾问需要更积极的维护客户关系。因此，这里的跟踪回访是指服务顾问的回访。通过与客户的直接交流，可以更好地提升我们的服务水平。

回访可以通过电话、电子邮件或信函，来核实解决方案实施得如何，车辆使用是否还有其他问题，给出一些符合客户开车习惯的使用建议。如果店里正好有些优惠活动也可以趁机告知客户，或者提醒客户下次车辆有问题可以找你预约等等。总之，回访是拉近客户关系提高客户黏性的一个方式，让客户出了经销店依然能感受到服务和关怀。

一般询问客户是否真的满意，会有三种回答：一种是客户对解决方案的实施很满意，这种客户很有可能会成为忠实客户，并愿意介绍其身边的朋友过来；另一种是多数情况，客户觉得还行，不算特别满意但也不觉得还有问题。这类客户就比较容易流失，我们还需要继续跟进，争取让这些客户能更满意；最后一种是少数，就是仍然不满意的客户，这种情况下不要有到此为止的念头，而是尽快地继续寻求一个更可行的解决方案，真正解决问题后，这类客户也比较容易成为忠实客户。

7. 查找原因改进工作

送走客户之后，要对本次投诉工作进行梳理。分析是什么原因造成的客户投诉，哪个环节出了问题。查找原因不单纯是为了问责，最主要是针对问题进行反思，改进工作，避免再次出现同类型的问题。

五、投诉预防

处理投诉的最好办法是预防，不让投诉发生。察觉客户细微的不满意，比客户考虑得更多，把小小的不满意或者抱怨扼杀在萌芽状态才是最好的方案。预防投诉，有四个方面：

1. 售后服务工作标准化并落实到位

认真执行服务核心流程并控制关键点；提升维修质量；监控产品质量；用 PDCA 循环检查日常工作并改进。

2. 预防投诉的措施和机制

建立完善的措施和机制。比如落实首问责任制；畅通客户反馈和投诉渠道；建立高效的投诉处理流程；制订应急预案和快速反应机制；针对问题定期回顾与经验总结。

3. 客户关怀体系

客户关怀部门经常与客户沟通，完善客户资料；客户关怀部门可以与售后部门联合举办有针对性的客户活动；给予重要客户生日、节日问候等；定期做客户满意度调查；对流失客户进行回访等等。

4. 服务人员能力和态度

提升服务人员的业务水平；识别客户类型、把握客户期望值；重视客户要求、掌握客户的变化；定期组织培训，提升员工处理抱怨 / 投诉的技巧和能力；积极的态度，不逃避、不推卸、不隐瞒。

六、投诉客户回访

针对投诉客户回访，首先心理上不能怕，回访是对客户的关爱。回访主要了解客户对服务的感受，对做得不够好的地方真诚道歉，安抚客户的情绪，再询问客户怎么做会更满意一些，表达希望为客户做好服务的意愿，对客户提出的具体问题进行记录，并邀请客户下次到店对反映的问题进行相应的弥补或者解决。

回访的目的是做好防范，化被动为主动。回访完成后做好的回访记录需要分发给相关人员，或者在系统内容对客户进行标注，引起车间及其他人员的重视，对情况特别的客户还要上报主管，做好预警，避免客户下次到店再发生类似问题。

课后自测（可扫描二维码在线完成）

1. 客户只是抱怨了几句，没有进一步追究，这种抱怨可以不用处理。（　　）
2. 对于不吵不闹的客户，就不用考虑他的情绪了，也不用隔离了。（　　）
3. 真诚道歉很重要，所以碰到客户投诉先道歉，承认我们的错误。（　　）
4. 返修的工单上需要特别注明返修，必要时需要配备高级技师进行维修。（　　）
5. 重复维修是客户理解的偏差，责任在客户，不需要在工单上特别注明。（　　）

在线测试
任务 2
返修投诉车
辆客户接待

综合任务五　保修索赔客户接待

客户信息卡：

经销商：齐鲁天众（简称）	服务热线电话：5858××××	
客户：王力（先生）	联系方式：1390123××××	
车牌号：鲁 A12×××	车型：自定	
里程：40 000km	油表：1/4	蓄电池电压：12V
预约进店时间：具体日期据实际情况确定（周六 10：00）		

子任务 1　车辆返修客户接待

王先生的车在保修期内出现了车辆异响问题，到经销店维修后一周内又出现了同样的故障现象。王先生怒气冲冲跑到店里要投诉服务顾问。如果你是王先生的服务顾问，你将如何处理？

任务要求：具体车主信息、车辆信息、车辆异响故障和故障原因等可以组内自拟。请参照所学内容，组内分子小组一对一演练，完成保修期内返修投诉客户的完整服务流程，从客户接待到回访。每个人都必须担任一次服务顾问。

阅读任务书，小组讨论分析完成本次工作任务的关键点和难点。

关键点：_____

_____

_____

_____

_____

难点：_____

_____

_____

_____

_____

子任务 2　质保索赔客户接待

王先生的车行驶了一年零八个月，他在驾驶该车的时候发现转向机出现故障，转向盘异常沉重，无法正常驾驶，王先生反映："打方向的时候沉得很，开着车的时候特别吓人"。王先生很生气的打电话要求免费维修并更换方向机。

任务要求：请各小组自行查询资料，按照标准流程，完成质量索赔客户的接待工作，要求从客户主动预约进店开始，到完成回访结束，并依次交换角色进行，小组内每人必须担任一次服务顾问。

阅读任务书，小组讨论分析完成本次工作任务的关键点和难点。

关键点：_____

_____

_____

_____

_____

难点：_____

_____

_____

_____

_____

_____

任务分组

建议 3～5 人为一小组，分工协作，共同完成保修索赔业务接待的信息收集、计划制订、决策及任务实施，并将任务分工情况记录在表 5-11 中。

表 5-11　任务分配表

综合任务五	保修索赔客户接待	班级		组别	
小组组名		组长		成绩	
组员	姓名		任务分工		

工作计划

一、结合客户及车辆信息编写保修索赔业务接待流程的全部话术

请根据客户信息和子任务 1、子任务 2 中客户及车辆信息，小组自选其中一个子任务，完成从客户预约至客户回访的整个流程的接待话术。

1）受理预约的话术：

_____

_____

_____

_____

2）索赔接待话术：

_____

_____

_____

_____

3）接车服务话术：

_____

_____

_____

_____

4）车辆结算交车话术：

_____

_____

_____

_____

5）客户回访话术：

_____

_____

_____

_____

_____

二、列出接待时所需的设备、工具、单据和耗材清单

序号	名称	型号与规格	单位	数量	备注

三、组内检查

序号	工作计划内容	工作计划完成情况（在对应选项打"√"）			
		优秀	良好	一般	较差
1	子任务1或子任务2话术				
2	检查时所需的设备、工具、单据清单				
其他					
存在的问题及建议		组长签字			

进行决策

（1）各小组上传工作计划方案。
（2）进行小组方案互评。
（3）教师进行点评和总结。
（4）各小组结合自身情况修改并完善工作计划方案。

工作实施

建议3～5人为一小组，轮流扮演服务顾问、客户和观察员，进行保修索赔业务接待流程的演练，并完成相关表格的填写（相关表格见附录）。

实施要求：

（1）汽车仿真实训室（装有汽车维修业务接待管理软件）。
（2）小组讨论保修索赔客户接待需要进行的准备（资料、工具、相关部门同事、话术）。
（3）每人均完成一次保修索赔客户接待实训。
（4）每人均完成受理预约电话登记表、质保索赔登记表、客户接待登记表、车辆检查单、终检表、结算单的填写。

评价反馈

各组派代表（或随机抽取子小组）上台完成保修索赔业务接待全流程。完成表5-12保修索赔业务接待评价表。

表5-12　保修索赔业务接待评价表

序号	考核要点	综合评定	分值	评价（只记录扣分项）													
				自评	互评（组别）						师评（组别）						
					1	2	3	4	5	6	1	2	3	4	5	6	
1	礼仪规范	着装整洁、正确，符合安全工作规范（1分）；仪表端庄，表情和蔼可亲，眼神自然真诚（1分）；指引手势规范，姿态正确，自然大方（1分）；吐字清晰，语速适中，语句流畅（1分）	4														
2	5S管理	工作前进行灭火器检查、车辆检查等（1分）；及时进行场地、设备的清洁和整理（1分）；不打断客户谈话，解答客户疑问专业自信（1分）；各类单据填写完整且规范（1分）	4														

续表

序号	考核要点	综合评定	分值	评价（只记录扣分项）													
				自评	互评（组别）						师评（组别）						
					1	2	3	4	5	6	1	2	3	4	5	6	
3	客户满意	积极处理投诉，客户认同方案，处理结果双方满意（12分）	12														

序号	考核要点	活动检查	分值	评价（只记录扣分项）													
				自评	互评（组别）						师评（组别）						
					1	2	3	4	5	6	1	2	3	4	5	6	
1	礼迎顾客	问候顾客，自我介绍，递送名片，问清来意（2分） 及时自然隔离客户，缩小影响范围（3分） 诚恳道歉，主动安抚客户情绪，提供饮品等服务，防止矛盾升级（5分）	10														
2	了解情况	积极倾听，开封结合，及时反馈，多方求证，积极高效了解事情真相（5分）话术简洁，能照顾客户情绪（5分）	10														
3	解决问题	给出两套合理的解决方案，引导客户做决定，采纳其中一种方案达成和解，双方共赢（6分）态度积极温和，客户能接受并配合（4分）	10														
4	车辆检查	与客户有沟通，按照规定顺序当客户的面套好三件套（2分），车辆检查熟练完整高效，针对客户问题重点检查，接车单填写完整（6分）	8														
5	维修项目确认	再次确认客户要求，确认维修项目，明确保修条款（5分）附加维修项目有说明，确认客户签字，预检单有一联交给客户（3分）	8														
6	作业前价格说明	向客户说明本次作业的内容、价格，说明保修或善意保修的内容和费用（4分）客户有异议的解释能让客户满意（1分）	5														
7	维修作业跟进	向客户说明预计交车时间，工单上有预警，打印工单并让客户签字，估价单有一联交给客户，能跟进维修进度，能解释客户异议（5分）	5														
8	车主休息安顿	引导客户到休息室休息（语言、动作、茶水），每小时进度跟进汇报（5分）	5														
9	车辆终检	仔细检查车辆维修的情况，车辆清洁状况，恢复个性化设置和贵重物品，终检单填写完整（5分）	5														
10	交车	展示车辆维修情况，清晰说明维修和保修项目，旧件展示，正确解释账单，提供用车建议，单据整理好，体现关怀（6分）	6														

续表

序号	考核要点	活动检查	分值	评价（只记录扣分项）													
				自评	互评（组别）						师评（组别）						
					1	2	3	4	5	6	1	2	3	4	5	6	
11	回访	态度真诚，语气诚恳，客户满意，记录详细，有反思（8分）	8														
		总计	100														

本组优势：

诊断改进：（遇到的问题、原因分析以及今后改进的方法）

课后思考题

1. 车辆发动机报警灯亮可能是哪些原因引起的？

2. 交车前的车辆检查重点要检查什么，有哪些需要特别注意的？

3. 客户不清楚是什么地方坏了需要维修，服务顾问有哪些方法可以让客户了解维修的零部件？

学习情境六
新能源汽车维护与客户接待

素养园地

爱国篇

汽车产业已经迈入电动化、智能化、网联化、共享化时代,我国的新能源汽车品牌正在崛起,"自主研发""智能技术"已然成为我国新能源汽车品牌的代名词。产业变革已经来临,汽车服务顾问要求也随之升级,"在线化、智能化、移动化、个性化"将会成为汽车服务的风向标,你准备好了吗?

情境描述

李想作为上汽荣威 4S 店的一名服务顾问,已经在店里工作一个多月了,王先生开着新买的一辆新能源电动汽车上汽荣威 ei6 轿车来店做保养,同时想让李想给他介绍一下这车的基本结构,跟传统燃油车的区别等问题,李想该怎么介绍给他呢?

李想需要按照厂家标准流程和考核标准来接待客户,做到客户满意。整个接待过程用录音笔全程记录,方便后期检查问题。上汽荣威标准服务流程如图 6-1 所示。

图 6-1 上汽荣威标准服务流程

学习目标

知识目标	能力目标	素质目标
1.掌握新能源汽车保养的主要内容;	1.通过查找相关资料,能描述汽车维修服务的流程;	1.具有以客户为中心的主动服务意识;
2.掌握新能源汽车高压部件主要功用;	2.能描述新能源汽车厂家维护相关政策和整车质保项目;	2.具有规范的礼仪和标准流程意识;
3.掌握新能源汽车双顾问的接车流程及要点	3.能完成车辆维修与保养的工作任务;	3.具有较强的质量意识;
	4.能在工作过程中,注重安全、环保、节约,为车主提供合理用车建议	4.具有较强的责任意识;
		5.具有较强的团队合作意识;
		6.具有较好的语言表达和沟通能力

任务 1 常规保养客户接待

微课视频
电动汽车结构

课前热身

请观看"电动汽车结构"微课,开启本次的课前热身之旅!(可扫描二维码

观看）

⚙ 任务描述

　　××××年×月×日，赵先生驾驶一辆上汽荣威 ei6（45T 混动互联智尊版）轿车，已预约×日9：00到店，9：00准时到上汽荣威爱民 4S 店进行 20 000km 常规保养。

　　李想的任务：基于以下客户信息，完成本次的客户接待任务。

　　客户信息卡：

经销商：上汽荣威爱民 4S 店	服务热线电话：400-620-××××	
客户：赵先生	联系方式：135××××7353	作业项目：定期保养
车牌号：鲁 A F12×××	车型：上汽荣威 ei6（45T 混动互联智尊版）	
里程：19 850km	油表：1/2　电量：75%　制动片厚度：14 mm	
预约进店时间：具体日期据实际情况而定（周六 15：00）	20 000km 定期维护保养	

🕐 任务分析

　　认真阅读任务描述，小组讨论分析完成本次工作任务的关键点和难点。

　　关键点：_____

_____

_____

_____

　　难点：_____

_____

_____

_____

🔧 任务分组

　　建议 2～3 人为一小组，分工协作，共同完成常规保养接待的信息收集、计划制订、决策及任务实施，并将任务分工情况记录在表 6-1 中。

表 6-1　任务分配表

任务 1	常规保养客户接待	班级		组别	
小组组名		组长		成绩	

续表

	姓名	任务分工
组员		

获取信息

引导问题 1

1）新能源汽车服务接待双顾问的职责是什么？

_____

_____

_____

2）"绿芯管家"专属服务模式的目的是什么？

_____

_____

_____

3）"绿芯管家"专属服务有哪些特色？

_____

_____

_____

4）"绿芯管家"专属服务有哪些承诺？

_____

_____

_____

5）你认为新能源汽车服务接待还有哪些特点？

_____

_____

知识小贴士 1

　　客户在购买新能源车辆前更多关心的是产品使用过程中的技术和服务保障能力，同质化的传统服务已无法满足客户的需求，随着新能源车辆产能的扩大，上汽荣威售后通过服务升级，以"双管家"模式，重点推出"绿芯管家"专属服务。贯穿整个车辆服务过程，从车辆售前、售中、售后等方面提供多元化服务，结合服务流程中的售后话术，凸显新能源车车主差异化服务，增加客户的品牌黏性，提升产品市场口碑。

　　1."绿芯管家"专属服务模式的目的

　　（1）弥补传统模式不足。

　　（2）贯穿整个服务过程。

　　（3）凸显车主差异化服务。"绿芯管家"专属服务做出了四大承诺。

　　承诺一：三电（即电机、电池、电控）质保 8 年或 120 000km。

　　承诺二：电池 5 年/100 000km 衰减不超过 20%，8 年衰减不超过 30%。

　　承诺三：纯电模式续航 60km 仍有 20% 余电。

　　承诺四：全国部分城市专享"绿芯管家"原厂服务。

　　2."绿芯管家"专属服务特色

　　享受宅捷修（充）服务：服务上门（上门取车、上门送车、上门维保）；在质保期内，新能源车主可以享受无限次宅捷修、宅捷充上门服务。

　　享受"二对一"服务：车主在进店保养时，还能享受到由专属资深服务顾问和技术顾问提供的类似银行 VIP 模式的"二对一"服务，比如免预约、免等候的快速维修通道等服务。

　　3."绿芯管家"专属服务特征

　　双管家特征：服务顾问、技术顾问（享受"二对一"服务）。

　　专属服务特征：授权售后服务中心给每一位新能源车主指定专属服务顾问。

引导问题 2

　　1）新能源汽车在维修接待过程应注意哪些安全事项？

　　2）新能源汽车维修必备的防护措施及工具有哪些？

　　3）你认为新能源汽车在服务接待过程中还应该注意哪些事项？

_____

_____

_____

_____

知识小贴士 2

　　为满足新能源汽车服务维修接待需求，新能源汽车服务顾问需要参加专项服务培训。培训内容除新能源汽车服务流程之外，还包括新能源车辆的产品技术特点、动力电池、驱动电机等元件的构造和工作原理，高压电维修作业防护和注意事项，只有接受过专业培训并且全部考试合格的服务顾问，才能为新能源车车主进行售后服务接待工作。

　　1. 新能源汽车维修安全规程

　　在新能源汽车使用与维护过程中必须贯彻"安全第一，预防为主"的方针。在新能源汽车全部停电或部分停电的电气设备上工作，必须完成下列措施：①停电；②挂锁；③验电；④放电；⑤悬挂标示牌；⑥装设护栏；⑦有监护人。在维修作业时必须注意遵守以下安全操作规程：

　　（1）必须穿戴齐全个人安全防护用品。禁止佩戴手表、戒指、项链等首饰，防止高压系统短路，造成人员伤害、车辆和工具损坏。

　　（2）开始作业前必须设置安全隔离，并放置安全警示牌。

　　（3）开始作业前必须对工位铺设的绝缘垫进行绝缘检测。

　　（4）必须用干净的布或塑料罩对车辆进行保护，以免损坏车辆。

　　（5）工作要由两名或更多工作人员完成时，尽可能经常相互沟通。

　　（6）高压断电、验电和放电完成之前必须佩戴绝缘手套。

　　（7）举升车辆之前必须按操作规程进行相应的检查，车辆举升高度原则上不超过 1.7m。

　　（8）在进行动力电池拆装过程中，必须严格注意动力电池举升车的举升高度和与动力电池的接触情况。

　　（9）在拆装各类线束（缆）时，一定要注意各插接器按要求进行断开与接合。

　　（10）操作过程中任何设备工具的操作必须符合安全操作规程。

　　2. 新能源汽车维修人员基本要求

　　（1）确保维修人员具有相当于高等职业教育以上的学历。这将确保从业人员具有一定的分析、判断和解决问题的能力。

　　（2）确保维修人员具有阻止他人进行违规操作、报警、紧急求救和报告安全事故的思想意识。

（3）确保维修人员具有基本的维修作业安全理论与实践知识，这包括正确使用日常工具、保养工具、设备，清理和整洁工作现场，水、气、电的安全使用知识，规避工作中潜在的风险。

（4）确保维修人员具有高低压电的安全相关知识，通过进行必要的测量，能够判别出这些高低压电的状况。在事故发生后能够通过有效的方式进行自救和寻求帮助。

（5）确保维修人员接受过纯电动汽车的维修及维护培训，并获得相关厂家的认证。参加过技术培训，并获得资格认证。熟悉所维修车型的用户手册和维修手册。在遇到故障时，能够快速查询和定位维修手册，根据维修手册相关内容进行故障排查。

（6）熟练使用各种纯电动汽车的诊断工具，如电动汽车故障诊断仪，数据流采集和分析、程序刷写等专用工具。

3. 高压安全断电基本流程

新能源汽车由于涉及高压操作，因此必须进行断电、验电和放电操作。下面以某车型为例介绍高压安全断电的基本流程。

注意：不同车辆请严格参照其维修手册的要求进行高压安全断电。

（1）断电操作。

首先将车钥匙置于 OFF 位置，并拔下蓄电池负极电缆，随后对桩头做绝缘包裹，之后断开（拔出）PDU（电子分配单元）控制电路 35 针插接器。

（2）验电操作。

验电的目的就是检测高压直流是否还有输出，以保证后续的安全操作，因此检查端应该是在动力电池输出端。断开动力电池高压电缆有两种方法：一种是把车举升起来从动力电池插接器处拔掉（有举升机的条件下）。另一种是不举升车辆而是在 PDU 插接器处拔掉（没有举升机的条件下）。用万用表直流电压挡测试电池接口端是否还有电压（这是在车下方进行的，车辆在举升机上）。如果是在 PDU 接插器处断开的，就对电池的高压电缆插头进行直流电压挡检测（这是在前机舱里进行的）。

（3）放电操作

用放电工装对负载端放电，如果在车的下方就对高压电缆插头放电（因为另一段连接的是 PDU- 负载侧）。如果是在前机舱里放电，就拔掉 PDU 端给空调压缩机供电的插接器，在此给高压负载放电即可（这是在前机舱里进行的），直至放电工装指示灯熄灭为止，然后使用万用表对其电压进行测量，确保直流电压在 36V 以下，方可确认放电结束。

4. 新能源汽车维修必备防护措施及工具

在新能源汽车维修时必要的绝缘以及防护工具包括：绝缘手套（绝缘等级为1 000V/300A）、绝缘鞋、护目镜、绝缘安全帽（D 类）、警示牌（高压危险，请勿靠近）、高压测试仪、绝缘工具、放电工装等，在开始作业前要对绝缘及防护工具进行检查，以确保其性能。绝缘及防护工具见表 6-2。

表 6-2　绝缘及防护工具

序号	类型	工具设备名称	规格要求	单位	备注
1	拆装工具	绝缘工具套装	高压电维修绝缘工具，耐压 1 000V	套	—
2	检测仪表	数字式万用表	符合 CAT Ⅲ 要求	个	如 FLUKE 系列万用表
3		数字电流钳	符合 CAT Ⅲ 要求	台	如 FLUKE 321
4		高压绝缘测试仪	符合 CAT Ⅲ 要求	台	FLUKE 1587
5	诊断仪器	专用车型诊断仪	对应车型	套	如北汽 BDS、比亚迪 ED400、ED1000
6	防护用品	绝缘台	耐压≥10kV	台	—
7		绝缘手套	耐压≥10kV	副	—
8		绝缘靴	耐压≥10kV	双	—
9		护目面罩（护目镜）	耐压≥10kV	副	—

引导问题 3

1）新能源汽车主要部件有哪些？

2）驱动电机主要的功用有哪些？

3）新能源汽车车上新增高压元件有哪些？

4）你还了解新能源汽车哪些高压元件呢？

知识小贴士 3

1. 动力模块

电动车的动力模块包含驱动电机总成、动力电池总成。

（1）驱动电机总成（图6-2）。驱动电机根据冷却形式分风冷和水冷，根据结构分为直流有刷电机和直流无刷电机以及交流电机。驱动电机主要的功用如下。

图 6-2　驱动电机总成

① 驱动电机控制器将动力电池提供的直流电，转化为交流电，然后输出给驱动电机；

② 通过驱动电机的正转来实现整车加速、减速；通过驱动电机的反转来实现倒车；

③ 驱动电机通过有效的控制策略，控制动力总成以最佳方式协调工作。

（2）动力电池总成（图6-3）。动力电池总成是提供整车动力能源的设备，根据电池种类的不同可分为锂电池、镍氢电池和铅酸类电池，其电池包的主要功用如下。

① 提供动力；

② 电量计算；

③ 温度、电压、湿度检测；

④ 漏电检测、异常情况报警；

⑤ 充放电控制、预充电控制；

⑥ 电池一致性检测；

⑦ 系统自检等。

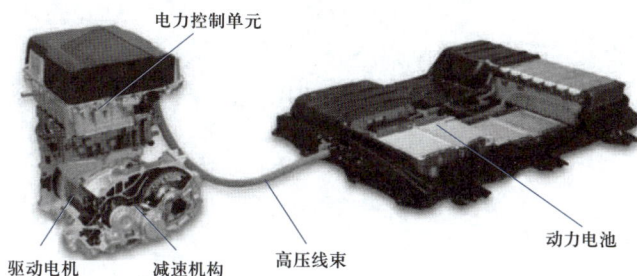

电力控制单元

驱动电机　　减速机构　　高压线束　　　　动力电池

图 6-3　动力电池总成

车辆行驶过程中，随着电量的消耗，SOC 表上指针指示的数值会逐渐减小。当 SOC 减小到 30% 以下时，SOC 表上的电量不足指示灯会点亮，提示用户尽快对车辆进行充电。

2. 高压辅助模块

新能源汽车高压辅助模块包含车载充电器、漏电保护器、车载充电口和应急开关。

（1）车载充电器（图 6-4）。车载充电器主要功用是将 220V 交流市电转换成直流电后向动力电池充电。需要注意的是：使用家用插座为新能源汽车充电时，也需要考虑插座及线路的承受能力，需要额定电流 10A 的单相 220V 插座。如果采用一些伪劣产品的插座，可能导致充电插座烧毁、线路烧熔等安全事故。

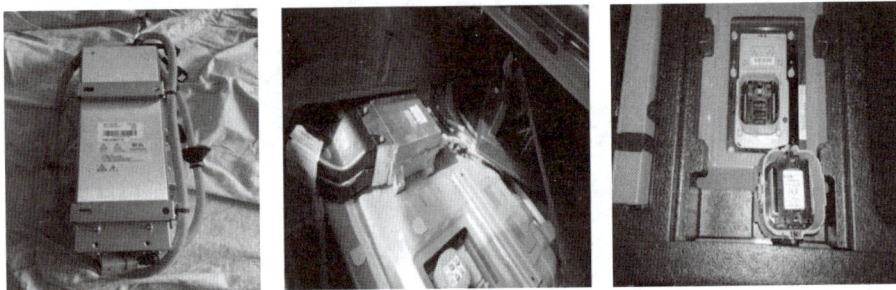

图 6-4　车载充电器及应急开关

（2）漏电保护器。漏电保护器通过将一端和负极相连，一端与车身连接，以检测电流和电压值，一旦发现有超出限制的电流和电压，则发出报警，并切断控制模块，保证用电安全。动力蓄电池系统泄漏电流量不应超过 2mA，整车绝缘电阻值应大于 1 000V。

（3）充电枪和充电口（图 6-5）。车载充电可分为快充和慢充。为了保证充电迅速高效，使用特定的充电口进行充电，充电时需要保证整车防水密封性，并且保证车载充电口能够承受瞬时大电流。

图 6-5　充电枪和充电口（慢充）

3. 高压电器系统

电动空调系统（图 6-6）：供暖系统采用 PTC 冷却液加热模块，额定功率 6kW，

PTC 加热冷却液后供给暖风芯体；空调电子水泵安装在电动压缩机上端。

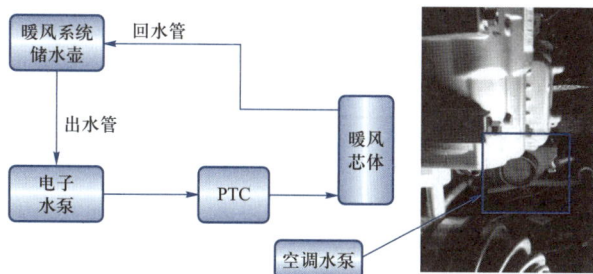

图 6-6　电动空调系统

4. 电力电子箱

电力电子箱（PEB，Power Electronic Box）是控制 TM 电机 ISG 电机的电气组件，集成 DC-DC 转换器。

（1）根据电力电子箱和驱动电机运行状态，智能控制冷却液泵，节省电能。

（2）完善主动和被动高压电安全技术，保证高压安全。

（3）先进的转矩安全监控系统，保障整车行驶安全。

（4）整体的防水防尘设计方案，保障产品可靠性及高压安全。

5. 随车工具

随车工具如图 6-7 所示。

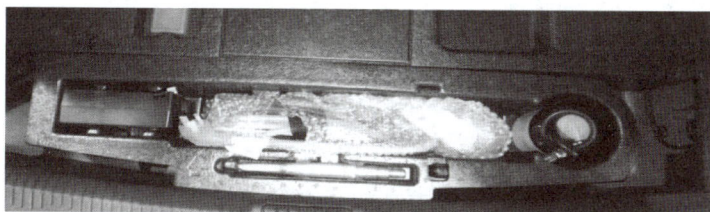

图 6-7　随车工具

6. 低压蓄电池和动力电池膨胀壶（动力电池冷却液罐）如图 6-8 所示。

图 6-8　低压蓄电池和动力电池膨胀壶

工作计划

一、制订新能源汽车常规保养接待话术

服务顾问扮演者		客户扮演者	
工作重点环节		话术内容	
问候、介绍技术服务顾问			
到店前 1 h 的预约跟进			
礼貌接待客户			
邀请客户一起进行车辆检查			
对车辆外观、里程、油量及主要的功能进行检查，并告知客户，体现"绿芯管家"服务特色			
对车辆情况进行小结，并与客户确认保养项目、保养价格、交车时间，体现"绿芯管家"服务特色、人文关怀			
落实机动性服务并友好道别			

二、编写合理的保养精品销售话术

_____

_____

_____

三、列出新能源汽车保养所需的设备、工具、单据和耗材清单

序号	名称	型号与规格	单位	数量	备注

续表

序号	名称	型号与规格	单位	数量	备注

进行决策

（1）小组派代表展示话术设计方案。
（2）进行小组方案互评。
（3）教师进行点评和总结。
（4）各小组结合自身情况修改并完善工作计划方案。

工作实施

建议 2～3 人为一子小组，互为服务顾问和客户进行接 / 交车演练，并完成接 /
交车表的填写（从附录中自行选择）。

评价反馈

各组派代表上台完成新能源汽车保养客户接待，并完成表 6-3 常规保养客户接待
考核评价表。

表 6-3 常规保养客户接待考核评价表

接待员：　　　　　　　　　　　　　　　　　　　　　　　　年　　月　　日

序号	考核要点	综合评定	分值	评分	备注
1	接车员迎车	车辆到来时立即迎车并引导停车，介绍技术服务顾问（是否及时；仪表、表情、动作、走路姿势是否规范；特殊情况处理意见；客户带小孩的迎接和对话）（2分）；携带问诊表、三件套（1分）；替客户开门，同时打招呼（开门动作、语言、笑容）（1分）；询问客户需求（语言是否规范、亲切、有技巧）（1分）	5分		
2	三件套使用	上车前必须套上三件套（1分）；是否当客户面套上（1分）；动作是否熟练（1分）；地垫位置是否恰当（1分）；客户在时是否同时和客户有沟通（1分）	5分		

续表

序号	考核要点	综合评定	分值	评分	备注
3	车内检查	驾驶室内检查项目（问诊表16项项目有无遗漏；有无个性化差异化重点介绍）（3分）；客户在场时（有无同时和客户沟通；沟通效果如何）（3分）	6分		
4	贵重物品提示	提醒客户是否有贵重物品（2分）；提醒语言的满意度（2分）；提醒时间是否恰当（2分）；提醒后客户反感的应对（2分）	8分		
5	环车检查	检查时间（1分）；检查项目有无重点（1分）；车主在场时与车主一起（1分）；车主不在是否检查（1分）	4分		
6	问诊	仔细聆听客户需求，不能打断客户，体现"绿芯管家"服务特色、专业性人文关怀（2分）；分析故障现象（2分）；总论表字迹清晰，不得漏项（2分）	6分		
7	再次确认用户要求	再次确认客户要求（2分）；附加维修项目是否说明（2分）；确认客户是否签字（2分）；问诊表是否把一联交给客户（2分）	8分		
8	维修前预算内容价格说明	向客户说明维修内容（1分）；客户有异议的解释（1分）；向客户说明维修价格（2分）	4分		
9	预计交车时间说明	向客户说明预计交车时间（2分）；客户有异议的解释（2分）	4分		
10	打印工单	打印工单并让客户签字（2分）；估价单是否把一联交给客户（2分）	4分		
11	车主休息安顿	引导客户到休息室休息（语言、动作、茶水）（2分）；客户询问车辆维修动态，能否解答（2分）	4分		
12	车辆交车间作业	将车辆开到车间，停放在正确位置（2分）；是否与车间有交接（2分）	4分		
13	过程巡视	有空时巡视（2分）；客户询问车辆维修动态，能否解答（2分）	4分		
14	结算时维修内容说明	是否向客户解释维修的内容，客户是否满意（2分）；是否具有专业性（2分）	4分		
15	结算时维修价格说明	向客户解释价格的内容工时、材料费（1分）；解释是否专业（1分）；车历卡是否有客户签字（2分）；结算单是否交给客户（1分）；是否引导客户到收银台结算（1分）	6分		

续表

序号	考核要点	综合评定	分值	评分	备注
16	交车检查	交车前与客户一起检查维修项目（1分）；是否征求客户的意见，并记录（1分）；是否检查清洗情况（1分）；是否进行旧件交接（1分）；体现"绿芯管家"服务特色，添加顾客微信（2分）；对车辆在使用、维护、安全、充电等方面的注意事项进行简要说明（2分）	8分		
17	保养提示	是否提醒客户下次保养时间／里程（4分）	4分		
18	客户送别	是否有礼貌用语（谢谢）（1分）；是否目送客户离开（1分）	2分		
19	时间掌握	时间：总接车／交车时间20min，维修时间30min，车辆总的在厂时间50min。超时没有解释的扣分，超时中间有对客户解释和对维修车间主管沟通的不扣（10分）	10分		
	合计		100分		
本组优势：					
诊断改进：（遇到的问题、原因分析以及今后改进的方法）					

知识链接

一、混合动力汽车维护周期

1. 首保

必须在3 000km或3个月内进行首次保养，更换机油和机油滤清器。为保持高压电池包的性能，客户需定期（每个月至少一次）进行均衡充电

常规保养计划分为："保养A类"和"保养B类"，并依次进行循环维护，见表6-4。

表6-4　常规保养计划

保养类型	A	B	A	B	A	B	A	B
行驶里程÷1 000km/使用时间（月数）	10/6	20/12	30/18	40/24	50/30	60/36	70/42	80/48

（1）公里数或者月数，以先到达者为准。

（2）若车辆配备智能保养提醒功能，请以车辆屏幕的提示信息为准。

2. 常规保养更换项目

（1）10 000km 常规保养。

进行机油、机油滤清器、燃油系统积炭清洗剂相关保养。

（2）20 000km 常规保养。

进行机油、机油滤清器、燃油系统积炭清洗剂、空气滤芯、空调滤芯相关保养，制动液每 2 年更换一次，燃油滤清器每 2 年或 40 000km 更换一次，电驱动变速器需进行同步器自学习。

（3）30 000km 常规保养。

进行机油、机油滤清器、燃油系统积炭清洗剂相关保养，更换辅助传动皮带（3 年或 100 000km）、电驱动变速器蓄能器（3 年或 80 000km），冷却液（3 年或 80 000km）。

3. 特殊保养项目

（1）辅助传动带：每隔 3 年或 100 000km 更换（以先到达者为准）；

（2）电驱动变速器油：每隔 80 000km 更换；

（3）电驱动变速器：每隔 20 000km 需进行同步器自学习；

（4）制动液：每隔 2 年更换；

（5）冷却液：每隔 3 年或 80 000km 更换（以先到达者为准）；

（6）燃油滤清器：每隔 2 年或 40 000km 更换（以先到达者为准）；

（7）火花塞：每隔 40 000km 更换；

（8）燃油系统积炭清洗剂：建议每隔 5 000～10 000km 定期使用厂家认可的燃油系统积炭清洗剂；

（9）全景天窗玻璃导轨：建议每隔 30 000km 使用厂家认可的全景天窗玻璃导轨润滑油进行保养。

二、纯电动汽车整车的维护与保养

1. 纯电动汽车使用过程中，为保证汽车正常行驶，必须对汽车进行日常维护。日常维护是发挥汽车效率、减少行车事故、节约维修费用、降低能耗以及延长汽车使用寿命的重要环节，是每个驾驶人在开车前及行车中必须做到的，其主要内容如下：

（1）检查转向、制动、悬架、传动等主要部件的紧固情况。

（2）检查真空管道有无漏气现象。

（3）检查驱动桥主减速器、转向机构和真空泵等有无漏油现象。

（4）检查轮胎气压是否合乎标准，剔除嵌入轮胎花纹的渣石、铁钉等杂物。

（5）按润滑表规定，按时按量对各润滑点进行润滑。

2. 纯电动汽车周期性的维护与保养

每行驶 1 000km，除完成每日保养内容外，还要检查蓄电池是否合格；电气系统各部件绝缘阻值是否符合规定要求。

每行驶 3 000km，应紧固全车的各紧固件，特别注意检查并紧固好转向拉杆、前、后桥悬挂，驱动电机，传动轴，制动等系统的紧固件；轮胎换位；检查真空泵与助力转向系统。

每行驶 6 000km，应清洗、润滑各车轮轮毂轴承，并调整松紧度；检查调整前束值；检查调整各制动蹄片的间隙。

每行驶 12 000km，应查真空泵工作情况；检查转向系统工作情况；检查驱动电机等电器部分，同时检查电线的紧固情况和各部位的绝缘情况。

如果纯电动汽车长期停用，需要经常清洗尘土，检查纯电动汽车外部并进行防锈和除锈处理；停驶 1 个月以上时，应将纯电动汽车架起，解除前、后悬架和轮胎的负荷；每月对蓄电池进行 1 次补充充电；每月检查 1 次电气仪表，制动、转向等机构的动作情况，检查各个轮胎气压，发现不足时应充气。

3. 纯电动汽车关键零部件的维护与保养

动力电池系统、驱动电机系统、动力转向系统以及制动系统的性能严重影响纯电动汽车的应用性能和安全性能。这些关键部件的维护和保养可有效延长纯电动汽车使用寿命，提高使用性能。

1）动力电池系统维护与保养。

动力电池系统由动力电池、电池箱和电池管理系统构成。作为整车的动力源，动力电池系统对整车性能具有重要的影响。动力电池系统具有高电压、强电流的特点，对其进行保护与检查非常必要。

动力电池需要每 3 个月或每行驶 5 000km 后进行 1 次电池单体电压检测。每次更换电池时，都需要检查连接插头是否有磨损、松动、烧蚀等故障；每运行 10 000km，应对电池箱进行 1 次清理，并检查内外箱体及各个组成部件是否完好。

2）动力电池箱的检查。

（1）外箱的检查、维护在安装内箱之前，检查以下两点：

① 要检查极柱座橡胶护套是否齐全。

② 极柱是否氧化，氧化面应使用 1 500 目砂纸轻轻打磨，或使用棉布用力擦，将氧化层去掉。

（2）要定期（通常为 1 个月）清理外箱灰尘。

（3）极柱出现拉弧或打火烧蚀，要及时更换。

（4）若通信不可靠或 24V 供电电源不可靠，应检查 CAN 总线连接插头、24V 连接插头是否正常。

（5）内箱检查。应检查极柱座连接是否可靠，高压有无打火烧蚀，要定期除尘清洁。

3）通过动力电池外箱高压正负极端子检查动力电池外箱。

（1）用兆欧表 500V 挡测量各端子之间的绝缘阻值。要求当空气相对湿度小于等于 90% 时，绝缘电阻应大于等于 20MΩ；当空气相对湿度大于 90% 时，绝缘电阻应大于等于 2MΩ。

（2）用兆欧表 500V 挡测量各端子与电池外壳之间的绝缘阻值。当空气相对湿度小于等于 90% 时，绝缘电阻应大于等于 20MΩ；空气相对湿度大于 90% 时，绝缘电阻应大于等于 2MΩ。

（3）目视观察高压极柱插头、极柱插孔是否有磨损、烧蚀等现象，并注意保护套等部件上纯电动车新能源汽车报价及图片是否齐全。

4）电池快换导轨检查。

（1）检查快换箱体导轨轴承是否缺失。

（2）检查各轴承滚动是否顺畅，否则要及时更换轴承。

（3）导轨有无变形。

5）高压中控盒电气安全检查。

（1）在推入动力电池箱之前，由具备资质的电工，将连接到中控箱的高压线束、动力电池输入电缆从中控箱插接件口拔下，将其他高压电缆从部件插接件口（如电动空调等部件插接件上）拔下，测量拔下线束的每一个高压端子和底盘之间的绝缘电阻，其阻值应大于 20MΩ。

（2）保持步骤（1）的状态，并保持连接到中控盒的低压线束接通，将动力电池推入电池舱后，将车辆钥匙扭到"START"位置，此时测量所有高压线束端子处的电压，端子 A 和端子 B 之间应为 400V 左右或无电压，且端子 A 为高电势，端子 B 为低电势。

（3）保持步骤（2）的状态，将车辆的暖风加热系统打开，连接至 PTC 加热器的高压线束端子处的端子 A 和端子 B 之间应为 400V 直流电压，其中 A 为高电势。

（4）以上步骤确认无误后才能将车辆钥匙扭到"OFF"位置，然后将步骤（1）中拔下的插头依次插上，如果发现步骤（1）~（4）有异常现象，则应在排除异常后方可继续进行。

6）驱动电机维护与保养。

（1）每天开车前，检查水箱是否有防冻液，如果防冻液太少或没有，则必须补充。

（2）检查驱动电机及其控制器各固定点，检查螺栓是否松动，线束和插接件是否存在松动、老化、破损、腐蚀等现象。

（3）每两个月检查驱动电机本体和控制器水冷管道是否通畅，若冷却水道有堵塞现象，则应及时清理堵塞物。

（4）每半年检查清理 1 次驱动电机本体和控制器的表面灰尘。清理方法是断开动力电源，用高压气枪清理驱动电机本体和控制器表面灰尘。

注意：禁止用高压气枪直接对准控制器外壳上的"呼吸器"吹气，应用软毛刷进行清理。

（5）驱动电机轴承在一个大修周期内，不需要加润滑脂。当轴承发生故障时，应解体驱动电机，更换轴承。

（6）当驱动电机很长时间未用，最好测量驱动电机的绝缘电阻。检查绝缘电阻应使用 500V 兆欧表，其值不低于 5MΩ；否则需对绕组进行干燥处理，以去除潮气。

4. 其他高压系统维护与保养

高压系统应每 3 个月或每行驶 5 000km 后进行 1 次保养，即在对电池进行保养的同时，进行高压系统的保养。其他高压部件主要有车载充电机、DC-DC 转换器、高压电器盒、空调用电动压缩机总成。

（1）检查高压警告标记是否清晰且牢固。

（2）检查表面是否发生腐蚀、损伤等。

（3）检查安装点支架有无变形、损伤，安装螺栓有无缺失，并检查螺栓有无松动。

（4）检查插接件是否连接可靠，有无松脱或者变形情况。

5. 高压线束的检查

（1）检查底盘线束离地高度是否在安全范围内，或设有相应的走线槽来避免线束的剐蹭。

（2）线束和保护波纹管外观是否存在破损、老化等现象，插接件是否有腐蚀现象。

（3）各插接件连接是否牢固，其护套是否完好无损。

（4）高压插接件的锁止以及互锁机构是否完好。

（5）线束固定卡钉是否完好。

（6）高压线束和运动件之间是否存在剐蹭现象。

课后自测（可扫描二维码在线完成）

在线测试
任务 1
常规保养
接待

1. 动力电池系统由动力电池、电池箱和电池管理系统构成。（　　　）
2. 动力电池系统具有高电压、弱电流的特点，对其进行保护与检查非常必要。（　　　）
3. 电力电子箱防水级别 IP67，高压电池包防水级别 IP34。（　　　）
4. 为保持高压电池包的性能，客户要每一个月至少进行一次均衡充电。（　　　）

任务 2　一般维修客户接待

课前热身

微课视频
高压安全下
电基本流程

请观看"高压安全下电基本流程"微课，开启本次的课前热身之旅！（可扫描二维码观看）

任务描述

××××年×月×日，赵先生驾驶一辆上汽荣威 ei6（45T 混动互联智尊版）轿车，直接开到了上汽荣威爱民 4S 店，未预约。此时刘先生的专属服务顾问李想迅速约好技术顾问张华，一起迎接刘先生并询问来意，得知顾客是来做定期维护保养，且冷却液膨胀水箱液位低报警，未预约。他们俩人按照上汽荣威"绿芯管家 - 双顾问"服务流程，相互配合正确规范地完成接车和交车的全过程并解答顾客异议。

李想的任务：基于以下客户信息，完成本次的客户接待任务。

客户信息卡：

经销商：上汽荣威爱民 4S 店	服务热线电话：400-620-××××	
客户：赵俊（先生）	联系方式：135××××7353	作业项目：定期保养
车牌号：鲁 A F12×××	保养车型：上汽荣威 ei6（45T 混动互联智尊版）	
里程：39 980km	油表：1/2　　电量：75%	制动片厚度：14mm
预约进店时间：具体日期据实际情况而定	40 000km 定期维护保养	

🕐 任务分析

认真阅读任务描述，小组讨论分析完成本次工作任务的关键点和难点。

关键点： _____

_____

_____

_____

难点： _____

_____

_____

_____

🔧 任务分组

建议 2～3 人为一小组，分工协作，共同完成一般维修客户接待的信息收集、计划制订、决策及任务实施，并将任务分工情况记录在表 6-5 中。

表 6-5　任务分配表

任务 2	一般维修客户接待	班级		组别	
小组组名		组长		成绩	
组员	姓名	任务分工			

续表

组员	姓名	任务分工

获取信息

引导问题 1

1）新能源汽车高压电池包在日常使用过程中应注意哪些事项？

_____

_____

_____

2）新能源汽车事故处理原则是什么？

_____

_____

_____

3）新能源汽车无法起动需要如何进行跨接起动呢？

_____

_____

_____

_____

知识小贴士 1

1. 日常使用关键要点

1）高压电池包工作的环境温度为 −30～55℃。不允许车辆在 45℃ 以上环境中停放超过 8 h；不允许车辆在 −20℃ 以下环境中停放超过 12 h。如果超过此车辆存放环境的最大限度，会直接影响车辆的使用性能和高压电池包的使用寿命。若长时间（超过 3 个月）不使用时，请确保车辆停放在 −10～30℃ 的环境温度中。不允许车辆停放于有高温热源的场所。

2）车辆需要保持干燥，避免长时间在潮湿环境下停放，例如积水的停车场所等。尽量避免车辆在超过底盘高度的水中涉水行驶，否则可能造成高压电池包的永久损坏。若车辆涉水后，应尽快置于干燥地方停放。

3）每个月至少使用车辆一次并对车辆进行均衡充电，充电5h，以保证高压电池包寿命。在明确长时间不使用（超过3个月）时，确保高压电池包电量在50%左右进行存放；不允许车辆在高压电池包电量为10%（仪表电量显示为零）的情况下停放超过7天。

电池管理系统会监控高压电池包状态。当监测到一段期间内，高压电池包没有进行过均衡充电记录时，组合仪表界面上会出现"请充电保持高压电池均衡"的警告信息。此时，用户必须对其进行充电作业。

4）如果由于事故导致车身受损，需要修复或喷漆时，为避免高压电池包人为损坏或起火，必须联系授权售后服务中心，在拆除高压电池包之后进行相关作业。

5）高压电池包安装于汽车底盘位置，它含有数节锂电池单体，随意处置可能对环境造成污染和危害。务必参照厂家的要求进行处理。有关高压电池包的循环利用和处理，详情可咨询授权售后服务中心。

2. 紧急救援（事故处理）

保持车辆处于P挡，关闭汽车，确保钥匙移出。

如果车上电线裸露出来，千万不要触碰任何电线，以防触电。

如果发生火灾，应立刻离开车辆并用磷酸铵盐类灭火器灭火。

如果车辆发生碰撞，不允许再次起动车辆，并且在施救时先将手动维修开关断开。

当车辆全部或部分浸没在水中时，关闭车辆并及时逃离车辆。在托运被打捞出来的车辆之前应将手动维修开关断开。如果打捞时无气泡或滋滋声，则可以进行打捞作业；如果发现有气泡或滋滋声，需要等到无气泡产生或滋滋声后进行作业。此时无论在水里或者出水后触碰车体或结构都不会有触电风险。

事故处理完毕后，请联系授权售后服务中心检修。

车辆带有救援信息卡（放在手套箱内，见图6-9），在救援人员到场的情况下，请出示该救援信息卡给救援人员。

3. 紧急救援（跨接启动）

保证两个蓄电池的额定电压相同（12V），并且跨接电缆是被认可的用于12V汽车蓄电池的电缆。

确保前机舱附近没有明火。

确保每个跨接电缆连接牢固，而且不会从蓄电池接线柱或跨接点上突然脱落，否则可能引起火花，进而发生火灾或爆炸。

跨接起动时，行李舱允许打开的情况下尽量使用蓄电池正极接线端作为正极跨接点。若无法打开行李舱，则打开前机舱熔断器盒，如图6-10所示的端子可作为正极跨接点。

4. 紧急救援（轮胎修补）

1）取下修补液瓶罐底部标贴并贴于汽车方向盘上，以提醒驾驶时车速不要超

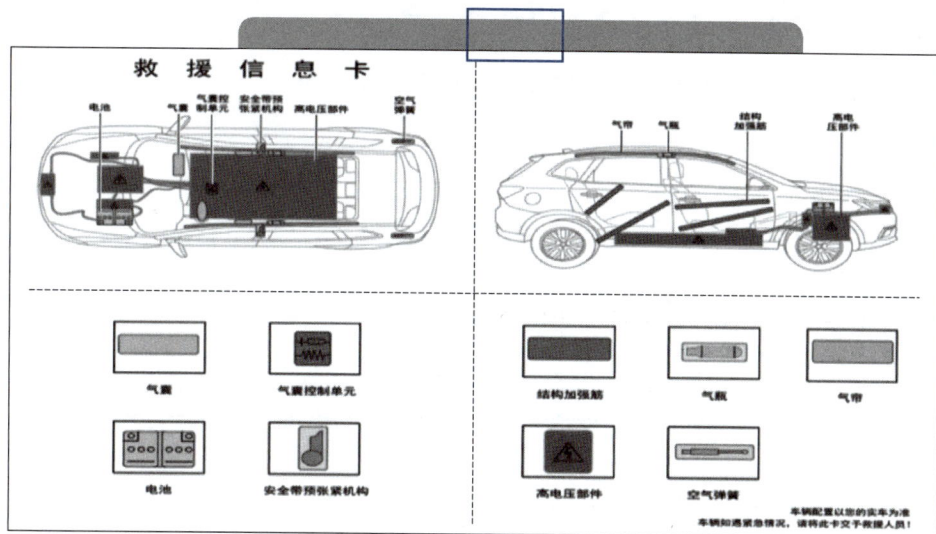

图 6-9　救援信息卡

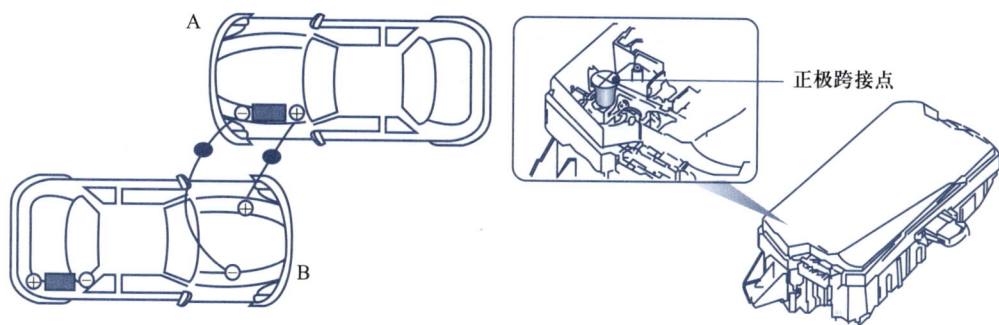

图 6-10　跨接起动

过 80km/h。

2）纯电动充气泵空气软管端连接到修补液瓶罐上，修补液瓶罐倒立安装在纯电动充气泵上的卡槽内，修补液瓶罐软管接头连接到轮胎气门上。

3）打开电动充气泵电源开关（即按下"—"），开始向轮胎中加注密封胶。修补液瓶罐变空的过程大约要 30s，轮胎达到 0.23MPa（即 2.3bar）的规定气压大概需要 5~10min。

4）当达到规定气压后，请关闭充气泵（即按下"O"）。

5）将修补液瓶罐从卡槽上拆下，并将修补液瓶罐软管从轮胎气门上断开。

6）请在完成以上操作后的 1min 内行驶车辆，使密封胶在轮胎内均匀分布，行驶时速不超过 80km/h，行驶距离不超过 5km。行驶后停车检查胎压。继续行驶不超过 5km 后要重新进行步骤 6 的操作。

引导问题 2

1）新能源汽车在日常充电中应该注意哪些？

_____

_____

_____

2）新能源汽车高压电系统使用安全事项有哪些？

_____

_____

_____

3）你认为新能源汽车在维修过程中还应该注意哪些事项？

_____

_____

_____

_____

知识小贴士 2

1．日常充电要求

1）充电前安全须知。

在充电作业的操作过程中，不允许周围的人接触操作员、车辆和供电设备。

先将充电手柄与车身插座连接，再对充电装置进行操作。

充电结束后，要先关闭充电装置并解锁车辆，然后将充电手柄与车身分离，并将充电口小门盖及车身充电口盖盖好。

当充电桩出现故障时，立即通知相关专业人员进行解决，操作人员不可任意处理。

2）电路电缆要求。

客户侧供电回路须为专用回路，电路布线应符合建筑、电力其他相关要求。

对于老旧建筑建议布置新的专用回路。

客户侧供电回路电缆的线径不小于 $2.5mm^2$。

如果客户侧供电回路电缆的长度超过 20m 须至少采用 $4mm^2$ 电缆，且电缆总长度不超过 50m。

电路布线应避开潮湿或有积水的区域，周围无易燃物质。

客户侧供电回路应通过具有相关资质的专业人员进行评估。

每次充电前对插头／插座检查一次，是否变形、发黑、烧蚀，如果发现异常须立即更换。即使没有发现异常，如果使用超过 3 年也需要更换为新的插座。

充电过程中出现异味、冒烟、过热等异常现象，须立即断开充电回路，终止充电作业。并对插头插座进行检查。

3）使用民用电源充电前安全须知。

（1）三眼插座要求。

插座须布置在便于车辆停靠、充电的地方。

额定负载能力为 220V 交流 /16A 的标准插座。

插座的接线要正确（火线、零线、地线），且地线接地可靠。

禁止使用低于 16A 插座及其转接器。

禁止使用拖线板进行转接。

插座须避免雨淋、日晒及异物侵入，且周围无热源。

插座要符合国家标准的要求，且通过国家 CCC 认证，质量可靠。

（2）充电环境要求。

充电设备的有些模块内部可能会产生电火花，为避免出现意外，请不要在加油站、有易燃气体或液体的地方进行充电作业。

充电作业时间会受到外界温度影响。

例如：温度低于 0℃时，所需要的充电时间比 0℃以上的时间长。

（3）充电作业对于特殊人群的影响。

充电作业对于特殊人群的影响体现在进行充电作业时，作业区域内可能会产生电磁场干扰。建议携带可植入式心脏起搏器、可植入式心血管除颤器的用户远离充电作业中的车辆。如果您携带可植入式心脏起搏器或可植入式心血管除颤器等设备，当车辆在进行充电作业时，请务必保证：

不要在车内逗留。

不要因为拿取乘客舱的物品等原因进入车内。

不要因为拿取行李舱处的物品等原因而去打开行李舱盖。

2. 高压安全使用

车上高压系统中有交流和直流两种高压电（可高达 400V 左右），这些高压电非常危险，可能造成烧伤、触电甚至死亡等严重伤害。

为了避免人身伤害，禁止触碰高压线束（橙色，图 6-11 中 4）及其连接接头。

带有橙色标签的部件都是高压系统部件，这些部件上贴有高压系统警示标签，务必遵守高压系统警示标签上的内容要求。

禁止非专业维修人员随意触摸、拆解或安装高压系统中的任何部件，如位于前机舱中的电驱动变速器（图 6-11 中 1）、电空调压缩机（图 6-11 中 3）、电力电子箱（图 6-11 中 2），底盘上的高压电池包（图 6-11 中 6）、行李舱内的车载充电器（图 6-11 中 8）等。

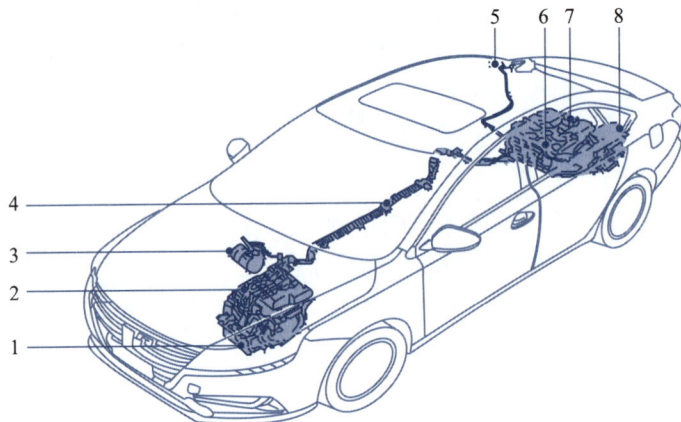

图 6-11　新能源汽车高压系统

1—电驱动变速器；2—电力电子箱；3—电空调压缩机；4—高压线束；5—充电口；
6—高压电池包；7—手动维修开关；8—车载充电器

📋 工作计划

一、制订新能源汽车维修接待话术

服务顾问扮演者		技术顾问扮演者		客户扮演者	
工作重点环节		话术内容			
问候、介绍技术顾问					
记录环车检查情况					
询问客户车辆的使用情况及存在问题					
发现车辆缺陷，建议增补或修复					
挖掘潜在需求，提供专业建议，专业地推荐特色服务增项					
体现"绿芯管家"服务特色、体现专业性人文关怀，介绍使用与保养的具体项目及所需时间					
应用引导礼，引导顾客到维修服务接待台落座；为顾客提供三种以上饮品供选择，并礼貌地递送；确认顾客基本信息					

二、编写合理的保养增项话术

_____

_____

_____

_____

三、列出新能源汽车保养所需的设备、工具、单据和耗材清单

序号	名称	型号与规格	单位	数量	备注

进行决策

（1）小组派代表展示话术设计方案。

（2）进行小组方案互评。

（3）教师进行点评和总结。

（4）各小组结合自身情况修改并完善工作计划方案。

工作实施

建议 2~3 人为一子小组，互为服务顾问、技术顾问和客户进行一般维修接待演练，并完成接车登记表的填写（从附录中自行选择）。

评价反馈

各组派代表上台完成新能源汽车维修客户接待，并完成表6-6一般维修客户接

待考核评价表。

表 6-6　一般维修客户接待考核评价表

接待员：　　　　　　　　　　　　　　　　　　　　　　　　　　　　　　　年　　　月　　　日

序号	考核要点	综合评定	分值	评分	备注
1	接车员迎车	车辆到来时立即迎车并引导停车，介绍技术服务顾问（是否及时；仪表、表情、动作、走路姿势是否规范；特殊情况处理意见；客户带小孩的迎接和对话）（2分）；携带问诊表、三件套（1分）；替客户开门，同时打招呼（开门动作、语言、笑容）（1分）；询问客户需求（语言是否规范、亲切、有技巧）（1分）	5分		
2	三件套使用	上车前必须套上三件套（1分）；是否当客户面套上（1分）；动作是否熟练（1分）；地垫位置是否恰当（1分）；客户在时是否同时和客户有沟通（1分）	5分		
3	车内检查	驾驶室内检查项目（问诊表16项目有无遗漏；有无个性化差异化重点介绍）（3分）；客户在场时（有无同时和客户沟通；沟通效果如何）（3分）	6分		
4	贵重物品提示	提醒客户是否有贵重物品（2分）；提醒语言的满意度（2分）；提醒时间是否恰当（2分）；提醒后客户反感的应对（2分）	8分		
5	环车检查	检查时间（1分）；检查项目有无重点（1分）；车主在场时与车主一起（1分）；车主不在是否检查（1分）	4分		
6	问诊	仔细聆听客户需求，不能打断客户，体现"绿芯管家"服务特色、专业性人文关怀（2分）；分析故障现象（2分）；总论表字迹清晰，不得漏项（2分）	6分		
7	再次确认用户要求	再次确认客户要求（2分）；附加维修项目是否说明（2分）；确认客户是否签字（2分）；问诊表是否把一联交给客户（2分）	8分		
8	维修前预算内容价格说明	向客户说明维修内容（1分）；客户有异议的解释（1分）；向客户说明维修价格（2分）	4分		
9	预计交车时间说明	向客户说明预计交车时间（2分）；客户有异议的解释（2分）	4分		
10	打印工单	打印工单并让客户签字（2分）；估价单是否把一联交给客户（2分）	4分		
11	车主休息安顿	引导客户到休息室休息（语言、动作、茶水）（2分）；客户询问车辆维修动态，能否解答（2分）	4分		

续表

序号	考核要点	综合评定	分值	评分	备注
12	车辆交车间作业	将车辆开到车间，停放在正确位置（2分）；是否与车间有交接（2分）	4分		
13	过程巡视	有空时巡视（2分）；客户询问车辆维修动态，能否解答（2分）	4分		
14	结算时维修内容说明	是否向客户解释维修的内容，客户是否满意（2分）；是否具有专业性（2分）	4分		
15	结算时维修价格说明	向客户解释价格的内容工时、材料费（1分）；解释是否专业（1分）；车历卡是否有客户签字（2分）；结算单是否交给客户（1分）；是否引导客户到收银台结算（1分）	6分		
16	交车检查	交车前与客户一起检查维修项目（1分）；是否征求客户的意见，并记录（1分）；是否检查清洗情况（1分）；是否进行旧件交接（1分）；体现"绿芯管家"服务特色，添加顾客微信（2分）；对车辆在使用、维护、安全、充电等方面的注意事项进行简要说明（2分）	8分		
17	保养提示	是否提醒客户下次保养时间/里程（4分）	4分		
18	客户送别	是否有礼貌用语（谢谢）（1分）；是否目送客户离开（1分）	2分		
19	时间掌握	时间：总接车/交车时间20min，维修时间30min，车辆总的在厂时间50min。超时没有解释的扣分，超时中间有对客户解释和对维修车间主管沟通的不扣（10分）	10分		
	合计		100分		

本组优势：

诊断改进：（遇到的问题、原因分析以及今后改进的方法）

知识链接

新能源汽车的常见故障类型

现阶段我国新能源汽车根据能源类型在市场上大致可以分为两类：一类是燃油

和电力混合汽车，另一类是纯电动汽车。但无论是哪种新能源汽车，它们都会出现一些故障，如续航短，安全系数低，故障率高，驾驶体验差，那么具体都哪些常见的故障类型呢？

1. 动力电池相关的故障指示灯

与动力电池系统相关的故障指示灯主要有动力电池故障指示灯、高压断开指示灯、系统故障指示灯、SOC 低指示灯、绝缘报警指示灯、电池温度过高报警指示灯、CAN 故障指示灯、高压互锁报警指示灯。

动力电池系统发生故障时一般是几个故障指示灯同时点亮。

动力电池故障指示灯、SOC 低指示灯、电池温度过高报警指示灯点亮时基本为动力电池系统故障。

高压断开指示灯、绝缘报警指示灯点亮表示车辆高压系统存在故障，并不单指动力电池系统故障，见表 6-7。

表 6-7 动力电池相关的故障指示灯

名称	图标	功能
动力电池故障指示灯		动力电池发生故障时点亮
高压断开指示灯		高压接触器断开点亮，未上高压之前点亮
系统故障指示灯		一般故障，灯亮
		严重故障，灯闪
		致命故障，灯闪 + 蜂鸣报警
SOC 低指示灯	SOC	SOC 低于 20%，灯亮
		SOC 低于 10%，灯闪烁
绝缘报警指示灯		一级故障，灯亮
		二级故障，灯闪烁
电池温度过高报警指示灯		电池过热点亮
CAN 故障指示灯	CAN	CAN 故障信号点亮
高压互锁报警指示灯	LOCK	高压互锁故障

2. 动力电池系统故障

新能源汽车与传统燃油车的最大区别就是动力上的不同，新能源汽车通常是使用电能这种清洁能源作为动力，也就是通过电池提供动力。可想而知，若要满足汽车的动力需求，新能源汽车上装载的电池必定容量非常大，并且供电电压要稳定。然而目前大多数新能源汽车使用的是稳定性差、容量较小的小型锂电池，因此这种硬件上的差距，就会导致新能源汽车在实际运行的过程中电池十分容易出故障，另外，电池的长时间运行会造成温度升高，容易引起短路问题，因此新能源汽车故障中电池故障是一大方面，见表 6-8。

表 6-8　动力电池系统故障诊断

故障现象		原因分析	诊断与维修思路
动力电池故障指示灯、系统故障指示灯、高压断开指示灯点亮	车辆行驶中断高压、无法上高压	① 单体电压过高三级； ② 总电压过高三级； ③ 放电瞬间电流过高二级与三级； ④ 总正、总负、预充接触器黏连； ⑤ 高低压互锁故障； ⑥ 动力电池电流传感器故障	通过诊断仪读取车辆故障码，确定故障原因，联系动力电池厂家解决
动力电池故障指示灯、系统故障指示灯点亮	可以上高压，但功率受限	① 动力电池单体电压过低一级； ② 总电压过低一级； ③ 动力电池温度传感器故障； ④ 放电瞬间电流过高一级； ⑤ 动力电池组加热回路故障等	
	可以上高压车辆可正常行驶	① 动力电池单体电压过高一级与二级； ② 动力电池单体压差过大； ③ 动力电池组温度过低一级； ④ 动力电池组温差过大； ⑤ 动力电池从板通信失败等	① 用诊断仪读取车辆故障码，确定故障原因，联系动力电池厂家解决； ② 若无诊断仪，除动力电池从板通信失败原因外，其他几方面原因均可通过车辆组合仪表查看动力电池相关参数判断

3. 驱动电机系统故障

驱动电机可以说是新能源汽车的核心部分之一，是汽车驱动过程中不可或缺的关键部分，由于驱动电机的结构较为复杂，因此其故障类型相对较多。第一种故障是在新能源汽车运行的过程中，由于进水或者负载过高，会引起驱动电机的局部短路甚至烧毁。第二种故障是驱动电机内部的结构连接出现问题，比如通电后驱动电机不能正常工作，并伴随有异常的声响，就很可能是驱动电机的绕组连接方向和位置出现错误，也可能是其中的转子轴承有一定的损坏。还有第三种故障是驱动电机在运行的过程中轴承温度过高。这很可能是轴承的位置和连接出现了偏差所导致的。在新能源汽车运行的过程中，驱动电机工作的环境条件较为复杂，因此对驱动电机的故障判断存在一定的困难，从而对新能源汽车的维修过程造成了干扰。驱动电机系统故障指示灯见表 6-9。

表 6-9　驱动电机系统故障指示灯

名称	图标	功能
驱动电机系统过热指示灯		驱动电机温度故障报警，指示灯亮
驱动电机故障指示灯		一般故障下红色点亮，严重故障下红色闪烁
系统故障指示灯		一般故障，灯亮
		严重故障，灯闪
		致命故障，灯闪 + 蜂鸣报警
CAN 故障指示灯	CAN	CAN 故障信号点亮

4. 充电相关故障

车辆无法充电故障，根据故障状态，可划分为三大类：第一类，无法完成物理连接；第二类，物理连接完成，已启动充电，但不能充电；第三类：充电中途停止充电。

1）无法完成物理连接。

（1）故障现象：插上充电枪后，车辆仪表充电线连接指示灯 不亮，无法启动充电。

（2）排查方向：

① 若打开点火开关，快充、慢充均可完成物理连接，但关闭点火开关，均无法连接，优先检测 VMS 激活继电器。

② 若慢充可完成物理连接，不管点火开关打开与否，快充均无法完成物理连接，优先检查外充电源继电器。

③ 若快充可完成物理连接，不管点火开关打开与否，慢充均无法完成物理连接，优先检查外充电源继电器（包括继电器是否完好，车载充电机是否输出激活电压）。

2）物理连接完成，但无法正常启动充电。

（1）故障现象：插上充电枪后，仪表充电线连接指示灯点亮，但无法正常启动充电。

（2）排查方向：

① 点火开关置于 ON 挡，观察仪表有无故障指示灯点亮，用诊断仪读取车辆是否存在故障码。若车辆存在与动力电池系统、CAN 通信、车载充电机相关的故障码时，先排除相关故障，然后再次尝试对车辆进行充电。

② 若车辆仍无法正常启动充电，对于慢充先检查慢充保险是否断路，若慢充保险正常连通，检查充电插座温度传感器、电子锁止及反馈信号端子是否正常；对于快充直接检查充电插座温度传感器、电子锁止及反馈信号端子是否正常。

经过①②检查修复，若快充、慢充依然无法启动充电，优先尝试更换电池管理系统，若更换后快充可以启动慢充依然无法启动，尝试更换车载充电机；若快充可以启动，慢充无法启动，直接尝试更换车载充电机。

3）交流充电插座检测方法。

（1）电子锁锁止故障。

将电子锁顶杆复原至原始状态（未伸出状态下），用直流 12V/24V 电源连接充电插座的电子锁锁止与电子锁解锁针脚，其中正极连接电子锁锁止针脚，负极连接电子锁解锁针脚，观察电子锁的顶杆是否伸出。若正常伸出，则表示电子锁 – 锁止符合控制要求。若无动作，则交换正负极连接，正极连接电子锁解锁针脚，负极连接电子锁锁止针脚，观察电子锁的顶杆是否伸出，若伸出表示电子锁的动作与控制针序相反。如果无动作，那将万用表置于"二极管"挡，测试电子锁锁止与电子锁解锁针脚，如果开路，说明电子锁正负极回路出现开路，这有可能电子锁损坏，也有可能电子锁正负极回路焊接开路。

在电子锁顶杆伸出状态下，用直流 12V/24V 电源连接充电插座的电子锁锁止与电子锁解锁针脚，正极连接电子锁解锁针脚，负极连接电子锁锁止针脚，观察电子锁的顶杆是否缩回。若正常缩回，则表示电子锁 – 解锁符合设计控制要求。

（2）温度传感器故障。

用万用表"2K"欧姆档，在室温 20℃条件下，测试温度传感器的电阻值，应为 1.07 或 1.08K，将产品置于温度 30～40℃条件下，10 分钟后，依上面的步骤再测试温度传感器的电阻值，应在 1.12～1.15K 之间。若出现阻值下降的，则温度传感器类型为 NTC（热敏电阻），不符合 PT1000 的规格要求，若出现电阻值超出量程，则可能温度传感器开路损坏。若电阻值近似为 0 时，则是温度传感器两极短路。

（3）反馈开关故障。

当电子锁顶杆伸出状态下，将万用表置于"二极管"（通断）挡，测试电子锁反馈 1 和电子锁反馈 2 针脚，正常状态下应是导通的。如果开路，说明开关回路出现开路，有可能开关损坏，也有可能开关回路焊接开路。

当电子锁顶杆原始状态下（未伸出），将万用表置于"二极管"挡，测试电子锁反馈 1 和电子锁反馈 2 针脚，正常状态下应是开路的。如果导通，说明开关回路出现短路，有可能开关被击穿，也有可能开关回路焊接短路，如图 6-12 所示。

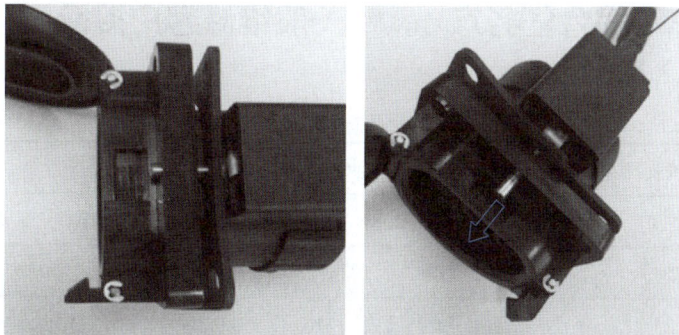

图 6-12　反馈开关

4）充电过程中突然停止充电。

（1）故障现象：启动充电后，车辆动力电池未充满，充电突然停止。

（2）排查方向：

① 点火开关置于 ON 挡，用诊断仪读取并清除历史故障码。

② 再次尝试对车辆进行充电，若无法进行充电，参照"无法完成物理连接"类故障及"物理连接完成但无法正常启动充电"类故障排除方法进行排除。

③ 若可以启动充电，使车辆继续充电；待充电过程突然停止或动力电池电量充满时，将点火开关置于 ON 挡，用诊断仪读取车辆是否存在故障码，若存在故障码，根据故障提示排除相应故障。

在线测试
任务 2
一般维修
客户接待

课后自测（可扫描二维码在线完成）

1. 下列与动力电池系统相关的故障指示灯有（　　）。
   A. SOC 指示灯　　　　　　　　　　B. SRS 指示灯
   C. SAR 指示灯　　　　　　　　　　D. 绝缘报警指示灯
2. 新能源汽车动力电池可以上高压，但是动力受限的原因有（　　）。
   A. 动力电池单体电压过低一级　　　B. 总电压过高一级
   C. 动力电池组加热回路故障　　　　D. 放电瞬间电流过低一级
3. （　　）可以说是新能源汽车的核心部分之一，是汽车驱动过程中不可或缺的关键部分。
   A. 低压电池　　B. 驱动电机　　C. 高压电池　　　D. 发电机
4. 车辆无法充电故障，根据故障状态，可划分为（　　）。
   A. 无法完成物理连接
   B. 物理连接完成，已启动充电，但不能充电
   C. 充电中途停止充电
   D. 车辆动力电池未充满，充电突然停止

综合任务六 一般维修客户接待

客户信息卡：

经销商：上汽荣威爱民 4S 店	服务热线电话：400-620-××××	
客户：赵俊（先生）	联系方式：135××××7353	作业项目：定期保养
车牌号：鲁 A F12×××	保养车型：上汽荣威 ei6（45T 混动互联智尊版）	
里程：19 850km	油表：1/2　电量：75%	制动片厚度：14mm
预约进店时间：具体日期据实际情况而定（周六 15：00）		20 000km 定期维护保养

🔧 子任务 1　车辆跑偏故障客户接待

客户赵先生直接开车进店，反映车辆最近行驶有些跑偏，客户告知服务顾问，在前段时间顾客曾经与朋友一起自驾游，行程约 5 000km，途经高速公路、乡村公路和山路，还曾在暴雨中到山区行驶过，路段颠簸。

任务要求：请各小组自行查询资料，能体现绿芯双管家"二对一"服务，特别是达到专属服务顾问对顾客和车辆的熟悉程度和技术顾问的专业技术水平，完成一般维修客户的接待工作，要求从客户接待开始，到完成回访结束，并依次交换角色进行，小组内每人必须担任一次服务顾问或技术顾问（其中维修增项部分可根据场景自行设定）。

阅读任务书，小组讨论分析完成本次工作任务的关键点和难点。

关键点：_____

_____

_____

_____

_____

难点：_____

_____

_____

_____

_____

🔧 子任务 2　车辆行驶发动机抖动故障客户接待

赵先生是个体企业老板，平日非常爱护车辆，星期六的上午打算外出，但赵先生挂挡后车辆无法行驶，仪表提示"请检查动力电池"。因此赵先生打电话咨询是什么原因，李想详细问诊后，及时通知了维修技师，服务顾问和维修技师上门为客户进行了处理。

任务要求：请各小组自行查询资料，能体现专属服务顾问对顾客和车辆的熟悉程度，技术顾问的专业技术水平，完成一般维修客户的接待工作，要求从受理预约开始，到完成回访结束，并依次交换角色进行，小组内每人必须担任一次服务顾问或技术顾问（其中维修增项部分可根据场景自行设定）。

阅读任务书，小组讨论分析完成本次工作任务的关键点和难点。

关键点：_____

_____

_____

_____

_____

_____

难点：_____

_____

_____

_____

_____

_____

🛠 子任务 3 制动异响故障客户接待

李想打电话提醒客户赵先生进行 30 000km 保养时，客户反映前段时间在暴雨中行驶过，回来后感觉制动会有异响现象，尤其紧急踩制动踏板减速时异响尤为明显。经与赵先生沟通确认，赵先生的爱车将于周六 15：00（具体可以视情况而定）来店做 30 000km 保养和维修检查，并提前一天发送预约提醒短信或电话再次提醒客户，确保客户准时到店。

任务要求：请各小组自行查询资料，按照标准流程，完成一般维修客户的接待工作，要求从受理预约开始，到完成回访结束，并依次交换角色进行，小组内每人必须担任一次服务顾问（其中维修增项部分可根据场景自行设定）。

阅读任务书，小组讨论分析完成本次工作任务的关键点和难点。

关键点：_____

_____

_____

_____

_____

难点：_____

_____

_____

_____

_____

_____

任务分组

建议 3～5 人为一小组，分工协作，共同完成一般维修客户接待的信息收集、计划制订、决策及任务实施，并将任务分工情况记录在表 6-10 中。

表 6-10 任务分配表

综合任务六	一般维修客户接待	班级		组别	
小组组名		组长		成绩	
组员	姓名		任务分工		

工作计划

一、结合客户及车辆信息，制订一般维修业务接待流程的话术

请根据客户信息和任务 1、2、3 抽签选中一个任务，并运用所学知识设计一般维修业务接待话术。

_____

_____

_____

_____

_____

_____

_____

_____

_____

_____

_____

_____

二、列出接待时所需的设备、工具、单据和耗材清单

序号	名称	型号与规格	单位	数量	备注

三、组内检查

序号	工作计划内容	工作计划完成情况（在对应选项打"√"）			
		优秀	良好	一般	较差
1	子任务 1 话术				
2	子任务 2 话术				
3	子任务 3 话术				
4	检查时所需的设备、工具、单据清单				
其他					
存在的问题及建议		组长签字			

进行决策

（1）各小组派代表展示话术设计方案。
（2）进行小组方案互评。
（3）教师进行点评和总结。
（4）各小组结合自身情况修改并完善工作计划方案。

工作实施

建议 3~5 人为一小组，轮流扮演服务顾问和客户、观察员、进行一般维修业务接待流程的演练，并完成相关表格的填写（相关表格见附录）。

实施要求：

（1）汽车仿真实训室（装有汽车维修业务接待管理软件）。

（2）小组讨论需要进行的一般维修客户接待的准备（资料、工具、相关部门同事、话术）。

（3）每人均完成一次一般维修客户接待实训。

（4）每人均完成受理预约电话登记表、客户接待登记表、车辆检查单、终检表、结算单的填写。

评价反馈

各组派代表（或随机抽取子小组）上台完成一般维修客户接待，并完成综合任务六评价表 6-11。

表 6-11　一般维修客户接待评价表

综合评定	分值	评价													
		自评	互评（组别）						师评（组别）						
			1	2	3	4	5	6	1	2	3	4	5	6
1.语调温和、语言清晰	5													
2.保持客气和礼貌	5													
3.提问并使用浅显易懂的语言	5													
4.不打断客户谈话	5													
5.做了接车记录	5													

活动检查		分值	评价													
			自评	互评（组别）						师评（组别）						
				1	2	3	4	5	6	1	2	3	4	5	6
礼迎顾客（A+B）	顾客停车，帮顾客开门，礼貌请顾客下车	1													
	引导、问候顾客，自我介绍，递送名片，问清来意及是否预约，专属服务顾问向顾客介绍技术顾问	3													
	适当赞美顾客，适当推销自己和企业	1													
环车检查 6%（A+B）	请顾客出示行驶证和车钥匙，提醒顾客取走贵重物品，记录基本信息	1													
	记录座椅位置，按照规定顺序套好六件套	1													
	检查驾驶室，唱检仪表盘上电是否正常、行驶里程、续驶里程、剩余电量、剩余油量、有无故障灯点亮（实做）；唱检空调，暖风；全程记录	2													

续表

活动检查		分值	评价													
			自评	互评（组别）						师评（组别）						
				1	2	3	4	5	6	1	2	3	4	5	6	
环车检查14%（A+B）	唱检其他仪表信息、内饰、玻璃、车窗、反光镜、后视镜等主要项目和结果，并记录	1														
	两人配合做灯光检查（实做）	1														
	1位：检查左前方，唱检左前门、左前翼子板，左前轮胎等主要项目和结果，并记录	1														
	2位：检查正前方，唱检前机舱盖、进气栅格、保险杠并记录	1														
	2位：打开前机舱盖唱检内部主要项目和结果，并记录（B）	4														
	3位：检查右前方，唱检右前门、右前翼子板，右前轮胎等主要项目和结果，并记录	1														
	4位：检查右后方，唱检右后门、右后翼子板，右后轮胎等主要项目和结果，并记录	1														
	5位：检查正后方，唱检行李舱盖、后保险杠等主要项目和结果，并记录	1														
	5位：打开行李舱盖检查行李舱内部主要项目和结果，并记录（B）	4														
	6位：检查左后方，唱检左后门、左后翼子板，左后轮胎等主要项目和结果，并记录	1														
车辆问诊与需求分析12%（A+B）	发现车辆缺陷，建议增补或修复，并请顾客在预检单上签字	4														
	环车检查时，在适当时候询问顾客车辆使用状况及存在问题，并做好记录（车辆问诊）	3														
	环车检查时，在适当时候询问顾客车辆保养后的使用打算，并做好记录（需求分析）	3														
	接车时体现"绿芯管家"服务特色、体现专业性人文关怀，进行使用与保养说明	2														
增项推荐（A+B）	根据问诊情况，专业地推荐维修服务增项，并作项目简介和价格预估（推荐维修服务增项一项及以上）	2														

续表

活动检查		分值	评价													
			自评	互评（组别）						师评（组别）					
				1	2	3	4	5	6	1	2	3	4	5	6
增项推荐（A+B）	根据用车打算，分析顾客需求，专业地推荐精品服务增项，并做项目简介和价格预估（推荐精品服务增项一项及以上）	2													
	挖掘潜在需求，提供专业建议，专业地推荐特色服务增项，并做项目简介和价格预估（推荐特色服务增项一项及以上）	2													
项目确认（A）	应用引导礼，引导顾客到维修服务接待台落座；为顾客提供三种以上饮品供选择，并礼貌地递送；确认顾客基本信息	1													
	请顾客最后确认本次常规保养项目及预估价格和时间	1													
	请顾客最后确认本次维修、精品、特色服务增项及预估价格和时间；请顾客签字确认	1													
	询问顾客电话，引导顾客到休息室落座，提供饮料，并简要介绍功能分区，说明一小时进度跟进汇报、增项维修确认说明	2													
接车异议处理（A+B）	针对顾客异议1，礼貌地倾听顾客的问题和异议，进行记录，用通俗、专业语言回答，消除顾客疑虑，让顾客理解	3													
	针对顾客异议2，礼貌地倾听顾客的问题和异议，进行记录，用通俗、专业语言回答，消除顾客疑虑，让顾客理解	3													
	针对异议2顾客追问：礼貌地倾听，进行记录，用通俗、专业语言回答，消除顾客疑虑，让顾客理解	3													
增项确认（B）	向顾客解释在车间实际检查中发现的需要维修的内容，就是否维修征求顾客意见，确认增补项目；并请顾客在工单背面签字	3													
交车准备（A+B）	口述准备好预检单、工单、最终检查单、车钥匙及行驶证	1													
	口述交车前对竣工车辆自检情况及结果，表示可以交车（B）	1													
	礼貌专业地通知顾客可以交车	1													

续表

活动检查		分值	评价													
			自评	互评（组别）						师评（组别）						
				1	2	3	4	5	6	1	2	3	4	5	6
车辆验收（A+B）	礼貌规范地邀请顾客查看竣工车辆，陪同顾客顺时针方向查看	1													
	向顾客解释常规保养项目；告知已为其洗车，让顾客满意	2													
	向顾客解释维修服务项目	2													
	向顾客解释精品服务项目，查看增补精品，让顾客满意	1													
	打开前机舱进行项目说明（B）	1													
	打开行李舱进行项目说明（B）	1													
	旧件展示并询问处理方式	1													
	交车时体现"绿芯管家"服务特色，添加顾客微信，体现专业性人文关怀，对车辆在使用、维护、安全、充电等方面的注意事项进行简要说明	3													
核单结账（A+B）	陪顾客至服务接待台落座，针对结算单向顾客解释并核对常规、维修、精品、特色收费项目，尊重顾客的知情权，消除顾客在价格上的疑虑，让顾客明白消费、满意而归	3													
	礼貌地请顾客核对结算单，并在结算单上签字	1													
	陪同顾客至收银处（B扮演收银员），礼貌地请顾客按结算单结账、付款、交接发票和出门证	1													
礼送顾客（A+B）	当面取下车辆防护用品，向顾客建议下次保养时间，并征得顾客同意，张贴保养提醒贴	1													
	向顾客解释回访的目的，征求并确认回访时间，规范礼貌地引导顾客上车	1													
	感谢顾客光临，礼貌地询问对于本次服务的满意程度，并与顾客道别，行目送礼目送顾客开车远去	1													
交车异议处理（A+B）	针对顾客异议3，礼貌地倾听顾客的问题和异议，进行记录，用通俗、专业语言回答，消除顾客疑虑，让顾客理解	3													

续表

活动检查		分值	评价													
			自评	互评（组别）						师评（组别）					
				1	2	3	4	5	6	1	2	3	4	5	6
交车异议处理（A+B）	针对顾客异议 4，礼貌地倾听顾客的问题和异议，进行记录，用通俗、专业语言回答，消除顾客疑虑，让顾客理解	3													
	针对异议 4 顾客追问：礼貌地倾听，进行记录，用通俗、专业语言回答，消除顾客疑虑，让顾客理解	3													
礼仪规范（A+B）	着装整洁、正确，符合安全工作规范；仪表端庄，表情和蔼可亲，眼神自然真诚	2													
	指引手势规范，姿态正确，自然大方	2													
	吐字清晰，语速适中，语句流畅	1													
选手配合	流程设计完整、流畅	2													
	选手配合默契，任务分工合理	2													
	完美体现"绿芯双管家"的核心服务理念	1													

本组优势：

诊断改进：（遇到的问题、原因分析以及今后改进的方法）

课后思考题

1. 新能源汽车保养的主要内容有哪些？

2. 新能源汽车与传统汽车客户接待有哪些不同？

3. 新能源汽车在紧急救援时如何进行跨接启动？

4. 新能源汽车维修安全规程有哪些要求？

5. 如何规范地进行高压安全断电操作？

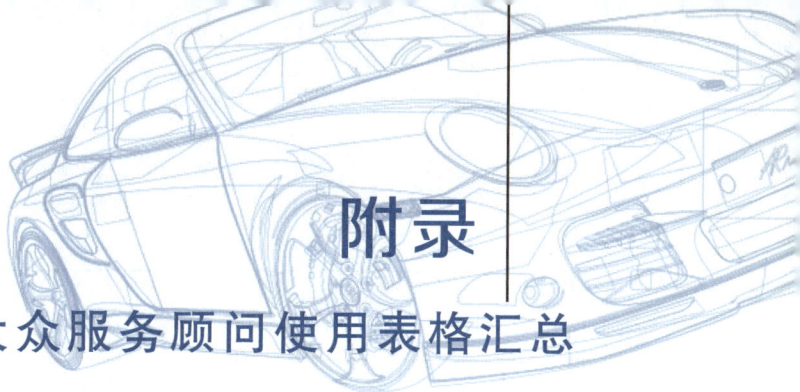

附录

一汽大众服务顾问使用表格汇总

表格汇总一览表

序号	名称
1	预约登记表
2	客户接待登记表
3	接／交车单
4	任务委托书
5	疑难问题技术维修方案
6	内部返工单
7	客户投诉抱怨登记表
8	客户满意度周报表
9	定期保养单
10	结算单
11	专用工具／资料借用登记表
12	洗车检查记录表
13	维修项目变更申请表（维修增项）
14	备件订货需求表
15	常用备件价目表
16	常用工时价目表
17	客户满意度调查表
18	当日预约客户汇总表

预约登记表

预约单号

服务顾问		主修人		工位	
客户名称		联系人		联系人移动电话	
牌照号		底盘号		行驶里程	
车型		预约登记日期		预约员	

预约接车开始时间		预约接车结束时间	
预约维修开始时间		预约维修结束时间	

维修类型	定期保养□　　　其他□	预约类型	主动□　　　被动□
交通服务		付费方式	
地址			

维修项目	维修备件

预计维修项目工时费用合计		预计维修备件费用合计		预计总费用	

用户需求描述：

经销商建议：

预约专用工具：

客服专员与客户联系时间	72h		24h	

经销商预约准备确认			
备件确认	工具确认	车间调度员确认	服务顾问确认
是否确认　是□　否□ 确认时间 确认人	是否确认　是□　否□ 确认时间 确认人	是否确认　是□　否□ 确认时间 确认人	是否确认　是□　否□ 确认时间 确认人
服务顾问提前一小时确认	是否确认　是□　否□	确认时间	确认人

打印日期　　　　　　　　　　　　　　　　　　　　　　　服务顾问签字：＿＿＿＿＿＿＿

客户接待登记表

登记日期：

序号	来店时间	客户姓名	客户需求	预约客户	车型	车牌号	联系电话	接车服务顾问	接车时间	接待员签字	备注
1				是□ 否□							
2				是□ 否□							
3				是□ 否□							
4				是□ 否□							
5				是□ 否□							
6				是□ 否□							
7				是□ 否□							
8				是□ 否□							
9				是□ 否□							
10				是□ 否□							
11				是□ 否□							
12				是□ 否□							
13				是□ 否□							
14				是□ 否□							
15				是□ 否□							

接 / 交车单

基本信息及需求确认	车牌号		车型		接车时间	
	客户姓名		客户联系电话		方便联系时间	
	客户陈述及要求：				是否预约	是□ 否□
					是否需要预检	是□ 否□
					是否需要路试	是□ 否□
					贵重物品提醒	是□ 否□
					是否洗车	是□ 否□
					是否保留旧件	是□ 否□
					如保留旧件，放置位置：	
	服务顾问建议：					
	预估维修项目（包括客户描述及经销商检测结果）：			预估维修费用及时间（备件、工时等）		
				预估交车时间：		
	注意! 因车辆维修需要，有可能涉及路试，如有在路试中发生交通事故，按保险公司对交通事故处理方法处理					

接车检查	检查项目	接车确认	备注（如异常，请注明原因）	接车里程数：_____ km
	车辆主副及应急钥匙	正常□ 异常□		油表位置：
	内饰	正常□ 异常□		
	电子指示系统	正常□ 异常□		外观确认（含轮胎、轮毂（盖）、玻璃等，如有问题，画圆圈标准在车辆相应位置）：
	雨刮功能	正常□ 异常□		
	天窗	正常□ 异常□		
	音响	正常□ 异常□		
	空调	正常□ 异常□		
	点烟器	正常□ 异常□		
	座椅及安全带	正常□ 异常□		
	后视镜	正常□ 异常□		
	玻璃升降	正常□ 异常□		
	天线	正常□ 异常□		
	备胎	正常□ 异常□		
	随车工具	正常□ 异常□		
	服务顾问签名：			客户签名：

续表

	检查项目	交车检查(是否与接车状态时相同)	备注（如与接车状态不同，请注明原因）	检查项目	交车检查	备注（如检查内容不合格，请注明原因）
交车检查	车辆主副及应急钥匙	是□　否□		客户陈述及要求已完全处理	是□　否□	
	内饰	是□　否□		维修项目已全部完成	是□　否□	
	电子指示系统	是□　否□		客户车辆主要设置恢复原状	是□　否□	
	雨刮功能	是□　否□		实际费用与预估基本一致	是□　否□	
	天窗	是□　否□		实际时间与预估基本一致	是□　否□	
	音响	是□　否□		洗车质量符合标准要求	是□　否□	
	空调	是□　否□		旧件已按客户要求处理	是□　否□	
	点烟器	是□　否□		告知客户回访时间和方式	是□　否□	
	座椅及安全带	是□　否□		提醒下次保养里程/时间	是□　否□	
	后视镜	是□　否□		推荐预约并告知预约电话	是□　否□	
	玻璃升降	是□　否□		提醒24小时服务热线	是□　否□	
	天线	是□　否□		告知客户回访时间和方式	是□　否□	
	备胎	是□　否□		实际交车时间：		
	随车工具	是□　否□		服务顾问签名：		
整体评价	客户整体评价（请帮忙在下述相应表格中打"√"）					客户签字
	非常满意!□	满意!□	一般□	不满意!□	非常不满意□	

任务委托书

条形码粘贴处
预约

客户：	委托书号：
地址：	送修日期：
联系人：	约定交车：
电话： 移动电话：	时间变更：

牌照号	颜色	底盘号	发动机号	万公里	购车日期	旧件带走	是否洗车
						是□ 否□	是□ 否□
车型				付款方式		油箱	满□空□
生产日期		客户描述					

维修项目						
项目代码	项目名称	工时费	材料费	主修/自检	备注	
小计						

维修增项						
项目代码	项目名称	工时费	材料费	主修/自检	备注	
小计						

备件清单						
备件代码	备件名称	数量	出库单价	合计金额	备注	
小计						

建议维修项目				
建议委托书	建议维修项目代码	建议维修项目名称	工时费	材料费

续表

预估费用合计：		注：客户凭此委托书提车，请妥善保管！	
互检： 机/电 _____	钣金 _____	喷漆 _____	
终检： 机/电 _____	钣金 _____	喷漆 _____	
服务总监： _____			
地　址：			
电　话：		服务顾问：	
说　明：		制单：	
		客户签名： _____	

疑难问题技术维修方案

编号：

委托书号		车型	
故障代码及描述			
一汽-大众支持方案（如不需要填写"无"）			
技术解决方案			
技术组人员		主修技师	
专用工具、设备			
维修手册（名称/章/节页）			
完成时间			
质检方法			
质检员			
备注			

编制人/日期：　　　　　　　　　　审批人/日期：

注：在遇到疑难杂症或返修车辆时，应由技术经理或技术组成员填写《维修技术方案》，组织技术力量进行公关。《维修技术方案》可作为经销商技术培训的教材运用到日常的培训中

编号：

内部返工单

主修技师		车型	委托书号	
维修项目	行驶里程			
	故障现象			
	维修项目			
	返修项目			
原因分析及措施	原因分析	没有充分记录故障描述及客户意见□　　作业人员疏忽□　　交修指示不清□ 技术管理不良□　　技术能力不足□　　零件质量问题□　　其他□ 具体原因分析：		
	改进措施			
	违规人		质量检验员签字	惩罚措施（扣分）
	技术经理意见并非最终确认签字			

客户投诉抱怨登记表

编号：

客户姓名：		电话：		投诉受理人：	问题来源：电话/来店/其他
车型：	委托书号：	服务顾问：		受理时间：	年　月　日　时　分
车牌号：	行驶里程：　　万公里	维修技师：		问题发生日期：	最终解决日期：

最近一次维修保养时间：

客户描述：

问题类型：

维修质量□	服务态度□
备件缺货□	产品质量□
等待时间□	其他问题□

总监批示：

解决方案：

改进措施：

	客服跟踪：	考核处理：
	客服签字：	部门签字：
	总监意见：	

部门签字：　　　　　　　　　日期：

客户满意度周报表

服务顾问	回访总数	成功数	不满意数	总分	评分细项									
					此次进站所需维修是否修好	接车过程的迅速程度	维修保养工作的解释	服务顾问的友善态度	服务顾问有求必应	完成维修工作所花的时间	对结算清单的解释工作	收费的合理性	是否有人协助提车	车辆的清洗和吸尘
合计														

编号：

定期保养单

用户姓名	牌照号	底盘号	领证日期	行驶里程（km）	保养日期
7 500km 首次免费保养	一汽－大众特许经销商 ×× 轿车定期保养项目		合格	不合格	消除
●	查询自诊断系统故障存储器				
●	润滑车门止动器				
●	目测检查发动机及机舱内的其他部件是否有泄漏或损坏				

结　算　单

结算日期：

客户		委托书号		牌照号	
联系人		电话		移动电话	
地址					
底盘号		进厂日期		发票号	
车型		行驶里程		发动机号	
下次保养时间			回访方式		
下次保养里程			回访时间		

维修项目				
修理项目代码	项目名称	工时	工时费	项目属性
应收工时费			实收	

备件材料					
备件代码	备件名称	数量	计量单位	金额	性质
应收材料费			实收		

应收工时费：	管理费：	其他费用1：
实收工时费：	辅材费：	其他费用2：
应收材料费：	包工费：	其他费用3：
实收材料费：	施救费：	

合计金额		欠收金额		欠收金额	
本次收款		大写			

建议维修项目				
维修项目代码	建议维修项目名称	工时费	材料费	备注

尊敬的客户：建议您尽快为您的爱车实施以上建议维修项目，以保障车况良好和驾驶安全！如因为实施以上项目而导致的车辆、人员等损失，本公司概不负责！

温馨提示：

提醒下次保养里程 ＿＿＿＿＿＿＿＿　下次保养时间 ＿＿＿＿＿＿＿＿

提醒客户预约电话 ＿＿＿＿＿＿＿＿　24h 服务电话 ＿＿＿＿＿＿＿＿

我们将在 48h 内，在您方便的时段，以您喜欢的方式对我们的服务质量进行回访

地址：　　　　　　　　　　　　　　　开户行：

邮编：　　　　　　　　　　　　　　　账号：

电话：　　　　　　　　　　　　　税号：

结算：　　　　　　　　　　　　　户名：

服务顾问：　　　　　　　　　　　服务总监：

说明：暂不开发票时请声明并保留此单据，此联不作为报销凭证，备件质量担保索赔必须提供结算单及发票。

打印日期：　　　年 月 日 时 分

用户签名：＿＿＿＿＿＿＿＿＿＿＿

专用工具 / 资料借用登记表

序号	借用时间	工具名称	工具编号	借用人签字	归还时间	归还状态	管理员签字
1							
2							
3							
4							
5							
6							
7							
8							
9							
10							
11							
12							
13							
14							
15							
16							
17							
18							
19							
20							
21							
22							

续表

序号	借用时间	工具名称	工具编号	借用人签字	归还时间	归还状态	管理员签字
23							
24							
25							

洗车检查记录表

序号	日期	车牌号	车身	玻璃	轮毂	内饰	脚垫	烟缸	吸尘	五件套齐全	确认
1											
2											
3											
4											
5											
6											
7											
8											
9											
10											
11											
12											
13											
14											
15											
16											
17											
18											
19											
20											
21											
22											

维修项目变更申请表（维修增项）

车牌号：　　　　　客户姓名：　　　　　委托书号：　　　　　时间：

序号	项目名称	预计工时费用	预计备件费用	有无备件	如无备件，请填写备件预计到货时间	客户选择
1				有□　无□		维修□ 不维修□
2				有□　无□		维修□ 不维修□
3				有□　无□		维修□ 不维修□
4				有□　无□		维修□ 不维修□
5				有□　无□		维修□ 不维修□
6				有□　无□		维修□ 不维修□
7				有□　无□		维修□ 不维修□
8				有□　无□		维修□ 不维修□
9				有□　无□		维修□ 不维修□
10				有□　无□		维修□ 不维修□
11				有□　无□		维修□ 不维修□
12				有□　无□		维修□ 不维修□
13				有□　无□		维修□ 不维修□
14				有□　无□		维修□ 不维修□
15				有□　无□		维修□ 不维修□
16				有□　无□		维修□ 不维修□
17				有□　无□		维修□ 不维修□
18				有□　无□		维修□ 不维修□
19				有□　无□		维修□ 不维修□
20				有□　无□		维修□ 不维修□

根据客户维修要求，维修费用和时间将相应增加，具体如下：

预估增加工时费用：　　　预估增加备件费用：　　　预估增加总费用：　　　预估增加时间：

客户确认签名：　　　　　　　　　服务顾问签名：

维修技师签名：　　　　　　　　　质量检查员签名：

备注：以上为我站检查发现的维修项目，凡是与车辆安全有关的问题，客户如不同意进行维修，引发的责任由客户自负

备件订货需求表

日期	客户姓名	车牌号	底盘号	备件名称	备件号	需求数量	是否交纳定金	服务顾问签字	需求日期	订货日期	预计到货日期	是否告知客户	备注

常用备件价目表

序号	备件名称	备件号码	全国统一价格	适用车型
1				
2				
3				
4				
5				
6				
7				
8				
9				
10				
11				
12				
13				
14				
15				
16				
17				
18				
19				
20				
21				
22				
23				
24				
25				

常用工时价目表

序号	保养类项目	价格（元）	序号	机电维修类项目	价格（元）
1			1		
2			2		
3			3		
4			4		
5			5		
6			6		
7			7		
8			8		
9			9		
10			10		
11			11		
12			12		
13			13		
14			14		
15			15		
16			16		
17			17		
18			18		
19			19		
20			20		
21			21		
22			22		
23			23		
24			24		
25			25		
26			26		
27			27		
28			28		
29			29		
30			30		

客户满意度调查表

编号：　　　　　　　　　客服专员：　　　　　　　　调查时间：

客户信息					
客户姓名		车牌号		车架号	
维修/保养日期		服务顾问		维修技师	

满意度调查问题：

1. 您对我们的服务满意吗?

2. 能陈述一下您的理由吗?

满意 （5分）		一般 （3分）		不满意 （0分）	

原因：

客户抱怨/投诉的问题：

解决方案：

备注：

当日预约客户汇总表

日期				制表					
序号	车号	车型	客户姓名	电话	预计来店时间	预约服务顾问	预约技师	预约项目	备注
1									
2									
3									
4									
5									
6									
7									
8									
9									
10									
11									
12									
13									
14									
15									
16									
17									
18									
19									
20									
21									
22									
23									
24									
25									
26									
27									
28									
29									
30									

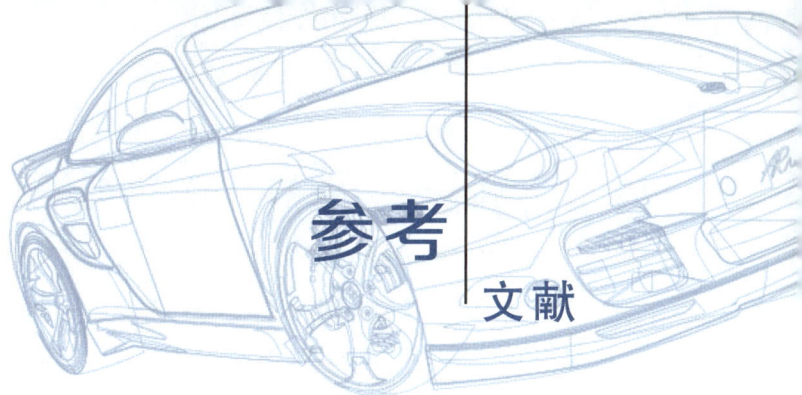

参考
文献

［1］ 曾鑫. 汽车维修业务接待［M］. 北京：机械工业出版社，2013.

［2］ 金加龙. 汽车维修业务接待（第 3 版）［M］. 北京：电子工作出版社，2019.

［3］ 刘韵，李海燕，邹晓东. 汽车服务顾问实战［M］. 上海：同济大学出版社，
2014.

［4］ 崔金明，郑为民. 新能源汽车构造原理与维修［M］. 北京：化学工业出版社，
2018.

［5］ 朱咸达. 比亚迪新能源汽车国际化发展研究［D］. 黑龙江：黑龙江大学，
2018.

［6］ 段钟礼. 汽车服务接待实用教程［M］. 北京：机械工业出版社，2017.

郑重声明

高等教育出版社依法对本书享有专有出版权。任何未经许可的复制、销售行为均违反《中华人民共和国著作权法》,其行为人将承担相应的民事责任和行政责任;构成犯罪的,将被依法追究刑事责任。为了维护市场秩序,保护读者的合法权益,避免读者误用盗版书造成不良后果,我社将配合行政执法部门和司法机关对违法犯罪的单位和个人进行严厉打击。社会各界人士如发现上述侵权行为,希望及时举报,我社将奖励举报有功人员。

反盗版举报电话　(010)58581999　58582371

反盗版举报邮箱　dd@hep.com.cn

通信地址　北京市西城区德外大街 4 号　高等教育出版社法律事务部

邮政编码　100120

读者意见反馈

为收集对教材的意见建议,进一步完善教材编写并做好服务工作,读者可将对本教材的意见建议通过如下渠道反馈至我社。

咨询电话　400-810-0598

反馈邮箱　gjdzfwb@pub.hep.cn

通信地址　北京市朝阳区惠新东街 4 号富盛大厦 1 座

　　　　　高等教育出版社总编辑办公室

邮政编码　100029